Farbiges Handbuch der Uniformkunde

Die Entwicklung der militärischen Tracht
der deutschen Staaten, Österreich-Ungarns

Begründet von Prof. Richard Knötel
grundlegend überarbeitet und bis zum Stand von 1937
fortgeführt von Herbert Knötel d. J. und Herbert Sieg

Dem Stand der Forschung angepaßt und ergänzt
von Ingo Prömper

Mit 600 farbigen Uniformdarstellungen nach Zeichnungen
von Richard Knötel und Herbert Knötel d. J.
und 200 Detailzeichnungen von Hermann Selzer

W. Spemann, Stuttgart

Diese überarbeitete Neuauflage enthält die Kapitel über die
deutschen Staaten, Österreich-Ungarn und die Schweiz der zweiten Auflage des »Handbuch der Uniformkunde«, erschienen
1937 beim Verlag Diepenbroick, Grüter & Schulz in Hamburg.

Die Farbreproduktionen sind nach einem handkolorierten
Exemplar dieses Handbuchs reproduziert.

Schutzumschlag von Alice Piringer

CIP-Kurztitelaufnahme der Deutschen Bibliothek

Knötel, Richard:
Farbiges Handbuch der Uniformkunde: d. Entwicklung d. militär. Tracht d. dt. Staaten, Österreich-Ungarns u. d. Schweiz / begr.
von Richard Knötel. Grundlegend überarb. u. bis zum Stand von
1937 fortgef. von Herbert Knötel u. Herbert Sieg. Dem Stand d.
Forschung angepaßt u. erg. von Ingo Prömper. Mit 600 farb. Uni-
formdarst. nach Zeichn. von Richard Knötel u. Herbert Knötel u.
200 Detailzeichn. von Hermann Selzer. — Überarb. Neuaufl. —
Stuttgart: Spemann, 1985.
Vollst. Ausg. im Schulz-Verl., Hamburg u. d. T.:
Knötel, Richard: Handbuch der Uniformkunde
ISBN 3-440-81072-0
NE: Knötel, Herbert [Bearb.]

W. Spemann, Stuttgart / 1985
Alle Rechte, insbesondere das Recht der Vervielfältigung, Ver-
breitung und Übersetzung, vorbehalten. Kein Teil des Werkes
darf in irgendeiner Form (durch Fotokopie, Mikrofilm oder ein
anderes Verfahren) ohne schriftliche Genehmigung des Verlages
reproduziert oder unter Verwendung elektronischer Systeme ver-
arbeitet, vervielfältigt oder verbreitet werden.
© 1985, W. Spemann, Stuttgart
Printed in Germany / Imprimé en Allemagne / L 9 SN H rr/
Best.-Nr. 3-440-81072-0
Farbreproduktionen: G. Schmid, Stuttgart
Gesamtherstellung:
Konrad Triltsch, Graphischer Betrieb, Würzburg

Farbiges Handbuch der Uniformkunde

Vorwort

Professor Richard Knötel schrieb im Vorwort zu der 1896 erschienenen Ausgabe des »Handbuch der Uniformkunde«:

»Nicht nur in der deutschen, sondern überhaupt in der gesamten Weltliteratur gibt es kein Werk, daß die Geschichte der Uniformen aller europäischen Heere verfolgt, so ausgezeichnete Spezialschriften über einzelne Armeen und Perioden auch vorhanden sind.«

Hieran hat sich seitdem nichts geändert.
1937 erschien die 2. Auflage des Handbuches, grundlegend überarbeitet, fortgeführt und erweitert von Herbert Knötel und Herbert Sieg. Bis heute ist das Handbuch bereits in der 10. Auflage als Nachdruck der Ausgabe von 1937 erschienen. Hiermit ist dokumentiert, daß das Interesse am Studium der Uniformkunde nach wie vor lebendig ist. Der Wunsch nach einer farbigen Ausgabe mußte aus Kostengründen immer zurückgestellt werden. Diesem Wunsche

Rechnung tragend, hat sich nunmehr der Verlag entschlossen, zumindest für einen Teilbereich, Deutschland, Österreich-Ungarn und die Schweiz, eine farbige Ausgabe herauszugeben. Das gewählte größere Format kommt dem Text und den Abbildungen zugute. Diese Ausgabe wurde gleichzeitig auf den neuesten Stand der Forschungen gebracht, ergänzt um die Entwicklung der Offiziers-Rangabzeichen der größten deutschen Staaten und die Darstellung von Uniformierungsdetails und ihrer Bezeichnung. Die Quellenangaben aus der 1. Auflage, fortgeführt bis auf den heutigen Stand, sollen den Interessenten die Möglichkeit geben, die Spezialwerke einzusehen.
Der Stand von 1937 wurde beibehalten, eine Fortführung bis in die jüngste Zeit wurde nicht angestrebt, dies würde eine jahrelange Arbeit voraussetzen, die notwendigen Unterlagen zusammenzutragen.
Das muß einer späteren Auflage vorbehalten bleiben.

Einführung

Die Ausrüstung zur Zeit des Dreißigjährigen Krieges

Allgemeine Erkennungsabzeichen damals und später

Schon im Mittelalter lassen sich vielfach Versuche einer gewissen Uniformierung nachweisen. So erscheinen häufig die Gefolgschaften der Fürsten oder einzelner Ritter in deren Wappenfarben gekleidet, ebenso oftmals die Stadtknechte in den Farben der Stadt. Von diesen vereinzelten Bestrebungen müssen wir hier absehen, da die Uniformierung im heutigen Sinne erst nach der Errichtung der stehenden Heere auftritt. Im allgemeinen kann man annehmen, daß erst vom Zeitalter Ludwigs XIV. an von einer allgemeinen Uniformierung gesprochen werden darf. Während des Dreißigjährigen Krieges trug jeder Mann die Kleidung, die er eben mitbrachte. Bei der Reiterei war, hauptsächlich aus praktischen Gründen, das Lederwams beliebt. Doch herrschte hinsichtlich der Bewaffnung eine gewisse Uniformität. Der Pickenier (Abb. 1, b) trug eiserne Schutzrüstung, und zwar Sturmhaube, Brust- und Rückenpanzer, Halsberge und Vorderschurz. Die Bewaffnung bestand aus der langen Lanze (Picke) und dem Stoßdegen. Der Rondarschier führte dieselbe Schutzrüstung, dazu Rundschild (rondache) und Schwert. Diese Truppengattung kam schon im Anfange des Krieges außer Gebrauch. Der Musketier (Abb. 1, a) hatte als Kopfbedeckung meist den breitkrempigen Hut, hin und wieder auch eine Sturmhaube. Die Ausrüstung bestand aus dem Luntengewehr, welches später durch die Radschloßbüchse verdrängt wurde. Dazu gehörte die Gabel zum Auflegen des Gewehrs und das Bandelier mit den in lederüberzogenen Holzkapseln befindlichen Ladungen sowie Pulverflasche und Lederbeutel. Als blanke Waffe ein Degen. Der Kürassier führte anfänglich den vollständigen Plattenharnisch mit Visierhelm; die Unterschenkel waren statt der Rüstung durch die Schäfte der Stiefel gedeckt (Abb. 1, d). Später fiel auch nach und nach das Unterarmzeug weg; häufig war nur die linke Hand mit dem gefingerten Eisenhandschuh bedeckt, während die rechte mit einem ledernen Stulphandschuh bekleidet war. Die rechte Hand war ja durch den Degenkorb hinlänglich geschützt, und beim Gebrauch der Pistole waren die Eisenglieder nur hinderlich, wenn es galt, den Finger aus dem Abzugsbügel herauszubringen. Der Visierhelm wich später oft anderen Helmformen. Sehr verbreitet war der irrtümlich so genannte Pappenheimerhelm. Er bestand aus einer Glocke mit abstehendem Schirm, Ohrenklappen,

großem, geschientem Nackenschirm und verstellbarem Nasenschutz (Abb. 1, c). An dem deutschen Sattel trug der Kürassier rechts und links in den Holftern je eine Pistole. Der lange Degen war mit einem reich geschlungenen Korbe versehen.

Der Lanzier – eine Truppe, die schon im Anfange des Krieges verschwand – war wie der Kürassier ausgerüstet. Dazu noch eine meist wimpellose lange Lanze (Abb. 1, e). Der Karabinier, Arkebusier oder Bandellierreuter trug meist eine leichte Schutzrüstung ohne Armzeug, als Kopfbedeckung eine Eisenhaube. An einem Bandelier über die linke Schulter hing das Feuergewehr mit Zubehör (Pulverflasche usw. [Abb. 1, f]). Die übrige Ausrüstung bestand aus einem Degen und einem rechts in dem Holfter getragenen Pistol. Die Dragonerwaffe, damals ihrer ursprünglichen Bestimmung gemäß berittene Infanterie, schied sich in Dragoner-Musketiere und Pickeniere; die Ausrüstung glich der entsprechenden der Infanterie-Truppenteile. – Charakteristisch ist der Umstand, daß der Dragoner weder Pistolen noch Sporen hatte. Der Dragoner-Musketier trug das Gewehr beim Reiten über die Schulter gehängt (Abb. 1, h). Die Trompeter der Reiterei hatten keine Schutzrüstung. Die damals gebräuchlichen, nach hinten herabhängenden offenen Überärmel blieben bis ins 19. Jahrhundert herein unter der Bezeichnung »Flügel« Trompeterabzeichen (Abb. 1, g). Im Verlaufe des Dreißigjährigen Krieges fanden manche Änderungen in der Ausrüstung statt. Den schwedischen Musketieren z. B. gab Gustav Adolf ein leichteres Gewehr und konnte aus diesem Grunde die unbehilfliche Gewehrgabel abschaffen. Statt des Bandeliers mit den Ladungen führte er eine Art Patrontasche ein.

Wenn in diesem Zeitabschnitt von einem blauen oder gelben Regiment die Rede ist, so bezieht sich diese Bezeichnung mitunter auf Bekleidungsteile, wie Hosen und Strümpfe usw., häufiger aber auf die Farbe der Fahnen. Allerdings kommt auch die Bezeichnung »Gelbröcke«, »Rotröcke« usw. vor, die ja eindeutig ist.

In den Freischaren der kaiserlichen Heere erblicken wir die Urbilder der späteren kaiserlichen Nationalgrenztruppen und der in der Folge allenthalben errichteten Husaren. Auch Kosaken betreten in dieser Periode den Kriegsschauplatz.

Das Wams, bisher Hauptbekleidungsstück, wird zu Ausgang des Dreißigjährigen Krieges mehr und mehr in den Hintergrund gedrängt und lebt im 18. und Anfang des 19. Jahrhunderts zuerst als ledernes, später als tuchenes Kamisol fort. Dafür erhält der Rock (Caputrock), der bisher nur als Mantel diente, immer mehr Bedeutung. Während am Wams farbige Abzeichen verhältnismäßig selten vorkommen, so daß die Regimentsbezeichnung durch verschiedenfarbige Hosen und Strümpfe erreicht werden mußte, ergab der tuchene Rock durch ein andersfarbiges Futter, das durch Umschlagen an den Ärmeln, am Schoß und auf der Brust sichtbar wurde, die Grundelemente unseres Uniformenbegriffes, nämlich das »zweierlei Tuch«. Weitere Unterscheidungsmöglichkeiten brachte das farbige Ausnähen der Knopflöcher und ihre Einfassung mit farbigem Band (Ursprung der Litzen!).

Chargenabzeichen im heutigen Sinne gab es nicht. Die Offiziere waren durch ihre vornehmere Tracht ausgezeichnet. Beim Fußvolk und den Dragonern führten sie Partisanen, die Vorläufer des später gebräuchlichen Spontons. Es scheint auch, daß die als Erkennungsabzeichen zwischen Freund und Feind getragenen Feldbinden nur von den Offizieren (und bei der Reiterei etwa von den Leibkompanien der Regimenter) angelegt wurden. Bei den Kaiserlichen und Spaniern war die Farbe der Binden seit Karl V. vorwiegend hochrot, bei den deutschen Protestanten im Schmalkaldischen und im Dreißigjährigen Kriege gelb, bei den Niederländern orange, ebenso bei den Parlamentstruppen Englands im Bürgerkriege, während die Anhänger der Stuarts blaue oder weiße Abzeichen hatten; bei den französischen Königen ursprünglich blau, seit Heinrich IV. weiß. In Schweden wurde unter Erik XIV. das gelbe Feldzeichen eingeführt »nach dem Kreuz, das unser Wappen teilt und das gelb ist«. Unter Gustav Adolf waren die schwedischen Feldzeichen bereits blau. Solche Erkennungszeichen, die in Zeiten, in welchen noch keine Uniform getragen wurde, nötig waren, erwiesen sich auch später bei der großen Buntscheckigkeit der Uniformen als notwendig. In der Schlacht bei Warschau 1656 trugen die Brandenburger und die Schweden Strohwische an den Hüten. In der Schlacht bei Wien 1683 wanden die Polen, deren Ausrüstung der türkischen sehr ähnelte, Strohseile um den Leib. – Die Preußen (wenigstens vom zweiten und dritten Bataillon des Königsregiments ist dies bezeugt) trugen 1715 vor Stralsund zwei rote Herzen an der Kopfbedeckung, wahrscheinlich um das Bündnis mit Sachsen anzudeuten. Die württembergischen Grenadiere, die fast gleiche Uniform wie die preußischen unter Friedrich dem Großen hatten, bedeckten ihre blanken Grenadiermützen im Siebenjährigen Krieg mit einem weißen Überzug. Friedrich der Große gab 1762 der gesamten preußischen Reiterei weiße Federbüsche, damit sie leichter von der ähnlich uniformierten feindlichen Kavallerie unterschieden werden konnte. Bei der großen Mannigfaltigkeit der Uniformen im Heere der Verbündeten 1813 galt eine weiße Binde um den linken Oberarm als gemeinsames Abzeichen. In der Schweiz waren die Uniformen je nach den Kantonen sehr verschieden. Daher wurde bei Truppenzusammenziehungen die rote Binde mit dem weißen Eidgenossenkreuz angelegt. 1864 legten die Preußen und Österreicher wieder eine weiße Binde an, ebenso 1866 die preußische Mainarmee und die ihr zugeteilten Kontingente. Die süddeutschen Truppen, deren Uniformen den preußischen z.T. sehr ähnlich waren, führten am linken Oberarm eine schwarz-rot-gelbe Binde.

Nach dem 1. Weltkrieg finden wir sehr häufig Abzeichen, die bei gleicher Uniform die Zugehörigkeit zu einer bestimmten Partei anzeigen. So z.B. die weiß-blau-roten Ärmelwinkel der weißrussischen Armeen. Ferner seien als Beispiel die verschiedenen Armbinden im spanischen Bürgerkrieg 1936/37 erwähnt.

Zu den allgemeinen Erkennungszeichen müssen wir auch die Kokarde rechnen. Als internationales Neutralitätsabzeichen gilt die weiße Binde mit dem roten Kreuze, von der Genfer Konferenz im Jahre 1863 vorgeschlagen und bald darauf allgemein eingeführt.

Übersicht über die gemeinsamen Grundzüge der Uniformierung

Die Uniform weist innerhalb bestimmter Zeitabschnitte in allen Ländern gemeinsame Grundzüge auf:

1. *Etwa 1600 bis 1670.* Hauptbekleidungsstück ist das Wams, das bei der Reiterei langschößiger getragen wird. Als Kopfbedeckung dient neben der Sturmhaube der Hut. Haartracht: langes Haar, häufig Spitzbart.

2. *Etwa 1670 bis etwa 1710.* Der dem Schnitt nach dem Bürgerkleid gleichende langschössige Rock wird Hauptbekleidungsstück mit dem breitrandigen Filzhut. Die Kavallerie ist noch weitgehend mit Resten des Panzers der Ritterzeit ausgerüstet. Bei den Offizieren Allonge-Perücken, der Bart wird kleiner.

3. *Etwa 1710 bis etwa 1805.* Die Uniform löst sich endgültig vom Bürgerkleid. Der Rock wird mit der Zeit zweireihig und auf der Brust aufgeschlagen (Rabatten). Die ebenfalls umgeschlagenen Schöße werden schmaler, der Rock erhält einen zunächst kleinen, dann immer größer werdenden Kragen. Die umgeschlagenen Aufschläge werden kleiner, die Ärmel enger. Der Filzhut wird nunmehr dreiseitig aufgeschlagen und mit Tressen verziert. Zopffrisur, der Bart verschwindet.

4. *Etwa 1805 bis 1850.* Ein- oder zweireihiger Frack mit langen oder kurzen Schößen (Collett). Anstelle des Hutes tritt der Tschako, bei den berittenen Truppen auch der mit Kamm und Raupe versehene Lederhelm. Der Zopf ist abgelegt.

5. *1850 bis 1914.* Ein- oder zweireihiger mittellanger Waffenrock, Pickelhaube, in den romanischen Ländern ein stets niedriger werdender Tschako. Haar- und Barttracht sind allgemein freigestellt.

6. *1914 bis zur Gegenwart.* Die seit Beginn des 20. Jahrhunderts in fast allen Staaten in Einführung begriffene schutzfarbene Felduniform nach wechselndem Schnitt findet im Weltkrieg 1914/1918 ihre endgültige Erprobung. Einführung des Stahlhelms. Nach Beendigung des 1. Weltkrieges

Abb. 1. Bewaffnung und Ausrüstung zur Zeit des Dreißigjährigen Krieges
a Musketier – b Pickenier – c, d Kürassiere – e Lanzier – f Karabinier – g Trompeter – h Dragoner

hat der Feldrock nach angelsächsischem Muster mit aufgesetzten Brust- und Seitentaschen seine internationale Form gefunden. Die Farben gehen von erdbraun über khaki bis grüngrau. Stahlhelm und bootsförmige Feldmütze für den Dienst, die Schirmmütze für außer Dienst sind die vorherrschenden Kopfbedeckungen. Für Ausgangs- und Gesellschaftszwecke wird fast überall eine farbige oder besonders ausgestattete Uniform eingeführt.
Die Entwicklung der Standes- und Rangabzeichen verläuft etwa parallel:

17. Jahrhundert. Offiziersstandesabzeichen sind Schärpe und reichere Ausschmückung der Uniform. Ihre Art und Gestaltung bleibt dem einzelnen überlassen.

18. Jahrhundert. Die Standesabzeichen (Ringkragen, Schärpe, Portepee und Stickerei) finden ihre feste für das Gesamtoffizierkorps geltende Regelung.

19. Jahrhundert. Zu den Standesabzeichen tritt die Rangbezeichnung, französischem, schon im letzten Drittel des 18. Jahrhunderts einsetzenden Vorbild folgend. Die nationenweise verschiedenen Rangabzeichen (Tressen, Epauletts, Achselstücke usw.) setzen sich in allen Ländern betont sichtbar durch.

20. Jahrhundert. Der 1. Weltkrieg bringt eine starke Einschränkung der Sichtbarkeit der Rangabzeichen. Nach dem 1. Weltkrieg treten die Offiziersstandesabzeichen alter und auch neuer Form wieder mehr hervor.

Die Landheere

Deutschland

Brandenburg-Preußen

(Kokarde bis zur Reorganisation von 1808 schwarz, seitdem schwarz mit weißem Ring.)

I. Infanterie

Eine der ersten Nachrichten von einer Uniformierung stammt von der Regierungszeit des Kurfürsten Georg Wilhelm, und zwar aus dem Jahre 1632. Als die Leibgarde (1000 Mann Fußvolk und 150 Reiter) aus Preußen, wohin sie den Kurfürsten zur polnischen Königswahl begleitet hatte, nach der Mark zurückkam, war die Truppe durchgängig dunkelblau eingekleidet. Daß wir uns von der Uniformität keinen allzu hohen Begriff machen dürfen, beweist ein Musterungsbericht vom Jahre 1683 (also über fünfzig Jahre später!), in welchem von der Montur der Leibgarde des Großen Kurfürsten gesagt wird: »Sie ist erst vor fünf Vierteljahren ausgeteilt, durchgehends aber gar schlecht und ungleich, maßen Einige blautuchene, Andere lederne Hosen, ein Teil licht-, ein Teil dunkelblaue Röcke haben.« Im allgemeinen wird man annehmen können, daß erst 1670 der Gebrauch der Uniform im größeren Maßstabe auftrat. Im Jahre 1685 erließ der Kurfürst den Befehl, »einem jedweden Regimente eine gewisse Couleur von Fähnleins und Kleidern zu geben«, wobei die Regimenter ihre augenblicklichen Farben zu melden hatten. Im übrigen waren die Freiheiten der Chefs bezüglich der Bekleidung so gut wie unbeschränkt. Als Grundfarbe der Röcke herrschte bei der Infanterie dunkelblau vor; daneben erscheinen aber auch rot und grau gekleidete Regimenter. Der Infanterist trug einen Filzhut nach damaliger Mode, Halstuch, weiten Rock, langes Kamisol, Strümpfe bis über das Kniegelenk reichend, Kniegürtel und Schnallenschuhe. An dem breiten Bandelier waren die Patrontasche und das Pulverhorn befestigt. Als Waffen dienten Gewehr und Degen. Das erste Glied führte Schweinsfedern (kurze Spieße), Abb. 2, b. Offiziere und Unteroffiziere trugen häufig die Uniform in abweichenden Farben. Gelegentlich wurde den Offizieren befohlen, Brustpanzer zu tragen; im allgemeinen war letzterer aber bereits außer Gebrauch. Wenn unzählige Offizierporträts, sogar aus viel späterer Zeit, einen Harnisch zeigen, so ist derselbe als ritterliches Symbol zu betrachten, nicht aber als Ausrüstungsstück. Charakteristisch sind die Wandlungen des Taillensitzes (Degenkoppel, Schärpe). 1672 saß die Taille ziemlich hoch, 1675 normal (wie heute), 1680 bis etwa 1686

ist sie tief herabgegangen, 1688 bis 1695 wieder normal, dann aber tief unter dem Nabel. Und so bleibt der Taillensitz bis ziemlich zu Ende des 18. Jahrhunderts. Die Offizierschärpe und das Portepee waren immer in den hohenzollernschen Farben schwarzweiß oder schwarzsilber, also nicht die kurbrandenburgischen Farben, rot und silber.

Hier einige Einzelheiten der Uniformierung: Unter dem Großen Kurfürsten war die Leibgarde zu Fuß in blaue Röcke mit weißen Aufschlägen gekleidet. Die Offiziere hatten wahrscheinlich rote Röcke. Das Regiment Kurfürstin Dorothee trug nach einem ausführlichen Musterungsbericht von 1681 rote Leibröcke, weiß gefüttert, die Aufschläge kompanieweise verschieden staffiert, rote, weißgefütterte Mäntel, rote Strümpfe, lederne Kniegürtel, weiße Halstücher mit rotem Bande gebunden, schwarze Hüte mit rotweißer Bandeinfassung, weiße Patrontaschen mit rotem Adler und Chiffre D C Z B (Dorothea Churfürstin zu Brandenburg), rotgestrichene Schweinsfedern mit roten und weißen Fransen, die Unteroffiziere elendslederne Koller mit blauen, tressenbesetzten Aufschlägen, Lederhosen, blaue Strümpfe und Mäntel, weiße oder graue Hüte mit Silberborten. Die Subalternoffiziere waren karmesinrot, die Hauptleute violett gekleidet, Spielleute blau mit rotweißem Schnurbesatz und roten Hosen. 1686 hatte das Regiment rote Montur mit grünen Abzeichen. Das Regiment Anhalt 1688: Gemeine blaue Röcke mit rotem Futter und Aufschlägen, Unteroffiziere rote Röcke mit Silber und Elendkoller, die Regimenter Kurland und Dohna blaue Röcke und Mäntel mit blauem Futter. Kurprinz und Dönhoff blau mit weiß. Varenne blau mit gelb.

Unter Kurfürst Friedrich III. (König Friedrich I.) blieb der allgemeine Typus zunächst wie in der vorhergehenden Periode. Die elendsledernen Kamisöler kamen ab und wurden durch solche von Tuch ersetzt. Die Ringkragen der Offiziere, die auch schon in dem früheren Zeitraume getragen wurden, waren mit dem Wappen des Regimentschefs geschmückt. Dieses Wappen war auch häufig auf den Trommeln aufgemalt. Während der gemeine Mann das lange Haar frei herabwallend trug, war den Offizieren die vorneh-

1680   1680.   1680.   1704   1729.   1760   1760.   1790.   1806.

a   b   c   d   e   f   g   h   i

Abb. 2. Preußen. Musketiere bis 1806
a Musketier-Unteroffizier – b, d, e, f, h, i Musketiere – c Musketier-Trommler – g Offizier

mere, moderne Haartracht gestattet, die sich namentlich bei den höheren Befehlshabern als enorme Wolkenperücke auftürmte. Die Picken waren noch vor Ausgang des 17. Jahrhunderts ganz abgeschafft. Die Grenadiere erhielten eine spitze Mütze. An dem Granattaschenbandelier war ein messingener Luntenberger angebracht. Bajonett zum Einstecken in den Lauf, für gewöhnlich neben dem Degen am Koppel getragen. 1691 wird vom Kurfürsten verordnet, daß alle Bataillone blau gekleidet seien, die von der Garde mit weißen Abzeichen, die übrigen mit roten. Seit dieser Zeit erscheint die gesamte Infanterie (das heißt zunächst die Mannschaften) in Blau.

Einzelheiten der Uniformierung: Leibgarde zu Fuß 1705. Gemeine: blauer Rock mit weißem Futter und Umschlägen, Lederhosen, weiße Strümpfe und Knöpfe; Unteroffiziere: roter Überrock mit blauem Futter und Umschlägen, Goldbesatz, weiße Strümpfe; Offiziere: roter Rock und Kamisol, Goldbesätze, rote Hosen, schwarze Strümpfe, Hut mit Goldborten und weißer Plumage. Silberner Ringkragen mit Adlerschild. In diesem Jahr erhielt die Truppe die Bezeichnung »Füsiliergarde« (auch weiße Garde genannt). Die Abbildung (3,b) der Grenadiere zeigt eine eigenartig ausgezackte Grenadiermütze in blau mit weißen, gelb eingefaßten Verzierungen. Die Spielleute trugen die Montur reich mit weiß und roten Schnüren besetzt; die 1698 abgezweigte rote Grenadiergarde hatte blaue Uniformen mit roten Umschlägen und karmesinroten Grenadiermützen. Die

meisten Regimenter scheinen blaue Montur mit roten Umschlägen getragen zu haben; daneben kommen aber auch andere Abzeichen vor, z.B. orange beim Regiment Markgraf Philipp. Der Grenadier vom Regiment Anhalt (Abb. 3,a) trägt einen blauen Rock mit ebensolchen Ärmelaufschlägen und roten Umschlägen, Weste blau mit roten Knopflöchern, rote Strümpfe, weiße buntverzierte Grenadiermütze mit blauem Beutel, gelbe Knöpfe, Granattasche schwarz mit weißen Beschlägen. Das Halstuch ist rot. Im ersten Jahrzehnt des 18. Jahrhunderts fängt der ganze Schnitt an, sich etwas moderner zu gestalten (Abb. 2,d).

Von einschneidender Bedeutung wurde die Regierungszeit Friedrich Wilhelms I. Besonders charakteristisch wurde nunmehr der knappe Schnitt der Uniformen und der Zopf. Das Haar wurde zur Parade gepudert. Die gesamte Infanterie trug rote Halsbinden mit weißem Vorstoß, Offiziere weiße; die Grundfarbe des Rockes blieb die blaue, die wir daher in der Folge bei der Infanterie nicht besonders zu erwähnen brauchen. Der Rock war vielfach, aber durchaus nicht bei allen Regimentern, vorn mit Rabatten geschmückt, die bei kaltem Wetter übergeknöpft werden konnten. Als fernere Regimentsabzeichen dienten ausgenähte oder mit Litzen besetzte Knopflöcher; die Schöße waren durchgängig rot und wurden umgeschlagen getragen. Die Unterkleider (Weste und Hosen) waren entweder rot, gelb oder weiß in verschiedenen Schattierungen. 1713 wurden die roten Strümpfe durch weiße ersetzt, um schließlich ganz zu verschwin-

13

Abb. 3. Preußen. Grenadiere bis 1806
a, b, c, d, e, f, g Grenadiere – h Grenadier-Offizier

den; dafür wurden weiße Gamaschen (sog. Stiefeletten) getragen, unter dem Knie durch Kniegürtel gehalten. Der Hut, dreiseitig aufgeklappt, war die charakteristische Kopfbedeckung der Musketiere sowie sämtlicher Offiziere (auch derjenigen der Grenadiere). Bei den Offizieren war der Hut mit Goldtressen eingefaßt, bei den Mannschaften mit weißer Borte. An beiden Seiten Quasten. Vorn über dem linken Auge war eine Puschel angebracht (Abb. 2, e). Die Grenadiere waren durch eine tuchbezogene spitze Grenadiermütze ausgezeichnet, deren Vorderseite einen durchbrochenen Metallbeschlag zeigte (Abb. 3, d). Die Farben der Grenadiermütze waren regimenterweise verschieden. Ferner trugen die Grenadiere zum Unterschied von den Musketieren in den Ecken der großen Patrontaschen (hier Granattaschen genannt) vier messingene Granaten, vorn am Bandelier den Luntenberger und am Koppel um den Leib eine kleine Kartusche (Abb. 3, d). Die Degen waren bei den Mannschaften durch Säbel ersetzt. Der Offizier trug als Dienstzeichen Portepee, Ringkragen und Schärpe, als Waffen Degen und Sponton. Die Unteroffiziere hatten die Seitengewehre der Mannschaften und führten sogenannte Kurzgewehre, d.h. einen Spieß, welcher bedeutend länger war als das Sponton. Der Name »Kurzgewehr« stammt aus der Zeit, als die langen Picken getragen wurden. Die Unteroffiziere trugen zu dieser Zeit eine etwas kürzere Schaftwaffe.

Eigenartig war das erste Bataillon des Königregiments gekleidet (Abb. 3, c). In dieses Bataillon wurden die größten Leute eingestellt, deren der König habhaft werden konnte, daher die volkstümliche Bezeichnung »Riesengarde«. Vorderseite der Mützen, Kragen, Rabatten, Aufschläge, Weste und Hose waren rot, die Knöpfe gelb, das Lederzeug, wie in der ganzen Armee, von Fahlleder.
Die Regimenter von Nr. 29* ab erhielten nicht Hüte, sondern wachstuchene Füsiliermützen mit gelben Beschlägen. Diese Mützen unterschieden sich von denjenigen der Grenadiere dadurch, daß das Kopfteil hinten etwas von der Spitze abstand und mit einer Glocke, welche eine Flamme trug, verziert war; auch fehlte die Puschel auf der Spitze (Abb. 4, a).
Unter Friedrich dem Großen blieb in den ersten Regierungsjahren der Typus im allgemeinen derselbe. Die Grenadiermütze erhielt statt der durchbrochenen Schilder solche gänzlich aus Metall. Die Abzeichen der Regimenter wurden vielfach geändert. Für die Regimenter, welche der König

---

* *Eigentlich wurden die Regimenter damals nicht durch Nummern unterschieden, sondern führten den Namen der Chefs. Da sich nun diese Bezeichnungen häufig änderten, ist es üblich geworden, die Regimenter kurz mit der Stammnummer (von 1806) anzuführen.*

1729. 1760. 1760. 1790. 1790. 1798. 1806.

a   b   c   d   e   f   g   h

Abb. 4. Preußen. Füsiliere bis 1806
a, b, e, g, h Füsiliere – c Füsilier-Trommler – d Füsilier-Unteroffizier – f Füsilier-Offizier

von seinem Vater übernommen hatte, blieb die rote Halsbinde charakteristisch; dagegen erhielten die neu errichteten schwarze. Die neuen Regimenter waren sämtlich Füsilierregimenter, zum Unterschied von den alten, welche Musketiere blieben. Auch die früheren Regimenter, welche schon Füsiliermützen (Nr. 29, 30, 31, 32) trugen, wurden nunmehr Musketiere. Nach dem Zweiten Schlesischen Kriege wurden neben den weißen Gamaschen auch schwarze eingeführt, und zwar sollten in den Sommermonaten die weißen, in den Wintermonaten die schwarzen getragen werden. Während Friedrich Wilhelm I. ein Feind silberner Knöpfe und Stickereien war, bevorzugte Friedrich der Große gerade dieses Metall. Seither rangiert in der preußischen Armee das Silber vor dem Gold.

Dienstzeichen und Waffen der Offiziere blieben dieselben wie im vorhergehenden Zeitraum. Die Offiziere der älteren Regimenter unterschieden sich im allgemeinen dadurch, daß sie eine schmale, glatte Huttresse und weiße Halsbinden trugen, während die der neueren eine breite, gebogene Tresse und schwarze Halsbinden hatten. Ebensowenig wie die Grenadiermütze wurde die Füsiliermütze von den Offizieren getragen. Mannschaften und Unteroffizieren war gestattet, Schnurrbärte zu tragen, nicht aber den Offizieren. Auf Abb. 3, e ist das feldmäßige Gepäck dargestellt. Über die rechte Schulter, das Patronenbandelier kreuzend, hängt

der Tornister, darunter der Brotbeutel. An den Riemen ist eine Anzahl Zeltpflöcke angebunden; ferner trug jeder Mann ein Stück Schanzzeug, Hacke, Beil oder Spaten, ein Teil des dritten Gliedes eine große Feldflasche aus Blech anstelle des Schanzzeuges. Im Verlauf der Regierungszeit des Großen Königs wurde der Rock vorn immer mehr abgestochen, so daß zuletzt die Rabatten nicht mehr übergeknöpft werden konnten und zur bloßen Zier herabsanken. Der Zopf sollte bis zwischen die beiden Taillenknöpfe herabreichen.

Friedrich Wilhelm II. führte verschiedene Neuerungen ein. Alle Regimenter, die bis dahin keine Rabatten gehabt hatten, erhielten nunmehr solche. Die Unterkleider wurden durchgängig weiß. An Stelle der Hüte trat ein sogenanntes Kasket, d. h. ein zweiklappiger Hut, der wie früher mit weißer Borte und farbiger Puschel geschmückt war und vorn den metallenen königlichen Namenszug zeigte (Abb. 2, h). Auch die Grenadiere erhielten diese Kopfbedeckung, vorn mit einer Granate geschmückt. Sie zeichneten sich außerdem durch einen kleinen weißen Stutz aus. Die Granaten in den Ecken der Patrontaschen fielen weg. Sämtliche Infanterie-Regimenter waren jetzt Musketier-Regimenter. Der Name »Füsiliere« erhielt mit einer neuen Organisation dieser Truppe eine andere Bedeutung. Bisher war der Füsilier nichts anderes wie der Musketier, von dem er sich nur äu-

Abzeichen der preuß. Infanterie im Siebenjährigen Krieg

Regts.-Nr.	Aufschläge	Klappen	Knöpfe	Schleifen	Unterkleider
1	rot	rot	w.	26 weiße	weiß
2	rot	rot	g.	6 rote	paille
3	rot	—	g.	6 weiße mit schwarz	weiß
4	rot	—	g.	24 weiße	paille
5	hellpaille	hellpaille	g.	6 orange	hellpaille
6	rot	—	g.	22 goldene	hellpaille
7	rosenrot	rosenrot	w.	—	paille
8	rot	rot	g.	32 weiße, blaugestreift	weiß
9	rot	rot	g.	22 weiße	weiß
10	gelb	—	w.	22 weiße	gelb
11	rot	—	g.	18 weiße zickzackförmige	weiß
12	rot	rot	g.	22 weiße	paille
13	hellpaille	hellpaille	w.	10 weiße	hellpaille
14	rot	rot	g.	16 weiße zickzackförmig mit roten Streifen	weiß
15 I. Btl.	rot	—	w.	24 silberne	gelb
II., III. Btl.	rot	rot	w.	18 silberne	gelb
16	rot	rot	g.	6 weiße mit schwarz u. rot	weiß
17	weiß	weiß	g.	22 weiße mit rot	weiß
18	rosenrot	rosenrot	w.	18 weiße	weiß
19	rot	—	g.	22 weiße mit orange	paille
20	rot	rot	g.	weiße Einfassung	weiß
21	rot	rot	g.	28 weiße mit rot	paille
22	rot	rot	g.	10 weiße mit orange	weiß
23	rot	—	w.	20 weiße	weiß
24	rot	rot	g.	22 weiße mit rot	weiß
25	rot	rot	g.	22 weiße mit blau	weiß
26	rot	—	g.	22 gelbe	weiß
27	rot	rot	g.	weiße geschlängelte Einfassung	weiß
28	dunkelblau	—	w.	—	paille
29	rot	—	w.	18 weiße mit rot	weiß
30	rot	—	g.	22 orange	weiß
31	rosenrot	—	g.	—	weiß
32	dunkelblau	—	g.	—	weiß
33	weiß	weiß	g.	—	weiß
34	rot	rot	w.	—	gelb
35	schwefelgelb	—	w.	—	schwefelgelb
36	weiß	—	g.	—	weiß
37	rot	—	g.	—	weiß
38	rot	rot	g.	—	weiß
39	gelb	—	w.	—	gelb
40	rosenrot	—	w.	—	rosenrot
41	hellkarmoisin	hellkarmoisin	g.	6 gelbe	paille
42	orange	orange	g.	—	weiß
43	orange	—	g.	—	weiß
44	rot	—	g.	22 rote	paille
45	rot	—	g.	22 weiße	weiß
46	schwarz	schwarz	g.	—	paille
47	gelb	gelb	g.	—	weiß
48	rot	rot	g.	22 weiße	paille

ßerlich durch die Kopfbedeckung unterschied. Nunmehr wurden aber besondere Füsilierbataillone als eine Art leichter Infanterie errichtet. Die Grundfarbe ihrer Uniform wurde grün, die Abzeichen verschiedenfarbig. Die Kopfbedeckung war mit einem metallenen Adler geschmückt, Halsbinde schwarz mit weißem Vorstoß, alles übrige wie bei der Infanterie (Abb. 4, e). Für kurze Zeit wurden die Beinkleider grün, bald aber wieder weiß. Gegen Ende der Regierung des Königs schwärzte man dann das Lederzeug und trug es gekreuzt.

Unter Friedrich Wilhelm III. gingen bald nach dem Regierungsantritte folgende Veränderungen vor sich: Die Schoßumschläge wurden festgenäht, und die Taschen an beiden Seiten des Rockes fielen weg. Der Kragen wurde höher und erhielt die Form des Stehkragens. Die Kaskets wurden durch den früheren Hut ersetzt, nur war die Form desselben etwas mehr der damaligen Mode entsprechend. Die Grenadiere bekamen eigenartig gestaltete Mützen, hinten mit einem Tuchstreifen von der Abzeichenfarbe besetzt (Abb. 3, g). In den Jahren 1802 bis 1803 erhielt der Rock statt der vorn ausgestochenen Form gerade herabgehende Rabatten (Abb. 2, i). Die Offiziere trugen 1806 die Schärpe nicht mehr unter dem Rock, sondern legten dieselbe darüber an. Die Grenadier-Offiziere waren durch einen weißen Federstutz mit schwarzer Wurzel ausgezeichnet. Schon früher hatten diese statt der Gamaschen Schaftstiefel erhalten (Abb. 3, h). Die Mannschaft trug zur Schonung der Beinbekleidung leinene Überhosen in Form von Pantalons (Abb. 2, i). Der Zopf hatte sich immer mehr verkürzt und reichte zuletzt nur noch bis an den unteren Kragenrand. Die Füsiliere trugen das schwarze Lederzeug nicht mehr gekreuzt. Als Kopfbedeckung anfangs ein Hut mit Stutz und Adlerbeschlag, später Tschakos (Abb. 4, g, h). Der Rock hatte im Jahre 1806 kolletartigen Schnitt, die Unterkleider waren wieder weiß. Die Abzeichen der Füsilier-Bataillone waren brigadeweise verschieden, und zwar nach vielfachem Wechsel 1806:

die erste ostpreußische Brigade hellgrün mit gelben Knöpfen,

die zweite ostpreußische Brigade hellgrün mit weißen Knöpfen,

die erste Warschauer Brigade hellblau mit weißen Knöpfen,

die zweite Warschauer Brigade hellblau mit gelben Knöpfen,

die oberschlesische Brigade schwarz mit weißen Knöpfen,

die niederschlesische Brigade schwarz mit gelben Knöpfen,

die westfälische Brigade karmesin mit weißen Knöpfen,

die magdeburgische Brigade karmesinrot mit gelben Knöpfen.

Die Katastrophe von 1806 hatte mit der Reorganisation der Armee auch eine gänzliche Änderung der Uniform zur Folge. Der Zopf fiel jetzt weg, der Hut wurde durch den Tschako ersetzt, der Rock verlor die Rabatten und erhielt vorn zwei Knopfreihen, die Beinkleider wurden grau; der Tornister nunmehr an zwei Riemen getragen statt der bisherigen Tragweise über einer Schulter. Im einzelnen folgendes: Das Regiment Garde zu Fuß hatte auf den blauen Kollets* rote Rockkragen und Aufschläge mit weißen Litzen, weiße Achselpatten und Knöpfe. Die Schoßumschläge waren durchgängig rot. Im Sommer weiße Beinkleider, im Winter graue. Dazu Kniestiefel. Der Tschako hatte oben einen Besatz von weißer, bei den Unteroffizieren von silberner Borte und als Beschlag einen Garde-Stern. Hohe weiße Büsche von Roßhaaren, bei den Grenadieren weiß, bei den Füsilieren schwarz. Der Offizier-Tschako war oben mit Silberborte und an den Seiten mit kleinen weißen heraldischen Adlern geschmückt, an welchen Kettchen befestigt waren. Statt des Roßhaarbusches einen Federbusch, in den entsprechenden Farben wie bei den Mannschaften, der untere Teil bei weißem Busche schwarz, bei schwarzem weiß (Abb. 5, a, b). Die Chargen der Offiziere waren durch den Tressenbesatz der Achselstücke ausgedrückt. Die Linienregimenter trugen Kragen und Aufschläge in der Provinzfarbe. Für die einzelnen Provinzen wurden die Achselklappen für das erste Regiment weiß, zweite rot, dritte gelb, vierte blau, d.h. soweit überhaupt mehrere Regimenter existierten; denn nur Ostpreußen hatte vier Regimenter. Kragen und Aufschläge waren für Ostpreußen ziegelrot, Westpreußen karmesin, Pommern weiß, Brandenburg ponceaurot, Schlesien gelb. Die Knöpfe durchgängig gelb, Schoßumschläge rot, Ärmelpatten von der Grundfarbe des Kollets. Die Tschakos zeigten bei den Grenadieren vorn einen gelben Adler, dazu einen schwarzen Roßhaarbusch. Die Musketiere hatten einen verschlungenen Namenszug am Tschako, die Füsiliere eine Bandkokarde. Außerdem waren letztere durch schwarzes Lederzeug gekennzeichnet und trugen statt der Säbel Faschinenmesser. Nach der neuen Formation waren nämlich die Füsiliere den Infanterie-Regimentern als dritte Bataillone zugeteilt und trugen im übrigen die Uniform ihrer Regimenter. Das Säbelkoppel wurde für gewöhnlich über die Schulter geschnallt getragen, doch war es so eingerichtet, daß es bei Paraden auch um den Leib geschnallt werden konnte (Abb. 5, a; Abb. 8, a, b, c). Die Offiziere trugen am Tschako durchgängig eine schwarze silbergerandete Kokarde; im übrigen Kettchen und Adler wie oben beschrieben, dazu eine Goldborte am oberen Rand, die Grenadier-Offiziere außerdem einen schwarzen Busch. Die graue Hose hatte einen roten Vorstoß an den Seiten und längs desselben gelbe Knöpfe. Die Offiziere der Musketiere und Grenadiere Degen, die der Füsiliere Säbel in Lederscheide (Abb. 8, d). Der Tschako wurde von Offizieren wie Mannschaften zur Schonung in wachsleinenem Überzug getragen.

Während der Befreiungskriege war die Bekleidung infolge der zahlreichen Neuformationen recht buntscheckig, namentlich bei den Reserveregimentern, welche vielfach aus England gelieferte Uniformen bekamen. Die Offiziere bedienten sich vielfach als Kopfbedeckung einer mit Wachs-

---

*Das Hauptbekleidungsstück hieß offiziell »Rock«. Zur Vermeidung einer Verwechslung mit einem Waffenrock gebrauchen wir aber, nach dem Vorgang von Mila, den Ausdruck »Koller«, obgleich eigentlich darunter die kurzschößige Montur der Kavallerie verstanden wird.

Preußische Infanterieregimenter im Jahre 1806

Nr. und Name des Regiments	Abzeichenfarbe	Knöpfe	Besatz der Mannschaft	Besatz der Offiziere
1. Kunheim	ponceaurot	w	weiß	Silber
2. Rüchel	hellziegelrot	g	kam., w. Quasten	Gold
3. Renouard	ponceaurot	g	weiß-schwarz	—
4. Kalckreuth	orange	g	weiß-blau	Gold
5. Kleist	blaßpaille	g	orange, w. Quasten	Gold
6. Grenadiergarde	scharlachrot	g	gold	Gold
7. Owstien	rosa	w	—	—
8. Rüts (auch Ruiz, Ruits)	scharlachrot	g	weiß-blau	Gold
9. Schenck	scharlachrot	g	weiß, rechteckig	Gold
10. Wedell	zitronengelb	w	weiß-rot	Silber
11. Schöning	karmesinrot	w	weiß-karm.-blau	Silber
12. Prinz von Braunschweig-Öls	hellziegelrot	g	weiß	Gold
13. Arnim	weiß	w	weiß	Silber
14. Besser	hellziegelrot	g	weiß-rot zickzackförmig	Gold
15. Garde	ponceaurot	w	silber	Silber
16. Diericke	hellziegelrot	g	weiß-rot-schwarz	Gold
17. Tresckow	weiß	g	weiß-rot	Gold
18. Rgt. des Königs	rosa	w	weiß	Silber
19. Prinz von Oranien	orange	w	weiß	Silber
20. Prinz Louis Ferdinand	scharlachrot	g	weiß-blaue Borte	Gold
21. Herzog von Braunschweig	scharlachrot	w	weiß-rot	Silber
22. Pirch	ponceaurot	g	weiß-rot	Gold
23. Winning	rosenrot	w	weiß-blau	Silber
24. Zenge	ponceaurot	g	weiß-rot (Litzen und Borte)	Gold
25. Möllendorf	scharlachrot	g	weiß-blau	Gold
26. Alt-Larisch	hellziegelrot	g	orange, w. Quasten	Gold
27. Tschammer	ponceaurot	g	weiße Borte (schlangenförmig)	—
28. Malschitzki	chamois	w	—	Gold
29. Treuenfels	karmesinrot	g	weiß-karm.-blau	—
30. Borcke	chamois	w	weiß-rot-blau	Silber
31. Kropff	rosenrot	g	—	Gold
32. Fürst Hohenlohe	chamois	g	—	—
33. Alvensleben	weiß	g	—	—
34. Prinz Ferdinand	ponceaurot	w	weiß	Silber
35. Prinz Heinrich	grünlich paille	w	—	Silber
36. Puttkammer	weiß	w	—	Silber
37. Tschepe	karmesinrot	w	—	Silber
38. Pelchrzim	scharlachrot	g	—	—
39. Zastrow	weiß	g	weiß-rot	Gold
40. Schimonsky	rosenrot	w	—	Silber
41. Lettow	hellkarmoisinrot	g	gelb	Gold
42. Plötz	orange	g	—	—
43. Strachwitz	dunkelorange	w	—	Silber
44. Hagken	chamois	g	weiß-blau	Gold
45. Zweiffel	zitronengelb	g	weiß-rot	Gold
46. Thiele	scharlachrot	g	—	—
47. Grawert	dunkelzitronengelb	g	—	—
48. Kurfürst von Hessen	ponceaurot	w	weiß, karm. Quasten	Silber
49. Müffling	weiß	w	weiß-blau	Silber
50. Sanitz	hellkarmoisinrot	w	weiß	Silber

Nr. und Name des Regiments	Abzeichenfarbe	Knöpfe	Besatz der Mannschaft	Besatz der Offiziere
51. Kauffberg	schwefelgelb	w	—	Silber
52. Reinhardt	scharlachrot	w	—	Silber
53. Jung-Larisch	hellgelb	g	—	Gold
54. Natzmer	chamois	w	weiß	Silber
55. Manstein	karmesinrot	g	—	Gold
56. Tauentzien	scharlachrot	w	—	—
57. Grevenitz	hellrosa	g	weiß-rosa	Gold
58. Courbière	hellgelb	w	weiß	Silber
59. Wartensleben	weiß	g	—	—
60. Chlebowski	zitronengelb	g	—	—

Litzenbesatz der Mannschaft meist paarweise unter den Rabatten, auf den Ärmelpatten und hinten zwischen den Taillenknöpfen, bei Nr. 1, 6, 8, 9, 12, 14, 15, 17, 18, 21, 24, 25, 48 auch auf den Rabatten; dagegen bei Nr. 2, 3, 5, 16, 34, 39, 41, 49, 50, 54 kein Ärmelbesatz. Die Litzen waren mit gleichfarbigen Quasten (Puscheln) versehen. Keine Puscheln jedoch bei Nr. 1, 6, 8, 9, 14, 15, 22, 24, 41, 50. Borteneinfassungen an Rabatten und Ärmelaufschlägen hatten Nr. 20, 24 und 27, nur an Ärmelaufschlägen Nr. 9 und 22. Beim I. Batl. Garde Nr. 15 an Kragen und Rabatten Tresseneinfassung.

Die Parade-Uniform der Offiziere hatte gewöhnlich Stickerei oder geschlungene Schleifen auf Ärmelaufschlägen, Taschenpatten, unter den Rabatten und in der Taille, bei Nr. 1, 6, 8, 12, 15, 16, 17, 18, 20, 22, 31, 35, 48 auch auf den Rabatten. Gestickte Einfassungen der Rabatten und Aufschläge bei Nr. 2, 9, 27, mit gestickten Schleifen bei Nr. 1. Goldene oder silberne Achselbänder (Fangschnüre) wurden bei Nr. 13, 15, 46, 47 und 56 getragen.
Schwedische Aufschläge gab es 1806 nur noch bei Nr. 6, 7, 15, 33, 38, 41, 42, 47, 50, 51, 52.

tuch bezogenen Mütze! Das Jahr 1814 brachte verschiedene Änderungen in der Bekleidung. So wurden nunmehr die Kragen vorn geschlossen, die Tschakos erhielten eine geschweiftere Form und infolgedessen einen größeren Deckel. Das bisher runde National wurde jetzt von elliptischer Form. Allmählich wurden Schuppenketten statt der ledernen Sturmriemen eingeführt. Zur Parade weiße Behänge, bei den Unteroffizieren schwarzweiß, bei den Offizieren silbern und schwarz; die Garde außerdem noch schwarze dünne Stutze, bei den Offizieren mit weißer Spitze, die Spielleute rote. Das 1813 errichtete zweite Garde-Regiment hatte zum Unterschied von dem ersten gelbe Knöpfe und Aufschläge in der Form, wie bei der Linie, erhalten (Abb. 5, c). Die Abzeichen der Regimenter wurden 1814 in folgender Weise bestimmt: Kragen und Aufschläge bei den alten Provinzen wie vorher, Magdeburg hellblau, Rheinland krapprot, Westfalen hellrot. Achselklappen für das erste, zweite, dritte und vierte Regiment der Provinz weiß, rot, gelb oder blau, Ärmelpatten durchgängig dunkelblau. 1817 wurden Kragen und Aufschläge durchweg rot und sind es bis zum 1. Weltkrieg geblieben.* Die Regimenter unterschieden sich durch die Ärmelpatten und Achselklappen und erhielten auf letzteren Nummern. Um gleich die Abzeichen hier vorwegzunehmen, ist zu bemerken, daß 1835 alle Linienregimenter rote Ärmelpatten erhielten, und zwar bei den Armeekorps mit ungerader Nummer auf drei Seiten mit weißem Vorstoß versehen.

1. Armeekorps weiße Achselklappen, weißer Pattenvorstoß
2. " " " , kein "
3. " rote " , weißer "
4. " " " , kein "
5. " gelbe " , weißer "
6. " " " , kein "
7. " hellblaue " , weißer "
8. " " " , kein "

Wir wollen uns nunmehr die Entwicklung der Uniformen bei den Gardekorps ansehen, und zwar zunächst bei den Garderegimentern zu Fuß. Das erste Garderegiment erhielt 1824 für die ersten beiden Bataillone (das Füsilierbataillon erst 1843) spitze Grenadiermützen mit rotem Futter und weißem unterem Rande. Diese Mützen wurden nur zu großen Paraden angelegt und sollen eigentlich nur zu weißen Beinkleidern getragen werden (Abb. 5, e). Sie waren kein Zarengeschenk, wie so häufig behauptet wird. Das zweite Garderegiment, das bisher noch immer Ärmelpatten getragen hatte, erhielt 1834 rote schwedische Aufschläge mit zwei weißen Litzen. 1843 wurden Helm und Waffenrock eingeführt. Die Abzeichen blieben dieselben wie früher. Der Helm, mit dem sogenannten Garde-Adler geschmückt, hatte zur Parade bei den Grenadieren weißen, bei den Füsilieren schwarzen Haarbusch. Beinkleider grau mit roten Biesen oder weiß, das Lederzeug blieb vorläufig dasselbe wie früher (Abb. 5, f), bis 1848 das sog. Virchowsche Gepäck eingeführt wurde, die sogenannte Gürtelrüstung. Das dritte und vierte Garderegiment zu Fuß, die König Wilhelm I. bei seinem Regierungsantritt errichtete, unterschieden sich durch gelbe bzw. hellblaue Achselklappen. Dazu gelbe Knöpfe wie beim zweiten Garderegiment. Das Garde-Füsi-

---

* Mit der Einschränkung, daß von 1843 bis 1867 nicht der ganze Kragen, sondern nur die Kragenpatten rot waren.

Abb. 5. Preußen. Garde-Infanterie 1810–1893
a Garde-Regiment z. F. – b Offizier des Regts. Garde z. F. – c zweites Garde-Regt. z. F. – d, e erstes Garde-Regt. z. F. –
f, g, h Garde-Regimenter z. F. – i, k, l Garde-Grenadier-Regimenter

lierregiment erhielt die Uniform des Füsilier-Bataillons des ersten Garderegiments, aber mit gelben Achselklappen.

Nach dem Feldzuge von 1866 wurde der Kragen, der bisher nur rote Patten (natürlich mit Litzen) gehabt hatte, vollfarbig, der Helm wurde erleichtert. In späterer Zeit wurde das Marschgepäck geändert und der Mantel um den Tornister gelegt getragen. 1894 erhielt das erste Garderegiment eine neue Garnitur von Grenadiermützen in friderizianischer Art und gab die früher getragenen an das Kaiser-Alexander-Garde-Grenadier-Regiment ab. Das 1897 errichtete fünfte Garderegiment zu Fuß erhielt weiße Achselklappen, ferner eine weiße spitze Litze auf dem Kragen, dunkelblaue Ärmelpatten mit drei weißen Litzen, weiße Knöpfe.

Die Garde-Grenadierregimenter. Die beiden ersten Regimenter wurden 1814 errichtet. Sie erhielten auf den Kollets rote Kragen und Aufschläge, Ärmelpatten von der blauen Grundfarbe und Achselklappen: beim Alexander-Regiment weiß mit rotem Namenszug, beim Franz-Regiment rot mit gelbem, Tschako wie bei den Garderegimentern, aber vorn mit fliegendem Adler geschmückt, alles Metallzeug gelb (Abb. 5, i). 1834 erhielt der Kragen auf beiden Seiten zwei weiße Litzen. Dieselben waren auch auf den Kragenpatten des 1843 eingeführten Waffenrockes angebracht. Die von König Wilhelm I. errichteten Regimenter Königin Elisabeth und Augusta unterschieden sich durch

gelbe bzw. hellblaue Achselklappen mit roten Namenszügen. 1874 wurden die Ärmelpatten aller vier Garde-Grenadierregimenter mit weißen Litzen versehen; im übrigen wie die Garderegimenter zu Fuß, namentlich, seitdem in neuerer Zeit der Helmadler auch noch mit dem Stern versehen wurde, wie ihn die Garderegimenter zu Fuß trugen. Das 1897 errichtete fünfte Garde-Grenadierregiment erhielt die gleiche Uniform wie das fünfte Garderegiment zu Fuß, aber mit gelben Litzen und Knöpfen.

Bei den Linienregimentern wurden zunächst verschiedene Veränderungen mit der Tschakodekoration vorgenommen. Die Füsiliere der Regimenter 1 bis 12 erhielten 1816 den Namenszug wie die Musketiere, 1828 darüber noch eine Krone. Die seit 1813 gebildeten Regimenter von Nr. 13 an bekamen bei allen Bataillonen vorn eine Kokarde mit messingener Agraffe. 1836 fiel bei den Tschakobehängen das breite Garngeflecht weg (Abb. 8, g). 1843 wurde der Waffenrock eingeführt: Mit Kragen von der Grundfarbe, auf beiden Seiten mit roten Patten versehen. Der Helm erhielt als Beschlag einen heraldischen Adler von gelbem Metall (Abb. 8, h). 1848 Virchowsches Gepäck. In der Folgezeit wurde die Höhe des Helmes vermindert; nach dem Feldzug von 1866 das Gewicht des Helmes erleichtert durch Einführung des sogenannten Tellerbeschlages unter der Spitze an Stelle des sogenannten Kreuz- oder Kleeblattbeschlages. Der Augen-

Abb. 6. Preußen. Grenadier-Regimenter 1914. Unteroffiziere und Mannschaften
a Leib-Gren. R. 8, Parade – b Garde, im Mantel – c Füsilier G. G. R. 1, Parade – d, e Grenadiere, Garde, feldmarschmäßig –
f Garde, kleiner Dienst – g Gren.-Rgtr., Unteroffizier, Ausgehanzug – h Garde, Ordonnanz-Anzug – i Garde, etatsmäß. Feldw., Parade

schirm wurde abgerundet*. Der Kragen wurde 1867 ganz rot. In den Feldzügen von 1864, 1866, 1870/71 hatte sich die Sitte herausgebildet, zum feldmäßigen Anzuge die Hosen in den Stiefeln zu tragen (Abb. 8, k). In den letzten Jahren der Regierung Kaiser Wilhelms I. machte sich das Bestreben der Gewichtserleichterung besonders geltend bei Vermehrung der Taschenmunition und bewirkte die Einführung des neuen Marschgepäckes. Auch der Helm wurde wieder erleichtert, und zwar durch Fortfall der (später aber wieder eingeführten) Schirmschiene sowie Ersatz der Schuppenketten durch einen ledernen Kinnriemen (Abb. 8, l). Nur den Garde- und den Linien-Grenadierregimentern 1 bis 12 verblieben die Schuppenketten. Auch wurde das Lederzeug mit Ausnahme der genannten Truppenteile durchgängig schwarz. Zu Paraden wurden von den Linien-Grenadieren schwarze Haarbüsche getragen. Nach und nach erhielten alle Grenadierregimenter den fliegenden Helmadler, die Regimenter 1 bis 8 und 11 eckige Kragen mit einer weißen (Regiment 7 gelben) Litze, Aufschlagpatten mit drei Gardelitzen, Offiziersstickerei friderizianischer Regimenter.
Seit 1910 Einführung der feldgrauen Uniform, die beim

* 1867 wurde auch die hintere Helmschiene abgeschafft, nach dem Feldzuge
  von 1870/71 jedoch wieder eingeführt.

Ausmarsch 1914 getragen wird (Abb. 9, b). Mütze, Waffenrock und Hose behielten den alten Schnitt bei Ersetzung des farbigen Grundtuches durch feldgrau. Am Rock schräge Vorderschoßtaschen mit Patte und Knopf und matte Kronenknöpfe, bei den Fußtruppen liegender Kragen. Dieser und der in seiner Form unveränderte Aufschlag aus feldgrauem Grundtuch. Rockvorderteil, Schoßtaschenleisten, Kragen und Aufschlagaußenränder, letztere bei der Garde auch am unteren Rand, rot vorgestoßen. Aufschlagpattenvorstoß stets rot. Achselklappe aus Grundtuch mit Vorstoß in der bisherigen Farbe. Alle Namenszüge und Regimentsnummern rot. Mannschaftskragen- und Aufschlaglitzen in bisheriger Ausführung. Anstelle der Offizierslitzen und Stickereien treten kleine doppelte, stets silberne Kapellenlitzen am Kragen auf Patten in Farbe der Achselstückunterlage (Abb. 9, c). Offiziersrangabzeichen und Generalsstickerei unverändert. Hellgrauer Mantel wie bisher, Helm mit Überzug. Unteroffiziersrangtressen schmaler, am Kragen vorn und unten herum. 1915 wird der Helm an der Front ohne Spitze getragen, auch aus feldgrauem Filz oder Blech gefertigt. Am Rock hohe Rollumschläge ohne Vorstoß. Unteroffizierstresse nur am Kragenende (Abb. 9, e).
Ab Ende 1915 Einführung der neuen Felduniform. Steingraue Hose, feldgraue Bluse im Einheitsschnitt für alle Waffengattungen mit Umlegekragen aus dunklem, grauem Be-

Abb. 7. Preußen. Grenadier-Regimenter 1914. Offiziere
a 1. G. R. z. F., Parade – b G. G. R. 1. Parade – c Stabsoffizier, Parade – d Stabsoffizier, Dienstanzug – e, f Straßenanzug –
g Dienstanzug, Mantel

1914 waren die Abzeichen folgende:

Regiment	Achselklappen	Ärmelpatten-vorstoß
1. 3. 4. 33. 41. 43. 44. 45.	weiß	weiß
2. 9. 14. 34. 42. 49. 54. 140. 149.	weiß	—
8. 12. 20. 24. 35. 48. 52. 64.	rot	weiß
26. 27. 36. 66. 72. 93. 153. 165.	rot	—
6. 7. 19. 37. 46. 47. 50. 58. 155.	gelb	weiß
10. 11. 22. 23. 38. 51. 62. 63. 157.	gelb	—
13. 15. 16. 39. 53. 55. 56. 57. 159.	hellblau	weiß
25. 28. 29. 40. 65. 68. 69. 161.	hellblau	—
31. 75. 76. 84. 85. 86. 163.	weiß	gelb
73. 74. 77. 78. 79. 91. 92.	weiß	hellblau
32. 71. 82. 83. 94. 95. 96. 167.	rot	gelb
99. 132. 136. 143. 172.	rot	hellblau
80. 81. 87. 88. 145.	hellblau	gelb
30. 67. 98. 130. 135. 144.	gelb	gelb
5. 21. 61. 128. 129. 141. 176.	gelb	hellblau
18. 59. 147.	hellblau	hellblau
17. 60. 70. 97. 131. 137. 138. 174.	hellgrün	weiß

Bei diesen Regimentern waren die Ärmelpatten rot, beim Rgt. 7 blau.

22

Abb. 8. Preußen. Linien-Infanterie 1810 – 1894
a Grenadier – b, e, f, g, h, k Musketiere – c Füsilier – d Füsilier-Offizier – i Füsilier-Spielmann – l Linien-Infanterist

Regiment	Achselklappen	Ärmelpatten	Ärmelpatten-vorstoß
154. 156.	gelb	weiß	—
158. 160.	hellblau	weiß	—
162.	weiß	weiß	gelb
164.	weiß	weiß	hellblau
171.	rot	weiß	hellblau
173.	gelb	weiß	gelb
175.	gelb	weiß	hellblau
146. 148. 152.	hellblau	weiß	hellblau
150.	hellblau	gelb	hellblau
151.	hellblau	hellblau	—
166.	hellgrün	weiß	—

satztuch, Rollaufschlägen und Schrägtaschen am Vorder-schoß (Abb. 9, g-k). Die mit Litzen ausgestatteten Rgtr. haben nur am Kragen kleine graue Litzen bisheriger Form mit weißem, bei Gardegrenadieren 5 und Grenadieren 7 gelbem Spiegel. Bei Doppellitzen ist der Zwischenraum rot ausgefüllt. Waffenbezeichnung erfolgt nur durch die Ach-selklappe, Infanterie feldgrau mit weißem Vorstoß. Nummern und Namenszüge rot. Die alten Vorstoßfarben behalten nur die Garde- und Gardegrenadierregimenter, Grenadierregiment 7, 8 und 11, Infanterieregimenter 114, 115. Matte Kragenknöpfe aus Nickel und Tombak. Unteroffiziere tragen hellgraue Rangtressen am Kragenaußenrand.

Abb. 9. Preußen. Fußtruppen 1914 - 1918
a Linien-Maschinengewehr-Abtlg. – b, k Infanterist – c Offizier der Garde-Inf. – d Offizier – e Unteroffizier – f Schneeschuhtruppe –
g Infanterist mit Grabenpanzer – h mit Sturmgepäck und Ärmelabzeichen – i Unteroffizier

Offiziere Achselstücke in matter Ausführung, dunkelbraunes Lederkoppel mit Bronzeschloß. Die auf kleinen Besatztuchpatten befestigten grauen Offizierskragenlitzen ohne farbige Füllung haben je nach Knopffarbe den Spiegel mit matter Gold-oder Silberschnur belegt. Mannschaftslederzeug schwarz. Kopfbedeckung nur noch Stahlhelm mit Schutzanstrich oder Überzug. Einreihiger feldgrauer Einheitsmantel mit breitem, liegendem Kragen aus Besatztuch ohne Kragenpatten; Achselklappen und Offiziersachselstücke wie an der Bluse. Unteroffiziere kurze, senkrechte, mattgraue Kragenlitzen. Der Mantel ist für alle Waffengattungen gleich. Die Feldmütze bleibt unverändert mit farbigen Besatzstreifen und Deckelvorstoß, erhält jedoch für Offiziere feldgrauen Lederschirm und Kinnriemen. Im Feld wird der farbige Besatzstreifen durch ein feldgraues Band bedeckt. Gegen Kriegsende Einführung einer Einheitsfeldmütze mit Besatzstreifen und Deckelvorstoß aus feldgrauem Besatztuch.

II. Jäger, Schützen und Maschinengewehr-Abteilungen

Bald nach seinem Regierungsantritt 1740 errichtete Friedrich der Große ein Jägerkorps zu Fuß und zu Pferde, dessen Formation und Stärke vielfachen Schwankungen unterlag.

Die Uniform bestand sowohl für die Fuß- wie für die reitenden Jäger aus einem zeisiggrünen Rock ohne Rabatten, aber mit roten Kragen, Aufschlägen und Schoßumschlägen, auf der rechten Seite gelbe Achselbänder. Die Weste hatte die Farbe des Rockes, die Knöpfe waren gelb, die Halsbinden schwarz. Die Beinkleider von gelbem Leder. Der Hut hatte anfangs einen Goldtressenbesatz, der indessen später wegfiel. Die Fußjäger trugen am Koppel um den Leib einen braunledernen Patronranzen (Abb. 10,a). Anfangs hatten die Fußjäger Gamaschen, die indes noch unter der Regierung des Großen Königs durch Stiefel ersetzt wurden. Unter dem Nachfolger Friedrichs des Großen erhielt der Rock, wie bei der gesamten Infanterie, Rabatten, und zwar von der Grundfarbe. Die Aufschläge wurden nunmehr sogenannte brandenburgische, d. h. sie erhielten eine mit drei Knöpfen besetzte Patte (und zwar von der Grundfarbe). Der Hut, nach Art des damaligen Infanterie-Kaskets geformt, wurde mit einem grünen Stutz geschmückt. Später wurden die Unterkleider weiß, der Schnitt machte alle Wandlungen durch wie die Infanterie-Uniform. Bei den reitenden Jägern hatte die Offiziers-Montur noch gestickte goldene Schleifen.

Nach der Katastrophe von 1806 bildete man aus den Resten des ehemaligen Feldjägerregiments zwei neue Bataillone, nämlich das Garde-Jäger-Bataillon und das ostpreußische Jäger-Bataillon. Die Uniform bestand bei beiden aus dun-

Abb. 10. Preußen. Jäger, Schützen, Artillerie
a, b, e, f, g Jäger – c, d Schützen – h, i, k, l, m, n, o Artillerie

kelgrünen Kollets mit ebensolchen Schoßumschlägen, roten Kragen, ebensolchen schwedischen Aufschlägen, Achselklappen und Vorstoß an den Schößen. Knöpfe gelb. 1811 erhielt das Garde-Bataillon gelbe Litzen auf Kragen und Aufschlägen. Die Beinkleider waren grau. Anfänglich wurden dazu hohe Stiefel getragen. Der Tschako war wie bei der Infanterie gestaltet, hatte aber oben keine Einfassungstresse, dagegen grüne Behänge und schwarze Federbüsche. Vorn beim Gardebataillon ein gelber Stern, beim ostpreußischen eine schwarzweiße Kokarde (Abb. 10, b). Auch der Offiziers-Tschako war wie bei der Infanterie, die Behänge schwarz und silbern. 1815 kam ein Bataillon, das magdeburgische, hinzu, welches gelbe Achselklappen erhielt. 1821 wurden das ostpreußische und das magdeburgische Bataillon in vier Jägerabteilungen umgewandelt, welche sämtlich rote Achselklappen mit gelber Nummer erhielten. Der Tschako machte bezüglich seiner Form die Wandlung wie bei der Infanterie durch und war bis zu seiner Abschaffung mit schwarzem Haarbusch geschmückt (bei den Unteroffizieren mit weißer Spitze, bei den Hornisten rot). 1845 wurde die Zahl der Abteilungen dadurch vermehrt, daß die bisherigen vier Schützenabteilungen (vgl. weiter unten) in ebensoviele Jägerabteilungen umgewandelt wurden. Der 1843 eingeführte Waffenrock hatte einen grünen Kragen mit roten Patten. Achselklappen und Aufschläge blieben wie

bisher. Gleichzeitig mit dem Waffenrock wurde der Helm eingeführt, und zwar mit gelben Beschlägen. Als Dekoration beim Gardebataillon der sogenannte Gardeadler mit silbernem Stern auf der Brust, bei den Linien-Jägerbataillonen der sogenannte heraldische Adler. Zu Paraden bei allen Bataillonen schwarze (Spielleute rote) Haarbüsche (Abb. 10, e).
1854 wurden käppiartige Tschakos mit Augen- und Nackenschirm eingeführt, und zwar beim Gardebataillon mit silbernem Stern, bei den Bataillonen 1, 2, 5 und 6 mit gekröntem königlichem Namenszug, bei 3, 4, 7 und 8 aber mit einer messingenen Litze (Abb. 10, f): zu Paraden schwarze herabhängende Haarbüsche. 1860 wurde der Tschako etwas niedriger und verlor die Schiene um den Augenschirm. Die Dekoration blieb beim Gardebataillon dieselbe, dagegen erhielten die Linien-Bataillone einen messingenen Adler; statt der bisherigen Schuppenketten, die nur den Offizieren verblieben, jetzt lederne Kinnriemen. 1867 wurde der Kragen vollfarbig, alle übrigen Neuerungen wie Marschgepäck usw. vgl. Infanterie (Abb. 10, g).
Schützen. Im Jahre 1808 wurde ein Schützenbataillon, das schlesische, errichtet. Die Uniform bestand aus dunkelgrünen Kollets mit ebensolchen Schoßumschlägen, schwarzen Kragen mit rotem Vorstoß, ebensolche Aufschläge mit dunkelgrünen Patten ohne Vorstoß. Die Achselklappen wa-

25

ren gleichfalls schwarz mit roter Einfassung. Der Tschako hatte keine Behänge, anfangs auch keine Büsche; etwas später wurden schwarze Roßhaarstutze eingeführt. Als Dekoration vorn die Kokarde mit messingener Agraffe. Beinkleider, Lederzeug, Knöpfe wie bei den Jägern (Abb. 10, c). 1814 wurde in Neufchâtel das Garde-Schützen-Bataillon errichtet. Das Kollett unterschied sich durch die gelben Litzen am Kragen und durch die Form der dunkelgrünen Ärmelpatte, welche dreispitzig war (französische Aufschläge) und außerdem roten Vorstoß zeigte. Der Tschako erhielt die gleiche Form wie beim Garde-Jägerbataillon. 1815 wurde das rheinische Schützenbataillon gebildet. Es erhielt rote Achselklappen; gleichzeitig damit bekam das schlesische weiße, schon im folgenden Jahre indes beide rote mit gelber Nummer. 1821 erfolgte die Teilung der beiden Bataillone in vier Abteilungen. Die Entwicklung der Uniform ging völlig parallel mit der Jäger-Uniform, bis im Jahre 1845 die Linien-Schützen sämtlich in Jägerbataillone umgewandelt waren. Seitdem bestand nur noch das Garde-Schützenbataillon. Es unterschied sich nur durch Kragen und Aufschläge, welche schwarz mit rotem Vorstoß waren, vom Garde-Jägerbataillon. Seit 1874 ist auch die grüne Ärmelpatte gleich dem Kragen mit gelber Litze geschmückt.

Ein völlig anderes Aussehen erhielt die Jägertruppe durch die Einführung der 1910er Felduniform. Die Grundfarbe wurde graugrün. Die roten Abzeichen verschwanden, mit Ausnahme der Bataillonsnummer auf den Achselklappen, dafür wurden grüne vorschriftsmäßig. Auch der Litzenspiegel der Gardelitzen wurde grün. Die Offiziere der Garde hatten grüne Kragenpatten mit rotem Vorstoß und mit mattsilbernen Litzen. Auch bei den Gardeschützen fielen die roten Abzeichen fort und wurden durch grüne ersetzt, doch wurden Mützenbesatzstreifen, Kragenvorstoß und Ärmelvorstöße schwarz.

Bei der Felduniform 1915 ist die Bluse aus graugrünem Grundtuch, der Kragen aus dunkelfarbigem graugrünem Besatztuch. Die Schulterklappen aus Grundtuch haben bei den Jägern hellgrünen, bei den Schützen schwarzen Vorstoß. Nummern und Namenszüge bleiben rot. Die grauen Kragendoppellitzen der Garderegimenter haben gelben Spiegel und bei den Gardejägern hellgrüne, bei den Gardeschützen schwarze Füllung, sonst wie Infanterie.

Die Maschinengewehr-Abteilungen hatten schon bei ihrer Errichtung braune, graugrün bezogene Jägertschakos, graugrüne Röcke und Hosen erhalten (Abb. 9, a). Abzeichen rot, der bei den Mannschaften liegende Kragen und die Ärmelaufschläge vollfarbig. Die erste Garde-Maschinengewehr-Abteilung hatte Litzen. Die zweite Garde-Maschinengewehr-Abteilung die Abzeichen des Garde-Schützen-Bataillons. Zur Parade trugen die Linien-Abteilungen schwarze, die Garde-Abteilungen weiße Haarbüsche.

Die Felduniform änderte hier wenig. Die Kragen und Aufschläge wurden graugrün, die Knöpfe wurden matt. Die Offiziere der Garde-Abteilungen erhielten Kragenpatten in Analogie der Jäger und Schützen. Die besondere Uniform der Maschinengewehr-Abteilungen kommt 1915 in Fortfall. Sie tragen die Uniformen des zugeteilten Truppenteils.

Die freiwilligen Jäger-Detachements von 1813, die bei sämtlichen Regimentern und selbständigen Bataillonen für die Dauer des Krieges errichtet wurden, können an dieser Stelle nur erwähnt werden. Ihre Uniform sollte die der betreffenden Truppenteile sein, jedoch von grüner Grundfarbe. Es kamen aber im einzelnen, wie in der Not des Augenblickes erklärlich, viele Abweichungen vor. Das Lederzeug war durchgängig schwarz. Der Tschako wurde von allen Detachements getragen, auch von denen der Kürassiere (welche Helme trugen).

Das reitende Feldjägerkorps, nur aus Offizieren bestehend, trug von 1808–1848 dunkelgrüne Fracks mit zwei Reihen von je acht gelben Knöpfen, rote Kragen ohne Litzen, ebensolche schwedische Aufschläge und Schoßbesätze, anfangs dunkelgrüne Schulterstücke, später Epauletten mit gelben Halbmonden, Hüte mit weißem Federbusch, graue Beinkleider nach Art der Kavallerie-Offiziere. Der 1847 eingeführte Waffenrock erhielt die gleichen Abzeichen, dazu noch auf Kragenpatten und Aufschlägen goldene Litzen. Infanterie-Helm mit Garde-Adler, zu Paraden schwarze Haarbüsche. Die Wandlungen im Schnitt waren die gleichen, wie wir solche schon kennengelernt haben, z. B. wurde 1867 der Kragen vollfarbig. Die Felduniform hatte Dragonerschnitt und war graugrün. Die Vorstöße blieben rot, nur die Kragenpatte ohne Litzen und die Achselstückunterlage wurde grün. Uniform 1915 wie Jäger. Am Kragen mattgoldene Doppellitzen, Achselstückunterlage bleibt dunkelgrün.

III. Kürassiere

Unter dem Großen Kurfürsten war das Hauptbekleidungsstück des Reiters der aus dem Dreißigjährigen Kriege bekannte Lederkoller. Gerade die Uniformen der Reiterei scheinen am spätesten geregelt worden zu sein. Harnische wurden von den Mannschaften nicht mehr getragen; überhaupt findet sich statt der Bezeichnung »Kürassiere« damals immer die Benennung »Regiment zu Pferde«.

So trugen nach einem Musterungsbericht vom Jahre 1688 die Mannschaften des Regiments Anhalt zu Pferde Koller mit blauen Aufschlägen, grauen Rock, grauen Mantel mit blauem Futter und Kragen, Lederhosen, schwarze Schärpe mit orange und weißen Fransen, weißes Halstuch mit schwarzem Bande und Hut mit Silberbesatz. Das Regiment Gensdarmes, eines der vornehmsten Reiterregimenter, hatte nach einem Berichte vom Jahre 1700 einen blauen Rock, die Ärmel mit silbernen Schleifen, die Knopflöcher mit Silbertresse besetzt, einen blauen Tuchmantel mit goldbesetztem Kragen, Hut mit Silbertresse. Die Garde du Corps des Kurfürsten Friedrich III. in demselben Jahre ebenfalls blaue Röcke mit reichem Goldbesatz und karmesinrote Bandeliere mit Gold und Silber verziert (Abb. 11, a). Schärpen von Karmesin und Gold. Die Grand-Mousquetaires trugen rote, goldbesetzte Röcke, ihre Trompeter blaue.

Unter Friedrich Wilhelm I. bestand die Bekleidung der Kürassiere aus einem ledernen Kollett mit ziemlich langen, umgeschlagenen Schößen, ledernen Hosen, hohen Stiefeln,

Abb. 11. Preußen. Kürassiere 1700–1894
a Garde du Corps – e Kürassier-Offizier

Hut mit Goldtresse und Stulphandschuhe; Koller, Weste und Karabinerriemen waren mit Borten besetzt. Schon seit 1735 wurden die gelbledernen Kolletts allmählich in solche von gelblichem (paille) Tuch oder Kirsey verwandelt, nur das Regiment Nr. 2 behielt bis 1806 gelbe Kolletts, wurde später sogar zitronengelb (daher die Bezeichnung des Regiments bis 1806 als »gelbe Reuter«)*. Das Reglement von 1727 spricht in betreff der Aufschläge usw. nur von rotem, blauem und bleumourant Tuch, ebenso nur von Goldtressen; es verbietet sogar ausdrücklich silberne. Unter den Kolletts wurden Kamisole (Westen) getragen, die aus den alten Mänteln verfertigt wurden. Diese waren von weißem Tuch. Nur das Regiment Gensdarmes hatte blaue Mäntel, mithin auch blaue Westen. Um 1735 wurden Westen (jetzt Chemisettes genannt) in Abzeichenfarbe mit Bortenbesatz eingeführt, nur das Regiment Gensdarmes behielt die blaue Farbe bei. Unter Friedrich dem Großen wurden die Schöße des Kolletts allmählich kürzer. Nach dem Ersten Schlesischen

Kriege änderten sich die Abzeichen einiger Regimenter, blieben aber dann bis zur Katastrophe von 1806 stets die gleichen. Im Siebenjährigen Kriege wurde die Huttresse nicht mehr getragen, dagegen 1762 ein weißer Stutz eingeführt, bei den Offizieren mit schwarzer Wurzel, bei den Unteroffizieren mit solcher Spitze (Abb. 11, d, e). Schon unter Friedrich Wilhelm I. war der Rückenteil des Harnischs weggefallen. Es blieb also nur der Brustküraß (plastron) übrig, auf dem Rücken durch Kreuzriemen gehalten. Die Halsbinden, die unter der vorhergehenden Regierung rot waren, wurden unter Friedrich dem Großen schwarz. Abb. 11, d zeigt einen Kürassier vom Rücken. Über dem Kollett wurde zunächst das Pallaschgehänge mit der daran befestigten Pallaschtasche angelegt, darüber kam die Leibbinde (von der Abzeichenfarbe). Darauf wurde der Brustpanzer umgelegt, dann über die rechte Schulter die Kartusche, über die linke das Karabinerbandelier. Letztere beiden wurden durch schmale Achselklappen von der Grundfarbe des Kolletts festgehalten. Bei den Gardes du Corps war der Brustpanzer blank, bei den übrigen Regimentern geschwärzt. Die Offiziere trugen ihn in reicherer Ausstattung, die Kreuzriemen mit Metallbeschlägen verziert. Zum Galawachdienst in den königlichen Schlössern erhielt die Garde du Corps rote Superwesten auf Brust und Rücken mit dem Stern des Schwarzen Adlerordens. Die Offiziere sämtlicher Regimenter hatten

---

Die gelblichen Kolletts wurden, wenn sie schmutzig waren, weiß gestrichen (gekollert). Dadurch wurde die Farbe immer heller. Gegen Ende der Regierung Friedrichs des Großen gab man den Kolletts dann gleich weiße Grundfarbe. Die gelben Reuter hatten wahrscheinlich früher die gleichen Kolletts wie die anderen Regimenter, nur strich man sie gelb an. Vielleicht auf Wunsch des prinzlichen Chefs blieb dann die gelbe Grundfarbe.

Name des Regiments	Grundfarbe	Abzeichen	Kollettborte	Besatz b. den Offizieren
1. Graf Henckel	weiß	rot	weiß mit 3 roten Streifen	silbern
2. von Beeren	zitronengelb	karmesin	karmesin, an der Weste weiß	silbern
3. Leibregiment	weiß	dunkelblau	dunkelblau mit weißen Streifen	golden
4. von Wagenfeld	weiß	schwarz	weiß-dunkelblau gewürfelt	golden
5. von Bailliodz	weiß	bleumourant	weiß-hellblau gewürfelt	golden
6. von Quitzow	weiß	hellziegelrot	weiß-hellziegelrot gemustert	golden
7. von Reitzenstein	weiß	zitronengelb	weiß mit 3 gelben Streifen	silbern
8. von Heising*	weiß	dunkelblau	weiß mit 2 dunkelblauen Streifen	silbern
9. von Holzendorf	weiß	dunkel-karmesin	weiß mit 3 karmesinroten Streifen	golden
10. Gensdarmes	weiß	rot	rot mit breitem goldenem Streifen	golden
11. Leib-Karabiniers	weiß	hellblau	weiß mit hellblauer Kettenzeichnung	silbern
12. von Bünting	weiß	dunkel-orange	orange mit weißem Streifen	golden
13. Garde du Corps	weiß	rot	rot mit silbernen Streifen	silbern

Diese Aufstellung hat schon für die Zeit des Siebenjährigen Krieges Gültigkeit.

weiße Interims- und Galaröcke mit farbigen Abzeichen (auch Rabatten). Die Galauniform zeigte je nach den Regimentern goldene oder silberne Schleifen, nur bei den Gardes du Corps und den Gendarmen waren die Galaröcke von roter Grundfarbe ohne Rabatten.

Unter Friedrich Wilhelm II. wurden die Brustpanzer abgelegt. Die Offiziere erhielten Kartuschen. Die Schöße des Kolletts wurden immer kleiner, Hut, Stutz und Kragen immer höher, namentlich unter Friedrich Wilhelm III. (Abb. 11, f). Die Abzeichen der Regimenter waren im Jahre 1806 die in der obigen Tabelle genannten.

Bei der Reorganisation der Armee wurden vier Kürassier-Regimenter errichtet. Die Abzeichen waren nach einer Kabinettsordre von 1808 folgende:

Regiment	Abzeichen	Knöpfe
Schlesisches	schwarz	gelb
Ostpreußisches	hellblau	weiß
Brandenburgisches	rot	gelb
Garde du Corps	rot	weiß

Die neue Uniform bestand aus einem weißen Koller mit ebensolchen Schößen und Achselklappen, zwei Reihen von je acht Knöpfen auf der Brust, Kragen, schwedischen Aufschlägen und Vorstößen um die Schoßumschläge und um die Achselklappen in der Regimentsfarbe; graue Überknöpfhosen. Als Kopfbedeckung ein Lederhelm mit Messingbeschlag, hohem ledernem Bügel und schwarzem Roßhaarkamm. Auf dem vorderen Beschlag ein Adler, bei den Gardes du Corps ein Stern. Als kleine Uniform wurde eine dunkelblaue, sogenannte Litewka eingeführt (Abb. 11, h) mit weißen Achselklappen, Kragen in der Regimentsfarbe und zwei Knopfreihen auf der Brust. 1810 erhielt das brandenburgische Regiment für die Kolletts kornblumblaue Ab-

zeichen, behielt dagegen auf den Litewken die roten Kragen bei (noch 1914 trugen die Offiziere dieses Regiments, bei blauen Abzeichen auf den weißen Kollern, zur blauen Interimsuniform rote Abzeichen). Die Garde du Corps hatte auf Kragen und Aufschlägen weiße Litzen erhalten, für die Offiziere wurden 1812 Epauletten eingeführt. 1814/15 erhielten sämtliche Regimenter Brust- und Rückenharnische, auch wurden die alten preußischen Pallasche gegen französische vertauscht. Die Seitenknöpfe an den Hosen fielen weg. 1819 wurde die Kürassierwaffe stark vermehrt. Die Abzeichen waren:

Regiment	Abzeichen	Knöpfe
R. Garde du Corps	rot	weiß
1. Kür.-R.	schwarz	gelb
2. Kür.-R.	karmesin	weiß
3. Kür.-R.	hellblau	weiß
4. Kür.-R.	orange	weiß
5. Kür.-R.	hellrot	gelb
6. Kür.-R.	russischblau	gelb
7. Kür.-R.	gelb	weiß
8. Kür.-R.	grün	gelb

1821 wurde das Garde-Kürassier-Regiment errichtet. Abzeichen kornblumenblau, Knöpfe und Litzen weiß. Die Uniform, wie sie in Abb. 11, i dargestellt ist, wurde bis zum Jahre 1843 getragen und damals durch Koller (ein Waffenrock vorn ohne Knöpfe, durch Haften geschlossen) und Stahlhelme ersetzt. Der weiße Koller hatte einen Kragen von der Grundfarbe, Kragenpatten und Aufschläge von der Abzeichenfarbe. Die gleiche Farbe zeigten Vorstöße an den Ärmel- und Rückennähten, Schoßtaschen-Leisten und um die Achselklappen. Um Kragen, Aufschläge sowie vorn herunter der Koller mit einer weißen, in der Regimentsfarbe durchwirkten Borte besetzt. Die Helme waren bei den beiden Garderegimentern von gelbem Metall und hatten statt des Adlers einen weißen Garde-Stern. Auch beim Regiment Nr. 6 waren die Helme gelb. Die Harnische waren

Das berühmte ehemalige Seidlitzsche Regiment.

Abb. 12. Preußen. Kürassier-Offiziere 1914
a Paradeanzug – b Gesellschaftsanzug – c Hofballanzug (Tänzer) – d, e Dienstanzug – f Litewka (auf Truppenübungsplatz) – g Überrock

ebenfalls für die Garderegimenter gelb, auch bei den Unteroffizieren des 6. Regiments. 1856 erhielt ein Teil der Garde du Corps hohe, bis über das Knie reichende Stulpstiefel, 1868 wurden alle Regimenter mit solchen Stiefeln versehen, doch nunmehr statt der grauen weiße Reithosen eingeführt. Seit 1888 (Garde seit 1886) wurden allgemein statt der hohen, schlappen bis zum Knie reichende steife Stiefel getragen. Bezüglich der Abzeichen ist zu erwähnen, daß das Regiment Nr. 4 1870 die orangefarbenen Abzeichen gegen rote vertauscht. Harnische wurden 1914 nur noch zu Paraden angelegt. Wie die gesamte Kavallerie, wurden auch die Kürassiere mit Lanzen bewaffnet. Die Gardes du Corps erhielten zum Galawachdienst 1843 wieder die Superwesten, wie sie bis 1797 getragen wurden. Zu gewissen Paraden legte das Regiment eine Garnitur schwarzer, rotgeränderter Harnische an, die es im Jahre 1814 vom Kaiser von Rußland zum Geschenk erhalten hatte. Bei beiden Garderegimentern ließ sich die Helmspitze abschrauben und dafür ein weißmetallener, sich zum Fluge anschickender Adler aufsetzen. Dies geschah jedoch nur zur Parade bzw. zum Galawachdienst. Im Juni 1895 erhielt das 2. (pommersche) Kürassier-Regiment als Auszeichnung Ringkragen. Solche erhielten auch die 1. Kürassiere 1896 und die Garde du Corps 1912. Eine besondere Kollerborte nach friderizianischem Muster wurde 1901 dem Kürassier-Regiment Nr. 3 verliehen.
Die 1910 eingeführte Felduniform (Abb. 16, b) hatte Waffen-

rockschnitt, d. h. die farbigen Rückennähte und die Kollerborte vorn auf der Brust fielen fort, nur am Kragen und den Ärmelaufschlägen blieben die Kollerborten, die eine graue Grundfarbe erhielten. Die feldgrauen Achselklappen hatten zwei Vorstöße, innen von weißer, außen von der Regimentsfarbe. Kragen und Aufschläge wurden feldgrau. Das Bandolier wurde bei der gesamten Kavallerie abgeschafft, dafür erhielten die Mannschaften das Traggerüst mit Patronentaschen.
Die Schulterklappen der Feldbluse sind weiß und haben Vorstoß in Abzeichenfarbe. Gelbe Namenszüge wie bisher. Die feldgrauen Kragenlitzen haben beim Regiment Garde du Corps rote, beim Gardekürassierregiment kornblumblaue Füllung und für beide weiße Spiegel.

IV. Dragoner

Unter dem Großen Kurfürsten waren für die Dragoner ebenfalls Lederkoller in Gebrauch. Für die Aufschläge war die blaue Farbe bevorzugt. Später weiße Röcke. Unter Friedrich Wilhelm I. waren die Regimentsabzeichen blau oder rot, die Unterkleider gelb, Halsbinde rot (Abb. 13, c). Nach dem Zweiten Schlesischen Kriege wurde für sämtliche Dragoner-Regimenter die hellblaue Farbe für die Röcke eingeführt. Die Halsbinden wurden jetzt schwarz. Die Auf-

Abb. 13. Preußen. Dragoner

schläge erhielten durchgängig den sogenannten schwedischen Schnitt; auf der rechten Schulter waren sogenannte Achselschnüre angebracht, die sich in der Farbe nach den Knöpfen richteten. Der Hut war der gleiche wie bei den Kürassieren (Abb. 13, d). Es gilt daher auch hier das dort über Huttresse und Stutz Gesagte. Die Kartusche wurde nicht, wie bei den Kürassieren, an besonderem Bandelier getragen, sondern war am Karabinerbandelier befestigt. Der Pallasch hatte eine braune Lederscheide. Der Rock hatte völlig den Schnitt wie bei der Infanterie. Dagegen war das Schoßfutter meist in der Farbe der Abzeichen.

In der Folgezeit erhielten die Dragoner Kolletts in gleicher Ausstattung wie die bisherigen Röcke, nur waren die Schoßumschläge von der Grundfarbe mit Vorstoß von der Abzei-

Beim Tode Friedrichs des Großen waren die Abzeichen folgende:

Name d. Regiments	Kragen u. Aufschläge	Rabatten	Schoßumschläge	Knöpfe u. Achselbänder	Stickerei bei den Offizieren
1. Graf Lottum	schwarz	schwarz	schwarz	gelb	gold
2. von Mahlen	weiß	weiß	weiß	gelb	gold
3. von Thun	rosa	rosa	rosa	weiß	silber
4. von Götzen	paille	paille	paille	weiß	silber
5. Markgraf v. Ansbach-Baireuth	dunkelrot	dunkelrot	dunkelrot	weiß	silber
6. von Rohr	weiß	weiß	weiß	weiß	silber
7. von Borcke	scharlachrot	keine	scharlachrot	gelb	gold
8. von Brausen	scharlachrot	scharlachrot	scharlachrot	weiß	silber
9. von Zitzewitz	hellblau	keine, aber weiße Litzen	blau	weiß	silber
10. von Rosenbruch	orange	keine	orange	weiß	silber
11. von Bosse	gelb	gelb	gelb	weiß	silber
12. von Kalckreuth	schwarz	schwarz	gelb	weiß	silber

Die Abzeichenfarben waren im Jahre 1806:

Name des Regiments	Kragen, Aufschläge, Rabatten	Knöpfe u. Achselbänder	Stickerei bei den Offizieren
1. König von Bayern	schwarz	gelb	Gold
2. von Prittwitz	weiß	gelb	Gold
3. von Irwing	rosa	weiß	Silber
4. von Katte	paille	weiß	Silber
5. Regiment der Königin	dunkelkarmesin	weiß	Silber
6. von Auer	weiß	weiß	Silber
7. vac. von Rhein	scharlachrot	gelb	Gold
8. von Esebeck	scharlachrot	weiß	Silber
9. Graf von Herzberg	scharlachrot	weiß	Silber
10. vac. Manstein	orange	weiß	Silber
11. ” von Voß	zitronengelb	weiß	Silber
12. ” von Brüsewitz	schwarz	weiß	Silber
13. ” von Rouquette	karmesin	gelb	Gold
14. von Wobeser	chamois	gelb	keine

chenfarbe. Dabei fiel die Weste weg. Die Offiziere behielten dagegen die Röcke bei. Im Jahre 1797 wurde das Lederzeug geteilt und nunmehr das Karabinerbandelier über die linke Schulter, der schmalere Kartuschriemen über die rechte Schulter getragen* (Abb. 13, f).

Bei der Reorganisation von 1808 erhielten die Dragoner hellblaue Kolletts mit ebensolchen Schoßumschlägen, die in der Abzeichenfarbe vorgestoßen waren. Vorn zwei Reihen von je acht Knöpfen. Kragen, Achselklappen und schwedische Aufschläge in der Regimentsfarbe. Graue Überhosen, an den Seiten mit Knöpfen besetzt. Tschako mit Ledergarnitur, rundem National und Adlerbeschlag. Anfänglich lederne Kinnriemen. Schuppenketten sollten erst im Falle einer Mobilmachung ausgegeben werden. Zu Paraden dicke weiße Haarbüsche, die Offiziere wallenden Federbusch. Behänge und Tschakos nach der Farbe der Knöpfe gelb und weiß. Anfänglich wurden die alten Pallasche in Lederscheide getragen (Abb. 13, g) und später durch Säbel ersetzt.

Die Abzeichen waren von 1808 bis 1819:

Name des Regiments	Kragen	Knöpfe
1. Königin	karmesin	weiß
2. 1. Westpreußisches	weiß	weiß
3. Littauisches	rot	gelb
4. 2. Westpreußisches	rot	weiß
5. Brandenburgisches	schwarz	gelb
6. Neumärkisches	hellrot	weiß
seit 1815 { 7. Rhein.	gelb	weiß
{ 8. Magd.	weiß	gelb

Die Offiziere erhielten das Kollett erst 1819. Bis dahin trugen sie sogenannte Leibröcke, d. h. eine Art Frack mit längeren

Schößen. Als kleines Bekleidungsstück der Mannschaften diente eine Litewka von hellblauer Grundfarbe, mit Kragen und Achselklappen in der Regimentsfarbe. Für gewöhnlich wurde der Tschako zur Schonung in einem Überzuge getragen. 1814 verloren die Beinkleider den Knopfbesatz an der Seite. 1819 wurden verschiedene Regimenter zu Kürassieren umgewandelt.

Es blieben nunmehr noch vier bestehen, deren Abzeichen von 1819 bis 1843 folgende waren:

Name des Regiments	Kragen	Knöpfe
1. Littauisches	rot	gelb
2. Brandenburgisches	schwarz	gelb
3. Neumärkisches	hellrot	weiß
4. Rheinisches	weiß	gelb

1826 wurden die Tschakobehänge durchgängig weiß. Im selben Jahr fielen die Haarbüsche, die seit 1815 von dünnerer Form waren, ganz weg. 1842 wurden Waffenröcke und Helme eingeführt. Der Kragen des Rockes war von der Grundfarbe mit Patten in der Regimentsfarbe (Abb. 13, i). Seit 1867 wurden die Kragen vollfarbig. Die schwedischen Aufschläge waren anfangs hellblau mit farbigem Vorstoß, seit Oktober 1866 ebenfalls vollfarbig. Das Regiment Nr. 4 erhielt 1850 pompadourrote Abzeichen und gelbe Knöpfe, 1858 schwefelgelbe Abzeichen und weiße Knöpfe. Der Helm trug den sogenannten Dragoner-Adler (mit aufgerichteten Flügeln). Zu Paraden ein schwarzer Haarbusch. Als 1867 der sogenannte Tellerbeschlag des Helmes und die Augenschirme abgerundet wurden, erstreckte sich diese Änderung nicht auf die Dragoner, welche ihre alten Helme behielten. 1870 wurden graublau melierte Beinkleider in hohen Stiefeln eingeführt. 1889 Lanzen (1890 aus Stahlrohr), statt des Kavalleriesäbels der Kavalleriedegen 89. Degen und Karabiner senkrecht am Sattel befestigt (seit 1895). Seit 1911 Karabiner links und Degen rechts (und zwar bei der gesamten Reiterei). Auch erhielten die Regimenter sämtlich Nummern auf den Achselklappen.

Offiziere führten keine Kartusche.

Die Abzeichen der Regimenter waren 1914 folgende:

Regiment	Abzeichen	Knöpfe	Bemerkungen
1. Garde-Drag.-R.	rot	gelb	Litzen gelb
2. Garde-Drag.-R.	rot	weiß	Litzen weiß
Drag.-R. Nr. 1	rot	gelb	
Drag.-R. Nr. 2	schwarz	gelb	
Gren.R. z. Pf. Nr. 3	rosarot	weiß	
Drag.-R. Nr. 4	hellgelb	weiß	
Drag.-R. Nr. 5	rot	weiß	
Drag.-R. Nr. 6	schwarz	weiß	
Drag.-R. Nr. 7	rosarot	gelb	
Drag.-R. Nr. 8	zitronengelb	gelb	
Drag.-R. Nr. 9	weiß	gelb	
Drag.-R. Nr. 10	weiß	weiß	
Drag.-R. Nr. 11	karmin	gelb	
Drag.-R. Nr. 12	karmin	weiß	
Drag.-R. Nr. 13	rot	gelb	weiße Vor-
Drag.-R. Nr. 14	schwarz	gelb	stöße um Kragen
Drag.-R. Nr. 15	rosarot	weiß	und Aufschläge
Drag.-R. Nr. 16	zitronengelb	weiß	

Das erste Garde-Dragoner-Regiment entstammt der 1811 er-richteten Normal-Dragoner-Kompanie, späteren Garde-Dragoner-Eskadron, die 1813 zum leichten Garde-Kavallerie-Regiment gehörte. Die Abzeichen waren rot, dazu gelbe Gardelitzen und Knöpfe. Am Tschako ein Garde-Stern und ausnahmsweise ein Nackenschirm. Letzterer fiel nach den Befreiungskriegen weg, das Regiment trug im übrigen die gleichen Abzeichen weiter. Auch am Waffenrock waren die roten Abzeichen und gelben Litzen angebracht. Der Helm wurde mit dem Garde-Adler verziert; die Haarbüsche weiß. Bei der Armee-Reorganisation unter König Wilhelm I. wurde ein zweites Garde-Dragoner-Regiment errichtet, welches sich in der Uniform nur durch weiße Knöpfe und Litzen und Helmbeschlag unterschied.

1897 erhielt das 3. Dragoner-Regiment die Bezeichnung »Grenadier z. Pf.« und als Abzeichen den Garde-Adler ohne Stern auf dem Helm und vier Granaten in den Ecken der Kartusche. Das 2. Dragoner-Regiment bekam 1913 auf dem Helmadler ein Schild mit dem Kurzepter und darüber den Kurhut.

Die Felduniform 1910 folgt dem Infanteriemuster (Abb. 16, c), behält jedoch die schwedischen Aufschläge und den vorn abgerundeten Stehkragen, alle Vorstöße in der Abzeichenfarbe von 1914. Bei den Regimentern 13 bis 16 ist der Kragen- und der Aufschlagvorstoß weiß. Nummern und Namenszüge durchgängig rot.

Zur Feldbluse 1915 werden kornblumenblaue Schulterklappen mit Vorstoß in der alten Abzeichenfarbe (1914) getragen. Nummern und Namenszüge rot, bei 3, 7 und 15 rosa, 11 und 12 karmin. Desgleichen Hosenvorstöße. Knöpfe weiß, nur 1. Garde-Dragoner-Regiment gelb.

V. Husaren

Die erste Uniform der preußischen Husaren vom Jahre 1721 ist unbekannt. Die Beneckendorffsche Freikompanie, 1730 errichtet, trug anfänglich eine weiße Uniform mit Flügelmütze, 1731, auf ein Korps vermehrt, hellblauen Dolman mit roten Abzeichen und Pelz. Beide Korps, das Berliner und das preußische, änderten 1732 ihre Uniform, sie erhielten roten Dolman mit dunkelblauen Kragen, dunkelblaue Pelze, Mannschaften weiße, Offiziere goldene Verschnürung, niedrige Mützen von Bärenfell mit lang herabhängendem Kolpak, Kordonschnur nach den Eskadrons verschiedenfarbig, lederne Hosen, über diesen Schalavary (auch Scharawaden genannt) von dunkelblauem Tuch. Dolman und Pelz der preußischen Husaren waren etwas weniger reich ausgestattet.

Unter der Regierung Friedrichs des Großen trat eine bedeutende Vermehrung der Husarenwaffe ein. Im allgemeinen blieb der Schnitt der gleiche. Seit 1741 tritt wieder die Flügelmütze auf. Auch die Regimenter, die mit Pelzmützen versehen waren, scheinen für den Sommer über eine Garnitur Flügelmützen verfügt zu haben.

Das 1. Regiment hatte hellgrüne Dolmans und Scharawaden, dunkelgrüne Pelze, Mützenbeutel und Schabracken, letztere mit hellgrünen Zacken, weiße Schnüre (12 auf der Brust), hellgrüne Säbeltaschen. Schärpe rot und weiß.

Das 2., das berühmte »Zietensche« Regiment, trug rote Dolmans und Säbeltaschen, dunkelblaue Pelze und Schabracken, letztere mit rotem Zackenbesatz. Offiziere goldene, Mannschaften weiße Schnüre (auf der Brust 18), Säbeltasche rot. Schärpe dunkelblau mit weiß. Seit 1743 trugen die

Abb. 14. Preußen. Husaren 1740 – 1894

Offiziere am ersten Revuetag und zur Gala Tigerdecken statt der Pelze. Hierzu steckten die Subalternoffiziere an die Pelzmütze einen Reiherfederbusch, die Stabsoffiziere dagegen einen zepterartigen Stab mit Adlerflügel.

Das 3. Regiment trug weiße Dolmans, dunkelblaue Pelze und Scharawaden, gelbe Schnüre (auf der Brust 18), Pelzmützen mit weißem Beutel und dunkelblaue Schabracken mit weißem Zackenrand. Die Schärpe war gelb mit weißen Knöpfen, die Säbeltaschen gelb mit weißem Besatz.

Das 4. Regiment hellblaue Dolmans mit ebensolchen Kragen und Aufschlägen und hellblau-weißen Schnüren (auf der Brust 15), weiße Pelze, ebenso beschnürt, hellblau und weiße Schärpen. Säbeltaschen mit weißem Grund und hellblauem Besatz, von 1752 bis 1771 Flügelmützen, vorher und nachher Pelzmützen mit hellblauem Beutel. Die Grundfarbe der Schabracken war weiß, die des Zackenrandes hellblau.

Das 5. Regiment, die berühmten »Totenköpfe«, nach den gestickten Totenköpfen an den Filzmützen so genannt, hatte anfänglich ganz schwarze Montur mit weißen Schnüren (auf der Brust 12), später rote Kragen und Aufschläge. Der Rand der schwarzen Schabracke scheint von Anfang an rot gewesen zu sein; die Säbeltaschen waren von schwarzem Leder ohne Besatz.

Das 6. Regiment trug schwarze Flügelmützen und ganz braune Montur mit gelben Schnüren, die Schärpe war gelb und weiß.

Das 7. Regiment Flügelmützen, gelbe Dolmans mit gelben,

seit 1771 hellblauen Kragen und Aufschlägen, hellblaue Pelze und Scharawaden, hellblau und weiße Schärpen und Säbeltaschen. Schabracke hellblau mit gelbem Zackenrand. Schnüre weiß (auf der Brust 12).

Das 8. Regiment, das »Bellingsche«, später »Blüchersche«, bis zum Jahre 1764 ganz schwarze Montur mit grünen Kragen und Aufschlägen, Schnüren und Schabrackenbesatz, gelbe Knöpfe und grün und gelbe Schärpen, schwarzlederne Säbeltaschen. Die Flügelmütze zeigte in Stickerei ein liegendes Skelett mit Sanduhr und der Umschrift: »Vincere aut mori«. Wegen des Skelettes war das Regiment im Gegensatz zu den Totenköpfen unter der volkstümlichen Bezeichnung »Der ganze Tod« bekannt. 1764 erhielt das Bellingsche Regiment die Uniform des bei Maxen in Gefangenschaft geratenen Gersdorffschen Regiments, und zwar ganz dunkelrote, weißbeschnürte Uniform (auf der Brust 12 Schnüre). Dazu schwarze Flügelmützen.

Das 9. Regiment bestand aus Lanzenreitern, den Bosniaken, und wird später besprochen werden.

Das 10. Regiment wurde erst in der späteren Regierungszeit Friedrichs des Großen, nämlich 1773, errichtet. Es trug Pelzmützen mit gelblichem Beutel, gelbliche Dolmans mit dunkelblauen Kragen und Aufschlägen und roter Beschnürung (auf der Brust 15 Schnüre), dunkelblaue Pelze und Scharawaden, rot und blaue Schärpen, dunkelblaue Säbeltaschen mit gelblichem Zackenrande und rotem Namenszug. Schabracken dunkelblau mit gelblichem Zackenrand. Die Beschnürung der Offiziere war silbern.

33

Abzeichen der Regimenter 1806

Name des Regiments	Dolman	Kragen u. Aufschläge	Schnüre	Pelz	Schärpe
1. Regt. v. Gettkandt	dunkelgrün	rot	weiß	dunkelgrün	rot-weiß
2. Regt. v. Rudorff	rot	dunkelblau	weiß	dunkelblau	dunkelblau-weiß
3. Regt. v. Pletz	dunkelblau	gelb	gelb	dunkelblau	gelb-weiß
4. Regt. Prinz Eugen von Württemberg	hellblau	rot	weiß	hellblau	gelb-weiß
5. Regt. v. Prittwitz	schwarz	rot	weiß	schwarz	rot-weiß
6. Regt. v. Schimmelfennig v. d. Oeye	dunkelbraun	gelb	gelb	dunkelbraun	gelb-weiß
7. Regt. v. Köhler	zitronengelb	hellblau	weiß	hellblau	hellblau-weiß
8. Regt. v. Blücher	dunkelkarmesin	schwarz	weiß	dunkelkarmesin	rot-weiß
10. Regt. v. Usedom	dunkelblau	strohgelb	weiß	dunkelblau	karmesin-blau
11. Bataillon v. Bila	dunkelgrün	rot	gelb	dunkelgrün	rot-weiß

Bei dem 5. Regiment der Totenkopf auch auf den Tschakos.

Regimenter nach der Reorganisation 1808

Name des Regiments	Grundfarbe	Kragen u. Aufschläge	Besatz und Knöpfe
Leib-Hus.-R.	schwarz	rot	weiß
1. Brandenburg. Hus.-R.	dunkelblau	rot	weiß
2. Brandenburg. Hus.-R. (Schill)	dunkelblau	rot	gelb
Pomm. Hus.-R. (Blücher)	hellblau	schwarz	gelb
Oberschlesisches Hus.-R.	braun	gelb	gelb
Niederschlesisches Hus.-R.	grün	rot	weiß

Abzeichen der Regimenter 1815

Name des Regiments (Linie 5. 11. 1816 bis 1823)	Grundfarbe für Dolman und Pelz	Kragen und Aufschläge	Beschnürung und Knöpfe
Garde-Hus.-R.	dunkelblau	rot	gelb
1. Hus.-R. (1. Leib-Hus.-R.)	schwarz	rot	weiß
2. Hus.-R. (2. Leib-Hus.-R.)	schwarz	schwarz	weiß
3. Hus.-R. (Brandenburgisches)	dunkelblau	rot	weiß
4. Hus.-R. (1. Schlesisches)	braun	gelb	gelb
5. Hus.-R. (Pommersches)	dunkelblau	dunkelblau	gelb
6. Hus.-R. (2. Schlesisches)	grün	rot	gelb
7. Hus.-R. (Westpreußisches)	schwarz	rot	gelb
8. Hus.-R. (1. Westfälisches)	dunkelblau	hellblau	weiß
9. Hus.-R. (Rheinisches)	kornblumblau	kornblumblau	gelb
10. Hus.-R. (1. Magdeburgisches)	grün	hellblau	gelb
11. Hus.-R. (2. Westfälisches)	grün	rot	weiß
12. Hus.-R. (2. Magdeburgisches)	kornblumblau	kornblumblau	weiß

Bei denjenigen Regimentern, welche Flügelmützen trugen, hatten die Offiziere vorn eine seidene Bandkokarde, und der Flügel hatte einen Besatz von Silber- oder Goldtresse. Der Schnurbesatz bei den Offizieren war silbern oder golden, je nachdem das betreffende Regiment weiße oder gelbe Beschnürung hatte, nur beim Zietenschen Regiment trugen die Offiziere Goldbeschnürung, während die der Mannschaften weiß war. Das Karabinerbandelier hing über die linke Schulter, das braunlederne Kartuschbandelier über die rechte. Die Säbeltasche saß ziemlich hoch (Abb. 14, b). Unteroffiziere und Mannschaften trugen keine Zöpfe, sondern banden das Haar hinten und an den Schläfen in Knoten. Im allgemeinen änderte sich die Uniform bis zum Jahre 1806 wenig. Nur folgende Punkte sind besonders zu bemerken: Die Dolmans erhielten etwas kürzere Schöße, die Kragen wurden höher, die Scharawaden wurden abgeschafft und an ihrer Stelle später Überknöpfhosen eingeführt. Vier Truppenteile hatten 1806 anliegende ungarische Tuchhosen, nämlich das Regiment Nr. 6 und das 1792 errichtete Husarenbataillon Nr. 11, und zwar beide von hellblauer Farbe, und Nr. 3 und Nr. 10 dunkelblau. 1796 wurden die Pelzmützen durchgängig abgeschafft, mit Ausnahme des zweiten Regiments.

1804/05 sollten Tschakos beschafft werden, indessen sind die meisten Regimenter 1806 noch mit den alten Flügelmützen, damals Schackelhauben genannt, ausgerückt. Abb. 14, d zeigt die Form des Tschakos. Vorn war eine wollene Rose, darunter eine Bandkokarde nebst Agraffe angebracht, und zwar Rose und Kokarde in der Farbe des Pelzes und der Beschnürung, nicht in der Nationalfarbe. An der rechten Seite nach hinten ein Behänge; der weiße Stutz war damals von sehr hoher Form (und zwar bei den Husaren wie überhaupt bei der gesamten Reiterei 1762 eingeführt).
Da sich die Abzeichen einiger Regimenter mittlerweile änderten, nebenstehend eine Übersicht aus dem Jahre 1806.

Die Uniform bestand seit 1808 aus Dolman, Pelz, grauen Überknöpfhosen und Tschako. Als Dekoration eine wollene Rose und schwarzgelbe Bandkokarde mit Agraffe. Die Behänge hatten die Farbe der Beschnürung. Federbüsche waren weiß, bei den Trompetern rot. Schon in demselben Jahre wurde das Leibhusaren-Regiment in zwei Regimenter geteilt, das 1. und das 2. Leibhusaren-Regiment. Zur Unterscheidung erhielt das 1. weiße, das 2. rote Schulterklappen. Beide Regimenter trugen die alte Tschakodekoration, den Totenkopf, an Stelle der Kokarde. Das 2. Brandenburgische Regiment wurde infolge des Schillschen Zuges aufgelöst. Die Uniform ging auf das pommersche Regiment über, jedoch mit dunkelblauen Kragen und Aufschlägen. Für dieses Regiment war gerade eine neue Uniform vorgeschrieben worden, und zwar hellblau mit schwarzen Abzeichen und gelben Schnüren. 1811 wurde eine Normal-Husaren-Kompanie, später Garde-Normal-Husaren-Eskadron, errichtet, welche genau die Uniform des ehemaligen Schillschen Regiments erhielt, jedoch mit gelbwollenen Tressen um Kragen und Aufschläge. Zum gewöhnlichen Dienst wurde im Felde der Tschako im Überzug getragen. Die Säbeltaschen

waren bei den Leibhusaren-Regimentern von schwarzem Blankleder, bei den übrigen Regimentern mit rotem Tuch bezogen und mit gelber oder weißer Einfassung und mit gekröntem königlichem Namenszug geschmückt. Die Schabracken waren von schwarzem Lammfell und rotem Tuchvorstoß. 1815 waren, nachdem die Normal-Eskadron zum Garde-Husaren-Regiment erhoben und eine Anzahl neuer Regimenter errichtet worden waren, die Abzeichen wie in der Tabelle links unten beschrieben.
Der Dolman erhielt jetzt einen geschlossenen Kragen. Die Seitenknöpfe an den Hosen fielen fort, der Tschako erhielt durch Vergrößerung des Deckels eine andere Form; die Haarbüsche wurden dünner. Bei den Leibhusaren fielen die Schulterklappen fort. Das pommersche Husarenregiment bekam die gleichen Säbeltaschen wie die Leibhusaren. 1826 wurden die Behänge durchgängig weiß, 1832 fiel das vordere Garngeflecht an den Behängen fort, die Fangschnüre wurden verkürzt. Überdies brachte das Jahr 1832 eine größere Änderung: Kragen und Aufschläge erhielten nämlich die Grundfarbe des Dolmans. Da jetzt verschiedene Regimenter die gleiche Uniform gehabt hätten, erhielten das 2., 4., 8. und 10. Regiment Tschakos mit hellblauer Tuchbekleidung (Abb. 14, h), das Garde-Regiment rote Tschakos. Die Haarbüsche wurden nicht mehr getragen, nur die Gardehusaren behielten sie zu Fußparaden bei. Die Bandeliere, bisher schwarz, wurden weiß. 1836 wurde der Schnitt des Dolmans geändert, indem er etwas länger wurde, die Beschnürung erhielt eine andere Form und wurde bei den Offizieren golden oder silbern (statt der bisherigen kamelgarnenen). Das Jahr 1843, das der übrigen Armee Waffenrock und Helm brachte, hatte auch für die Husarenuniform verschiedene Neuerungen im Gefolge. Das Garde- und das 3. Regiment erhielten rote Dolmans mit der bisherigen Beschnürung, die Pelze blieben blau; das 5. blutrote Dolmans und Pelze mit weißen Schnüren. Das Garde- und 3. Regiment bekamen Pelzmützen mit rotem Beutel (Abb. 14, i) (ersteres Garde-Stern), die übrigen Regimenter Flügelmützen mit schwarzem Tuchbezug (Abb. 14, k). Der Flügel, zur Parade herabhängend getragen, war innen mit farbigem Tuch ausgeschlagen. Als Dekoration bei den beiden Leibhusaren-Regimentern neusilberne Totenköpfe. Der Haarbusch stand aufrecht und wurde in der Mitte durch einen messingenen Ring zusammengehalten. 1844 erhielt das 10. Regiment Pelzmützen, 1850 sämtliche Regimenter. 1853 wurde der Dolman durch die sogenannte Husarka oder Attila, welche etwas längere Schöße hatte, ersetzt. Statt der bisherigen engen Verschnürung nur noch 5 Schnurreihen. Der Pelz wurde gänzlich abgeschafft; bei den Linien-Regimentern wurden 1849/50 für Mannschaften und Unteroffiziere schwarzlederne Säbeltaschen eingeführt mit gelbem oder weiß-metallenem königlichem Namenszug. 1860 wurde an der Pelzmütze ein fliegendes Band aus gelbem oder weißem Metall angebracht (Abb. 14, l). Das 7. Regiment änderte seine Grundfarbe 1854 in dunkelblau, 1861 in russischblau. Seit diesem Jahre an der Pelzmütze der königliche Namenszug. 1865 wurden die Pelzmützen niedriger und die Haarbüsche, statt aufrecht,

Die Abzeichen der Friedensuniform waren 1914:

Regiment	Attila	Schnüre	Mützenbeutel
Leib-Garde-Hus.-R.	rot	gelb	rot
1. Leib-Hus.-R. Nr. 1	schwarz	weiß	rot
2. Leib-Hus.-R. Nr. 2	schwarz	weiß	weiß
Hus.-R. Nr. 3	rot	weiß	rot
Hus.-R. Nr. 4	braun	gelb	gelb
Hus.-R. Nr. 5	dunkelrot	weiß	dunkelrot
Hus.-R. Nr. 6	dunkelgrün	gelb	rot
Hus.-R. Nr. 7	russischblau	gelb	rot
Hus.-R. Nr. 8	dunkelblau	weiß	kornblumblau
Hus.-R. Nr. 9	kornblumblau	gelb	kornblumblau
Hus.-R. Nr. 10	dunkelgrün	gelb	pompadourrot
Hus.-R. Nr. 11	dunkelgrün	weiß	rot
Hus.-R. Nr. 12	kornblumblau	weiß	weiß
Hus.-R. Nr. 13	kornblumblau	weiß	rot
Hus.-R. Nr. 14	dunkelblau	weiß	rot
Hus.-R. Nr. 15	dunkelblau	weiß	gelb
Hus.-R. Nr. 16	kornblumblau	weiß	gelb

nunmehr freiwallend. Das Garde-Husaren-Regiment erhielt gleichzeitig dunkelblaue Pelze (das Zietensche 1873). Später haben auch noch einige andere Regimenter dieses Bekleidungsstück erhalten. 1867 änderte sich die Beinbekleidung: an Stelle der lederbesetzten grauen Reithosen traten dunkelblau-melierte Beinkleider mit weißem oder gelbem Bortenbesatz und Husarenstiefel. Auch wurden die Schärpen, die bisher bei den Regimentern verschiedenfarbig waren, durchgängig weiß mit schwarz und weißen Knoten. Die Schabracken mit Zackenrand, 1815 eingeführt, wurden jetzt nur noch zu Paraden getragen. Ausrüstung mit Lanzen und Degen wie bei den Dragonern, auch das gleiche verschmälerte Bandelier.

1910 wurde eine feldgraue Attila ohne farbige Abzeichen mit grauen Schnüren eingeführt (Abb. 16, e). Die Regimentsfarben drückten sich nur in den Schulterstücken (Attila- und Schnurfarbe gemischte Doppelschnüre mit Nummern oder Namenszügen in Knopffarbe) und dem Mützenbesatz aus. Die Leibgarde-Husaren erhielten eine rotgelbe Doppelschnur mit Schleifen am Achselrand. Die Gardeborte wurde grau mit roten und gelben Streifen. Der Mützenbesatzstreifen erhielt die alte Attilafarbe, die Vorstöße behielten die alte Farbe (Schnurfarbe), dazu kam für die Regimenter, die vordem einen andersfarbigen Besatzstreifen hatten, ein weiterer Vorstoß von dieser Farbe über dem oberen Besatzvorstoß. Auf den Achselklappen wurden die Regimentsnummern bzw. die Namenszüge angebracht. Die Offiziersattila hatte den Schnitt der Interimsattila. Säbeltasche und Schärpe fielen fort.

Zur Feldbluse wurden die Schulterstücke der Uniform 1910 getragen mit Nummer aus Schnur entgegengesetzt der Knopffarbe. 1. Leibhusaren-Regiment gelben Namenszug W R II mit Krone. Auch die Leibgardehusaren erhielten ein rotgelb geschildertes vierfaches Schnurschulterstück ohne Nummer, dazu am Kragen graue Doppellitzen mit gelbem Spiegel und roter Füllung (Abb. 16, i). Reithose mit gelbem oder weißem Flachschnurbesatz, je nach Knopffarbe, an den Nähten. Offiziersachselstücke mit Vorstoß in Farbe der Friedensattila.

VI. Ulanen

Im Jahre 1740/41 wurde in Preußen ein Ulanen-Regiment errichtet, das aber schon 1742 zu Husaren umgewandelt wurde. Die Uniform bestand aus einer blauen Tuchmütze mit Pelz gebrämt, blaues Wams und Beinkleider, weißes langes Oberkleid ohne Ärmel, rote Leibbinden und rote oder blaue Lanzenflaggen (Abb. 15, a). Ein anderes Ulanenkorps wurde 1745 unter dem Namen »Bosniaken« errichtet und anfangs dem Totenkopf-Husaren-Regiment beigegeben. Später wurde es zum selbständigen Regiment erhoben (Nr. 9 unter den Husaren). Ältere Darstellungen zeigen ein rotes, weiß vorgestoßenes Wams und ebensolche lange, weite Hosen. Dazu ein schwarzes, kurzes Überkleid mit nur bis zum Ellbogen reichenden weiten Ärmeln. Als Kopfbedeckung eine Art Turban, rot mit weißem Bunde. Die spätere Uniform unter Friedrich dem Großen war ganz rot mit weißem Besatz; den Kopf bedeckte eine Pelzmütze ohne Beutel. Im Winter lange dunkelblaue Katanken (Überröcke) mit weißem Besatz. 1796 Husarenpelzmützen, 1798 lange rote Röcke mit stehenden dunkelblauen Kragen und Aufschlägen. Die Uniform des Tatarenpulks machte in der kurzen Zeit ihres Bestehens zu viele Wandlungen durch, um diese hier aufzählen zu können. Die Lanzenflaggen waren eskadronweise verschiedenfarbig (Abb. 15, b). Später traten an die Stelle der Bosniaken und Tataren die »Towarczys«. Sie trugen dunkelblaue Uniform mit ponceauroten Abzeichen, Beinkleider wie die Husaren, rote Paßgürtel mit weißem

Abb. 15. Preußen. Ulanen
a, e, g, h, i, k, l Ulanen – b Bosniak – c Towarczy – d Garde-Ulan – f Garde-Kosak

Vorstoß (Abb. 15, c). Das Regiment Towarczys hatte gelbe, das Bataillon Towarczys weiße Knöpfe, dazu beide Formationen Achselschnüre in der Knopffarbe, die bei den Angehörigen der alten Bosniaken- und Tatarenformationen fehlten. Seit 1805 war der Tschako mit Lederschirm und Garnierung wie bei den Husaren eingeführt worden. Sie rekrutierten sich aus dem kleinen polnischen Adel der damaligen Provinzen Neuostpreußen und Südpreußen.

Aus den Towarczys entstand 1808 das erste und zweite Ulanen-Regiment, zu denen 1809 noch ein drittes hinzukam. Als Hauptbekleidungsstück diente ein dunkelblaues Kollett mit rotem Kragen, spitzen Aufschlägen und zwei Reihen gelber Knöpfe, auf der rechten Seite vorn herunter roter Vorstoß. Die blauen Schöße mit rotem Besatz. Die Achselklappen waren beim ersten Regiment weiß, zweiten rot, dritten gelb. Überknöpfhosen grau. Tschako mit Rose und schwarzweißer Bandkokarde, gelben Behängen und sehr langen Fangschnüren, die über Brust und Hals geschlagen wurden. Schwarze Federbüsche. Um den Leib ein blauer, rot vorgestoßener Paßgürtel. Die Lanzenflaggen waren unten blau, oben von der Farbe der Achselklappen (Abb. 15, e).

1809 wurde eine Leib-Ulanen-Eskadron gebildet, deren Uniform aus dunkelblauen Kolletts mit roten Kragen, Rabatten, polnischen Aufschlägen und an den Seiten rot umgeschlagenen Schößen bestand. Rote Vorstöße an den Näh-

ten, weiße Knöpfe, weiße wollene Epauletten mit losen Fransen, Paßgürtel weiß mit zwei schwarzen Tressen. Die Mannschaften trugen Beinkleider wie die übrige Kavallerie, die Offiziere blaue mit rotem Besatz, dunkelblaue Tschapkas mit schwarzem Federbusch. Lanzenflaggen unten weiß, oben rot. 1810 wurde die Benennung in Garde-Ulanen-Eskadron geändert und die Uniform den Linien-Ulanen ähnlicher gemacht. Das Kollett hatte gelbe Knöpfe, rote Abzeichen (keine Rabatten), gelbe Gardelitzen; an Stelle der Achselklappen Epauletten mit weißen Feldern und gelben Halbmonden. Die Tschapka erhielt gelbes Schnurwerk, die Lanzenflaggen blieben unverändert (Abb. 15, d). Sämtliche Ulanen hatten schwarze Bandeliere und schwarze Lammfellschabracken mit rotem Vorstoß. Zum kleinen Dienst dunkelblaue Litewka mit rotem Kragen; Achselklappen wie auf den Kolletts. Tschako im Überzuge. 1813 wurde eine Garde-Kosaken-Eskadron errichtet, die mit der Garde-Dragoner-, Garde-Husaren- und Garde-Ulanen-Eskadron das leichte Garde-Kavallerie-Regiment bildete; gleichzeitig wurde auch eine Garde-Volontär-Kosaken-Eskadron formiert, welche bei den Gardes du Corps die Stelle der freiwilligen Jäger-Detachements vertrat. Die Uniform war ganz blau, der Mützenbeutel rot; die Lanze hatte keine Flagge (Abb. 15, f). 1815 wurde die Anzahl der Regimenter vermehrt, und die Garde-Eskadron wurde zum Regiment erhoben.

Die Abzeichen waren:

Name des Regiments (Linie 5. 11. 1816 bis 1823)	Achselklappen	Knöpfe
Garde-Ulan.-R.	rote Epaulettefelder	gelb
1. Ulan.-R. (Westpreußisches)	weiß	gelb
2. Ulan.-R. (Schlesisches)	rot	gelb
3. Ulan.-R. (Brandenburgisches)	gelb	gelb
4. Ulan.-R. (Pommersches)	hellblau	gelb
5. Ulan.-R. (Westfälisches)	weiß	weiß
6. Ulan.-R. (2. Westpreußisches)	rot	weiß
7. Ulan.-R. (1. Rheinisches)	gelb	weiß
8. Ulan.-R. (2. Rheinisches)	hellblau	weiß

Die Tschapka der Garde-Ulanen erhielt einen Stern. Die Linien-Regimenter erhielten nun ebenfalls Tschapkas statt der Tschakos. Zu Paraden ein weißer hoher Haarstutz. Die Schaffellschabracken wurden abgeschafft und dafür Tuchüberdecken eingeführt, und zwar dunkelblau mit rotem Rande. Im Jahre 1821 wurden die Kolletts der Linien-Regimenter mit roten Vorstößen auf den Ärmel- und Rückennähten versehen. 1824 traten an Stelle der Achselklappen Epauletten mit Feldern in der gleichen Farbe. 1825 wurden die Bandeliere weiß. Die Garde-Landwehr-Eskadronen hatten eskadronsweise verschiedenfarbige Abzeichen. 1826 wurde aus ihnen das 1. und 2. Garde-Ulanen-(Landwehr-)Regiment gebildet. 1843 erhielten die Kolletts einen anderen Schoßbesatz, an den Seiten rot aufgeschlagen, und zur Parade aufzuknöpfende rote Brustrabatten, auch auf der linken Seite der Brust einen roten Vorstoß. 1843 wurde auch der obere viereckige Teil der Tschapka, der bisher durchgängig dunkelblau war, den Epaulettefeldern entsprechend verschiedenfarbig. Bis 1844 war die Tschapka ohne Beschlag, sie erhielt jetzt am oberen Teile einen weiß- oder gelbmetallenen Adler. Auch zu diesen Tschapkas wurden zur Schonung Überzüge getragen; zu Paraden wurden weiße fliegende Haarbüsche aufgesteckt (Abb. 15, h). Die Beinkleidung wie bei den Dragonern. Die beiden Garde-Ulanen-Regimenter erhielten 1851 rote Abzeichen, beim ersten Regiment weiße Knöpfe, Litzen, Adler, beim zweiten gelbe. 1853 erhielten die Garde-Regimenter, später auch die übrigen, sogenannte Ulankas, eine Art Waffenrock von besonderem Schnitte. Das Jahr 1867 brachte ein neues Tschapkamodell, das ganz aus schwarzlackiertem Leder bestand und bei welchem der Adler auf dem unten runden Teile Platz fand. Zu Paraden wurde seitdem der obere viereckige Teil mit einer sogenannten Tschapka-Rabatte bekleidet. Der wachstuchene Überzug fiel weg. Die Lanzenflaggen waren seit 1815 schwarz und weiß; früher oben schwarz, jetzt dagegen das Schwarz unten. Wie bei den Dragonern und Husaren wurden auch bei den Ulanen Degen und verschmälerte Bandeliere eingeführt. 1899 erhielt das 13. (Königs-)Regiment silbernen Gardeadler mit Stern, besonderen Namenszug auf die Kartusche und Sterne auf die Schabracken, 1913 das 7. Regiment Gardeadler ohne Stern.

Die Abzeichen waren 1914:

Regiment	Kragen, Aufschläge, Rabatten	Epaulettefelder, Tschapka-Rabatten	Knöpfe	Bemerkungen
1. Garde-Ulan.-R.	rot, Rabatten weiß	weiß	weiß	weiße Litzen
2. Garde-Ulan.-R.	rot	rot	gelb	gelbe Litzen
3. Garde-Ulan.-R.	gelb	gelb	weiß	weiße Litzen
Ulan.-R. Nr. 1	rot	weiß	gelb	—
Ulan.-R. Nr. 2	rot	rot	gelb	—
Ulan.-R. Nr. 3	rot	zitronengelb	gelb	—
Ulan.-R. Nr. 4	rot	hellblau	gelb	—
Ulan.-R. Nr. 5	rot	weiß	weiß	—
Ulan.-R. Nr. 6	rot	rot	weiß	—
Ulan.-R. Nr. 7	rot	zitronengelb	weiß	—
Ulan.-R. Nr. 8	rot	hellblau	weiß	—
Ulan.-R. Nr. 9	weiß	weiß	gelb	—
Ulan.-R. Nr. 10	karmesin	karmesin	gelb	—
Ulan.-R. Nr. 11	zitronengelb	zitronengelb	gelb	—
Ulan.-R. Nr. 12	hellblau	hellblau	gelb	weiße Vorstöße
Ulan.-R. Nr. 13	weiß	weiß	weiß	—
Ulan.-R. Nr. 14	karmesin	karmesin	weiß	—
Ulan.-R. Nr. 15	zitronengelb	zitronengelb	weiß	—
Ulan.-R. Nr. 16	hellblau	hellblau	weiß	weiße Vorstöße

Abb. 16. Preußen. Kavallerie 1908–1918
a, g Jäger z. Pf. – b Kürassier – c, h Dragoner – d Husaren-Offizier – e Husar – f Ulan – i Leib-Garde-Husar – k, l Kavallerist

Die feldgraue Uniform von 1910 beließ auch den Ulanen ihren kennzeichnenden Uniformschnitt (Abb. 16, f). So blieb die Ulanka bestehen; Kragen und Aufschläge wurden feldgrau mit Vorstößen in der alten Rabattenfarbe (1. Garde-Ulanen jedoch rot). Die Metallepauletten fielen fort, dafür kamen Achselklappen in Epaulettenform mit Vorstößen in der Farbe der ehemaligen Epaulettefelder zur Einführung. Zur Feldbluse 1915 erhielten auch die Ulanen eckige Schulterklappen, für alle Regimenter rot mit gelben Namenszügen und Nummern, mit Vorstößen in der Farbe der Tschapka-Rabatten von 1914. Die Kragenlitzen der drei Garde-Ulanen-Regimenter hatten Füllung in der Friedenskragenfarbe und weiße bzw. gelbe Spiegel nach der alten Knopffarbe.

VII. Jäger-Regimenter zu Pferde

Die 1895 errichteten Meldereiterdetachements hatten bei der Garde grüne Röcke, beim I. Korps blaue Koller und beim XV. Korps weiße Attilas. 1897 erhielten sie den Namen »Jäger zu Pferde« und damit eine neue Uniformierung. Sie bekamen einen Koller von graugrüner Farbe, hellgrüne Kragen, schwedische Aufschläge und Achselklappen, gelbe Kollerborten mit hellgrünen Streifen. Geschwärzte Kürassierhelme (Garde mit weißem Haarbusch), weiße Mützen mit hellgrünem Besatzstreifen und gelben Vorstößen. Hohe Kürassierstiefel, Bandelier mit messingenem Beschlag, Pfeife und Kette. Alles Leder braun. Die Garde-Jäger zu Pferde am Kragen und den Aufschlägen gelbe

Litzen. Auf Helm und Schabracke Gardestern. 1905 wurden aus den Detachements selbständige Regimenter. Im wesentlichen blieb die Uniform unverändert (Abb. 16, a). Die Knöpfe wurden weiß, die Borten grün mit regimenterweise verschiedenfarbigen Mittel- und Randstreifen. Hellgrüne Schulterklappen mit Vorstößen in der Regimentsfarbe und roter Regimentsnummer. Das 1. Regiment bekam 1905 gelben Namenszug. 1903 wurden die Mützen graugrün.

Unteroffiziere und Mannschaften der 1913 errichteten Regimenter trugen nur die Felduniform, dazu Dragonerhelme, geschwärztes Lederzeug und Dragonerstiefel.

Die Abzeichen der Jäger zu Pferde waren 1914 folgende:

Regiment	Abzeichen-farbe	Regiment	Abzeichen-farbe
1 u. 8	weiß	4 u. 11	hellblau
2 u. 9	rot	5 u. 12	schwarz
3 u. 10	zitronengelb	6 u. 13	dunkelblau
7	rosa		

Metallteile 1–7 weiß, 8–13 gelb

Der schon 1908 eingeführte Waffenrock (auf der Brust Knöpfe statt Kollerborte, graugrüne Kragen und Aufschläge) wird 1910 Felduniform, er erhält grüne Kragen und Aufschläge und am unteren Rande des Rockes einen grünen Vorstoß, ferner Kronenknöpfe statt der glatten.

Die Bluse hat graugrünes Grund- und Besatztuch. Die Schulterklappen bleiben gegen die Uniform 1910 unverändert.

VIII. Artillerie, Pioniere, Verkehrs-Truppen, Train

Unter dem Großen Kurfürsten war die Artillerieuniform im allgemeinen noch nicht geregelt. Nach einer Nachricht soll die Artillerie bei dem Hilfskorps, welches dieser Regent zum Türkenkriege 1686 stellte, braune Röcke getragen haben. Nach einem Musterungsberichte von 1709 trugen die Offiziere rote Röcke mit goldenen Tressen und bleumourant Aufschlägen, paille Westen und Hosen, weiße Strümpfe und goldbesetzten Hut. Die Kanoniere haben nach demselben Bericht einen blauen, strohgelb gefütterten Rock, strohgelbe Weste, Lederhosen, weiße Strümpfe, Hut mit Tresse und rotes Halstuch. In der Folgezeit glich die Uniform im Schnitt völlig derjenigen der Infanterie und machte die gleichen Wandlungen durch. Unter Friedrich Wilhelm I. waren auch die Offiziere blau montiert. Der Artillerierock hatte keine farbigen Abzeichen. Die Aufschläge waren von der Grundfarbe, nur die Schoßumschläge rot. 1731 erhielten die Bombardiere Mützen von schwarzer Wachsleinwand mit Messingbeschlag, ähnlich den Füsiliermützen. Unter Friedrich dem Großen bestand die Uniform aus demselben Rock mit Messingknöpfen, gelben Westen und roten Halsbinden für die Feldartillerie (Abb. 10, i), schwarzen für die Garnison-Artillerie. Die Westen der Offiziere waren mit goldenen Tressen besetzt, ihre Hüte mit einer ebensolchen schmalen. Die Mannschaften hatten eine weiße Bandborte um den Hut. Der Große König schuf die Waffe der *reitenden Artillerie*. Die Bekleidung war die gleiche, nur glich die Beinkleidung derjenigen der Reiterei. Unter Friedrich Wilhelm II. erhielt der Rock dunkelblaue Klappen. Der zweiklappige Hut, das sogenannte Kaskett, welchen der König einführte, war mit einer dreiflammigen Granate geschmückt. 1798 wurden Kragen, Klappen und Aufschläge schwarz, Hut in der Form wie damals bei der Infanterie, bei der reitenden Artillerie Kavalleriehut mit weißem Busch. 1802 bekam die reitende Artillerie Kolletts im Schnitt wie die Dragoner. Die schwarzen Abzeichen, auch die schwarzen Besätze um die Schoßumschläge, waren rot vorgestoßen. Unterkleider weiß.

Bei der Reorganisation von 1808 wurde ein dunkelblaues Kollett mit zwei Reihen von gelben Knöpfen eingeführt. Die Fußartillerie hatte rote Schoßumschläge, schwarze, rot vorgestoßene Kragen und Aufschläge, dunkelblaue Ärmelpatten. Die Achselklappen waren je nach Brigade weiß, rot oder gelb. Hosen, Gamaschen, Tschako wie bei der Infanterie. Als Dekoration eine dreiflammige gelbmetallene Granate. Lederzeug schwarz (Abb. 10, l). Bei der reitenden Artillerie Schöße nach Kavallerieart, von der Grundfarbe mit schwarzem, rot vorgestoßenem Besatz. Kragen wie bei der Fußartillerie, dagegen Aufschläge von schwedischer Form. Lederzeug weiß. Kavallerie-Tschako ebenso verziert wie bei der Fußartillerie. Weiße hohe Federbüsche und gelbe Behänge. Die reitende und Fußartillerie der Garde hatten die gleiche Uniform, nur mit gelben Litzen geschmückt, Tschako mit Stern statt der Granate; die Garde-Fußartillerie schwarzen Haarstutz. Achselklappen rot. Die weiteren Veränderungen

im Schnitt der Uniform waren dieselben wie bei den anderen Truppenteilen, z. B. 1814 veränderte Tschakoform, dünnere Haarbüsche, geschlossene Kragen. 1816 wurden durchgängig rote Achselklappen mit gelben Nummern eingeführt. Von 1809–1821 waren auch Litewken im Gebrauch, von dunkelblauer Grundfarbe und schwarzen, rot vorgestoßenen Kragen. Die Tschakobehänge waren bei der Garde rot, bei der Linie nunmehr weiß. 1843 wurden auch bei der Artillerie die Waffenröcke eingeführt. Die Kragenpatten schwarz mit rotem Vorstoß, Aufschläge ebenso, bei der reitenden Artillerie von schwedischer Form, bei der Fußartillerie mit dunkelblauen Ärmelpatten. Der Tschako wurde durch den Helm verdrängt, der mit dem Garde- bzw. Linien-Adler geschmückt war (Abb. 10, n). Bei der Garde weiße, bei der reitenden Linienartillerie schwarze Haarbüsche. Anfänglich hatte der Helm eine Spitze, die aber bald durch eine Kugel ersetzt wurde. Das Lederzeug durchgängig weiß. Hinsichtlich der weiteren Änderungen können wir auf die vorhergehenden Abschnitte hinweisen (Gürtelrüstung, 1867 vollfarbige Kragen usw.). Die Fußartillerie erhielt 1874 weiße Achselklappen mit roten Nummern. Sie wurde mit Gewehren ausgerüstet. Bei dem neuen Marschgepäck, mit Ausnahme der Garde-Fußartillerie, schwarzes Lederzeug. Bei der Feldartillerie wurden 1890 durchgängig schwedische Aufschläge eingeführt. 1899 erhielten die Achselklappen der Feldartillerie die Korpsfarbe, also 1914: beim I., II., IX., X. A.K. weiß, beim III. IV., XI., XV. A.K. rot, beim V., VI., XVI., XVII. A.K. gelb, beim VII., VIII., XVIII. hellblau und beim XXI. A.K. hellgrün. Die Felduniform 1910 entsprach völlig der der Infanterie, jedoch waren Kragen und Aufschläge (bei Feldartillerie und Garde-Fußartillerie schwedisch) schwarz anstatt rot vorgestoßen. Mützenbesatz schwarz mit roten Vorstößen. Zur feldgrauen Bluse 1915 erhielten die Feldartillerie-Regimenter rote Schulterklappen mit gelber Beschriftung. Das 1. Garde-Feldartillerie-Regiment hatte hierzu weißen, das 3. zitronengelben, das 4. hellblauen Vorstoß. Die Schulterklappen der Fußartillerie wurden goldgelb mit roter Nummer und Namenszug, über denen bei allen Regimentern zwei rote gekreuzte Granaten angebracht waren.

Die *Mineure* trugen unter Friedrich dem Großen blaue Röcke mit ebensolchen Aufschlägen (ohne Rabatten); dazu weiße Knöpfe und rotes Schoßfutter. Weste und Beinkleider orange. Halsbinden schwarz. Als Kopfbedeckung eine Art niedriger Füsiliermütze mit weißem Schild, hinten orange. Statt der Glocke und Flamme eine weiße Puschel (Abb. 17, a). Die *Pontoniere* hatten bis 1806 Artillerie-Uniform. Das *Mineurkorps* unter Friedrich Wilhelm II. auf den blauen Röcken dunkelblaue Rabatten und orange Aufschläge und Kragen. Das *Ingenieurkorps* unter Friedrich dem Großen (nur aus Offizieren und sogenannten Kondukteuren bestehend) blaue Röcke mit roten Kragen, Rabatten, Aufschlägen, Schößen und Unterkleidern. Silberne Litzen, auf den Rabatten je drei, Hut mit breiter, gebogener Silberborte. Die Kondukteure trugen dieselbe Uniform ohne Silberbesatz. Unter der Regierung Friedrich Wilhelms III. bis zum Jahre 1806 traten verschiedene Änderungen in der Uniform ein.

1780 1806 1813 1890 1853 1890 1813 1813 1792 1870 1894

a b c d e f g h i k l

Abb. 17. Preußen. Pioniere, Train, Landwehr, Generalität
a, b Mineure – c, d Pioniere – e, f Train – g, i Landwehr-Infanterie – h Landwehr-Reiterei – k, l Generalität

Das Mineurkorps erhielt schwarze Abzeichen, vorn am Bandelier wurde eine Pistole getragen (Abb. 17, b). Das Ingenieurkorps trug dunkelblaue Röcke mit schwarz-manchesternen Abzeichen, gelbe Westen, weiße Beinkleider, Stiefel, um den Hut eine gebogene breite Silbertresse. Die große Uniform war mit Silberlitzen verziert, die kleine dagegen ohne Besatz.

1808 erhielten die *Pioniere* Kolletts gleich denjenigen der Fußartillerie, nur mit weißen Knöpfen und schwedischen Aufschlägen. Die Achselklappen waren schwarz mit roten Vorstößen, der Tschako mit Bandkokarde und weißer Borte verziert. Unterkleider wie bei der Infanterie. Lederzeug schwarz (Abb. 17, c). Die Entwicklung der Uniform ging in der Folge durchaus parallel mit derjenigen der Infanterie. Seit 1830 ponceaurote Achselklappen mit gelber Nummer. Die Gardeabteilungen seit 1816 weiße Litzen. Bei der Garde auf den Tschakos schwarze, stehende Haarbüsche, später auf Helmen ebensolche herabhängende. Die *Eisenbahntruppe* erhielt bei ihrer Errichtung 1871 die Uniform der Garde-Pioniere mit einem gelben E auf den Achselklappen; später bei der Vermehrung dieser Waffe darunter noch eine römische Nummer. 1911 hellgraue Achselklappen mit rotem E und Nummer. Die *Luftschifferabteilung* trug auf den Achselklappen ein L. 1895 wurde für diese Truppe an Stelle des Helmes die Jägertschako mit weißmetallenem Garde-Stern vorschriftsmäßig. Die *Feld-Telegraphen-Abteilungen*

trugen 1866 und 1870 Garde-Pionier-Uniform, auf den Achselklappen ein T, darunter römische Abteilungsnummern. 1896 Blitzbündel anstatt des T. 1907 Tschakos. Die Bataillone von Nr. 2 an hatten Linien-Pionier-Uniformen. 1911 hellgraue Achselklappen mit rotem T, darunter arabische Bataillonsnummer.

Die 1912 errichtete *Fliegertruppe* erhielt die Uniform der Luftschiffer, jedoch am Kragen nur eine Litze. Auf der grauen Achselklappe ein beflügelter Propeller, darunter Bataillonsnummer.

Kraftfahrbataillon. Uniform der Eisenbahn-Regimenter, auf der grauen Achselklappe ein rotes K.

Die Felduniform der Pioniere und Verkehrs-Truppen entsprach der der Artillerie mit mattsilbernen Knöpfen usw. unter Beibehalt der besonderen Eigentümlichkeiten, Litzen, Achselklappenfarben (nunmehr als Vorstoß) und Kopfbedeckungen. Die Offiziere der Truppenteile, bei denen die Mannschaften keine solchen hatten, verloren die Litzen.

1915 erhielten die Pioniere zur feldgrauen Bluse schwarze Schulterklappen mit ponceauroten Vorstößen, alle Verkehrstruppen hellgraue ohne Vorstöße. Die Beschriftung war durchgängig rot. Litzen, soweit vorhanden, grau mit weißem Spiegel und schwarzer Füllung. Alle Pionieroffiziere wieder Kragenlitzen.

Der *Train* trug seit seiner Reorganisation im Jahre 1853

Provinz	Kragen	Knöpfe	Provinz	Kragen	Knöpfe
Ostpreußen	ziegelrot	weiß			
Kurmark	rot	gelb			
Neumark	rot	gelb	Dazu kamen Ende 1813:		
Westpreußen	schwarz	weiß	Westfalen	grün	weiß
Pommern.................	weiß	gelb	Rheinland	krapprot	gelb
Schlesien	gelb	weiß	Elblande	hellblau	gelb

hellblaue Abzeichen und gelbe Knöpfe. Anfänglich Pickelhauben, später lederne Tschakos für die Mannschaften, Pikkelhauben für die Offiziere, seit 1903 wieder Mannschaftspickelhauben. Zur Parade schwarze Haarbüsche. Das *Garde-Trainbataillon* war durch weiße Litzen und zur Parade noch durch weiße Haarbüsche ausgezeichnet. Als Beschlag bei den Mannschaften am Tschako ein Stern statt des Adlers, bei den Offizieren am Helm Garde-Adler. Felduniform 1910 wie Feldartillerie, nur Kragen-, Aufschlags- und Achselklappenvorstöße hellblau. Zur feldgrauen Bluse 1915 kaliblaue Schulterklappen mit roten Nummern. Die in der Zwischenzeit errichtete 2. Garde-Train-Abteilung trug Knöpfe aus Nickel, Gardekragenlitzen hatten weiße Spiegel und kaliblaue Füllung.

IX. Landwehr und Landsturm

Infanterie. Die Landwehr erhielt bei ihrer Errichtung im Jahre 1813 eine sehr einfache Uniform, nämlich dunkelblaue Litewken mit zwei Knopfreihen, die Kragen nach der Farbe der Provinz, ebenso die Knöpfe verschiedenfarbig (siehe Tabelle oben).
Die Achselklappen waren innerhalb des Regiments nach Bataillonen verschieden, und zwar weiß, rot, gelb, hellblau. Während des Waffenstillstandes 1813 wurden die Achselklappen mit gelben oder roten Nummern versehen. Die Landwehrmütze von der bekannten Form mit großem Dekkel und Schirm dunkelblau mit Besatzstreifen von der Kragenfarbe, vorn ein weißmetallenes Landwehrkreuz (Abb. 17, g). Die Uniformität war im übrigen sehr gering, namentlich was die Beinbekleidung anbetrifft. Bis in den Winter hinein wurden aus Mangel an Tuchhosen vielfach leinene getragen. Mäntel und Tornister waren oft gar nicht vorhanden. Säbel hatten anfangs kaum die Unteroffiziere. Aus Mangel an Feuergewehren bewaffnete man zuerst das erste Glied mit Lanzen. Es wurde sowohl weißes wie schwarzes Lederzeug getragen, je nachdem Vorräte verfügbar waren. 1817 wurde die Landwehr-Infanterie in bezug auf die Abzeichen der Linien-Infanterie gleichgestellt. Der Unterschied von der Linie bestand in einem blauen Vorstoß um den Kragen. Als Kopfbedeckung Tschakos mit Landwehrkreuz. Im einzelnen fanden noch viele Änderungen statt, die aufzuführen der Raummangel verbietet*. 1843 Helme und Waf-

---

* *Mila, »Geschichte der Bekleidung und Ausrüstung der Königlich Preußischen Armee in den Jahren 1808 bis 1878«.*

fenröcke, 1849 Gürtelrüstung. Bei den Waffenröcken fehlte der rote Vorstoß vorn herunter. Der Helmadler war mit dem Landwehrkreuz belegt. 1860 an Stelle der Helme Ledertschakos. Als Dekoration schwarzes Oval mit weißer Einfassung, in der Mitte Landwehrkreuz (Abb. 17, i). 1881 wieder Helme, natürlich von modernerer Form, aber mit dem früheren Beschlage – Adler mit Landwehrkreuz. Auf den Helmüberzügen des ersten Aufgebots über der Nummer ein R. Beim zweiten Aufgebot über der Nummer ein L.
In der Felduniform unterschieden sich die Aktiven, Reserve- und Landwehr-Regimenter außer den Helmen und den Helmüberzügen nicht. Nur trugen hier die von den Grenadier-Regimentern oder litzentragenden Linien-Formationen aufgestellten Reserve- und Landwehr-Truppen keine Litzen und keine Namenszüge.
Landwehr-Kavallerie. 1813 erhielt die Landwehr-Kavallerie die gleichen Litewken wie die Landwehr-Infanterie mit ebensolchen Provinzialabzeichen. Beinbekleidung wie die Dragoner; Tschakos, meist im Überzug getragen, auf dem das Landwehrkreuz angebracht war. Schwarze Bandeliere, Lanzen, anfangs ohne, bald mit Flaggen, die den Farben der Provinz entsprechen sollten. Indessen herrscht in diesem Punkte völlige Willkür. Schwarze Lammfellschabracken mit Tuchvorstoß (Abb. 17, h). Im einzelnen kamen in der Uniform vielfache Abweichungen von der hier gegebenen Norm vor. 1815 wurde die Uniform ulanenartig gestaltet: Schnitt des Kolletts, Form der Aufschläge, Paßgürtel. Achselklappen dunkelblau mit gelber Nummer und rotem Vorstoß. Kragen und Aufschläge in den Provinzialfarben. Dragoner-Tschako mit Landwehrkreuz. Schwarz-weiße Lanzenflaggen, dunkelblaue Schabracken mit Besatz in der Abzeichenfarbe. 1822 Tschakos wie bei den Ulanen, mit Landwehrkreuz. 1830 weiße Bandeliere. Von 1843–1852 Waffenröcke und Helme; letztere mit gelbem Beschlage. Der Rockkragen war dunkelblau, die Kragenpatten nach den Regimentern verschiedenfarbig, ebenso die Achselklappen. Polnische Aufschläge von der Grundfarbe, dunkelblaue Paßgürtel, alle Vorstöße von der Farbe der Kragenpatten, Knöpfe gelb oder weiß. Die *Garde-Landwehr-Ulanen* gingen in der Truppe der Garde-Ulanen auf. 1852 fand eine Reorganisation der Landwehrreiterei statt, die nunmehr nach den Waffengattungen des stehenden Heeres gegliedert wurde.
Schwere Landwehrreiter dunkelblaue Waffenröcke mit farbigen Kragenpatten, Achselklappen, schwedischen Aufschlägen und Vorstoß an den Nähten. Die Abzeichenfarbe war gelb für Nr. 1 und 5, weiß 2 und 4, rot 3 und 6, hellblau 7

42

und 8; die Knöpfe weiß bei 1, 3, 4 und 8, bei den übrigen gelb. Helme wie die Linien-Kürassiere, auf dem Adler Landwehrkreuz. Beinbekleidung wie damals die gesamte Kavallerie. Pallasche, weiße Bandeliere. *Landwehr-Dragoner* Waffenröcke wie die schweren Landwehrreiter, jedoch ohne Vorstöße auf den Ärmel- und Rückennähten. Auch waren die Aufschläge von der Grundfarbe; Abzeichen bei Nr. 1 und 2 rot, bei 3 weiß, 4 gelb. Knöpfe bei Nr. 1 weiß, die anderen gelb. Helme wie bei der Infanterie mit gelben Beschlägen. Auf dem Adler natürlich das Landwehrkreuz. Säbel am weißen Koppel, weißes Bandelier. Die *Landwehr-Husaren* trugen einen dunkelblauen Schnürrock mit schwarz und weißem Schnurbesatz. Als Kopfbedeckung eine schwarze Flügelmütze, deren Flügel je nach den Regimentern verschiedenes Futter zeigten, und zwar bei 5, 8 und 11 weiß, 1 und 3 rot, 2, 4, 6 gelb, 7, 9, 10 und 12 hellblau. Vorn an der Mütze ein aufzuklappender Schirm, darüber neusilberne Regiments-Nummer, oben an der rechten Seite eine Kokarde, darunter das Landwehrkreuz. *Landwehr-Ulanen:* Waffenröcke wie die schweren Landwehrreiter, jedoch mit dunkelblauen polnischen Aufschlägen. Paßgürtel mit Vorstoß in der Abzeichenfarbe. Letztere war für 4 und 5 weiß, 3 und 8 rot, 1 und 2 gelb, 6 und 7 hellblau. Helme wie die Landwehr-Dragoner. Säbel und weißes Bandelier. Lanze mit schwarz und weißer Flagge; bei den Regimentern 4 und 6 führten auch die Unteroffiziere solche, von weißer Grundfarbe mit schwarzem Adler.

1857 erhielt die Landwehr-Kavallerie die gleiche Bekleidung und Ausrüstung wie die entsprechenden Linien-Kavallerie-Regimenter, mit einzelnen kleinen Abweichungen. Im Mobilmachungsfalle wurden bei den einzelnen Armeekorps *Reserve-Kavallerie-Regimenter* gebildet, welche die Bekleidung und Ausrüstung der Linien-Kavallerie-Regimenter trugen, von welchen die Einkleidung erfolgte, doch mit dem Abzeichen der Landwehr an der Kopfbedeckung.

X. Freikorps und National-Kavallerie-Regimenter

Die Freikorps, die Friedrich der Große im Siebenjährigen Kriege errichtete, trugen meistens, was die Infanterie betrifft, dunkelblaue Röcke; die Abzeichen waren hellblau, die Knöpfe gelb oder weiß. Im einzelnen unterschieden sich die Korps durch Rabatten und Kragen bzw. das Fehlen derselben, die Form der Aufschläge und teilweise durch Litzenbesatz voneinander. Verschiedenen Freikorps waren auch Jägerabteilungen beigegeben, bei denen die grüne Grundfarbe der Röcke charakteristisch ist. Als Kopfbedeckung für Infanterie und Jäger Hüte; bei einigen Freikorps, die teilweise aus österreichischen Deserteuren errichtet wurden, trugen die Grenadiere Pelzmützen. Bunter war die Kavallerie der Freikorps.

Besonders charakteristisch und einzig in ihrer Art war die Uniform der *»Kleistschen Grünen Frei-Dragoner«*, nach der Uniformfarbe so genannt. Die Abzeichen waren ebenfalls grün, der Rock mit weißen wollenen Schleifen besetzt. Als Kopfbedeckung eine Pelzmütze mit weißem Schilde, hinten mit grüner Abfütterung. Es gab auch eine *Abteilung »Kleistscher Grüner Kroaten«,* welche als Kopfbedeckung Flügelmützen trugen.

Die Freikorps des Jahres 1807 waren sehr bunt zusammengewürfelt und meist aus den Resten von Regimentern, Depots, Versprengten und Fahnenflüchtigen gebildet, die zum großen Teile die Uniform ihrer Regimenter im abgerissensten Zustande trugen. Auch in den Befreiungskriegen wurden verschiedene Freikorps gebildet, von denen vor allen das *Lützowsche* durch die Gestalt seines Sängers Theodor Körner volkstümlich geworden ist. Die Uniform bestand aus schwarzen Litewken, ebensolchen Kragen, Aufschlägen und Achselklappen mit roten Vorstößen und gelben Knöpfen. Die Tschakos waren sehr verschiedenartig verziert, ein Umstand, der aber weniger ins Gewicht fiel, da sie meistens im Überzuge getragen wurden. Die Beinkleider waren schwarz, bei der Reiterei an den Seiten mit Knöpfen versehen. Die *Husaren* trugen schwarze, ebenso beschnürte Dolmans und Pelze. Die *Ulanenuniform* wie oben beschrieben, dazu Lanzen mit Flaggen, wie es scheint, letztere rot und schwarz. Ein *Tiroler Jäger-Detachement,* welches den Freikorps beigegeben war, trug graue Kolletts und Beinkleider mit grünen Abzeichen, auch Rabatten und weiße Knöpfe, österreichische Jägerhüte mit grünem Busch. Lederzeug schwarz im ganzen Korps. Die *Ausländerbataillone von Reuß* wie die Linien-Infanterie-Regimenter, aber mit hellblauen Abzeichen. Das *Ausländische Jägerbataillon von Reiche* Uniform der Linien-Jägerbataillone mit hellgrünen Achselklappen und rotem Vorstoß. Beim *Hellwigschen Freikorps* hatte die Infanterie dunkelgrüne Kollets mit weißem Vorstoß, schwarze Kragen, Achselklappen und Achselwülste, und ebensolche polnische Aufschläge. Auf der Brust drei Reihen weißer Knöpfe, graue Beinkleider, Tschako mit weißem Schützenhorn, schwarzes Lederzeug. Die Reiterei trug rote Dolmans und Pelze, erstere mit blauen Kragen und Aufschlägen. Beschnürung weiß, bei den Offizieren golden. Pelzmützen mit blauen Beuteln, links fliegender weißer Haarbusch, schwarze Schaffellüberdecken, rot und gelbe Schärpen, graue Reithosen. Das erste Glied war mit Lanzen bewaffnet, deren Flaggen oben blau, unten rot waren.

Zu den Freiwilligen-Formationen sind auch die sog. National-Kavallerie-Regimenter zu rechnen, die einzelne Provinzen auf Kosten der Stände errichteten.

Das *ostpreußische National-Kavallerie-Regiment* trug lange dunkelblaue Röcke mit roten Kragen und spitzen Aufschlägen, gelber Beschnürung und weißen Achselklappen. Dunkelblaue Überknöpfhosen mit zwei roten Vorstößen auf jeder Seite. Schwarze Säbeltaschen. Tschakos mit gelbem Adler und Behängen, Lanzen mit Flaggen, oben weiß, unten bei der 1. Eskadron ebenfalls weiß, der 2. rot, 3. blau, 4. grün. Die Eliten hatten Pelzmützen mit rotem Beutel und gelbmetallene Epauletten.

Das *pommersche* grüne Kolletts, wie bei den Dragonern geschnitten, weiße Kragen und spitze Aufschläge. Gelbe Knöpfe. Graue Überhosen. Tschakos mit grünen Behängen. Hellgrüne Paßgürtel mit roten Vorstößen. Die Eliten gelbe Schuppenepauletten.

Das *schlesische National-Husaren-Regiment* ganz schwarze Husarenuniform, anfänglich mit gelben, später mit roten Kragen und Aufschlägen. Rote Beschnürung. Husaren-Tschakos mit Behang.

Das *Elb-National-Husaren-Regiment* Uniform wie die Linien-Husaren von grüner Grundfarbe mit hellblauen Abzeichen und gelben Schnüren. Alle diese Regimenter hatten schwarzes Lederzeug.

XI. Generalität. Rangabzeichen u. a.

In der sogenannten alten Armee, d.h. der Armee vom Ursprunge bis zum Jahre 1806, gab es bei den Offizieren keine eigentlichen Rangabzeichen, nur die Generale zeichneten sich seit 1741 durch sogenannte Plumage (Federbesatz um die Krempen des Hutes) aus, und zwar war der Besatz von weißer Farbe. Gegen Ende des 18. Jahrhunderts wurde für die Generale, die bis dahin immer die Uniform ihrer Regimenter trugen, eine Felduniform eingeführt, und zwar dunkelblau mit ebensolchen Rabatten und Schoßumschlägen mit goldenem Besatz. Kragen und Aufschläge waren rot. 1806 war der Rock der Generale vorn rund ausgeschnitten. Auf der rechten Schulter ein goldenes Achselband, weiße Beinkleider in Stiefeln. Hut mit Federbusch. Die roten Abzeichen hatten eine Goldstickerei. Diese Uniform wurde auch bei der Reorganisation der Armee beibehalten, der Hut in der Folgezeit aber nicht mehr mit der Breitseite, sondern mit einer Spitze nach vorn getragen. Auf der linken Schulter eine schwarz und silbergedrehte Schnur. Der Rock wurde nun vorn nicht mehr rund, sondern eckig ausgeschnitten, so daß sich nunmehr die Form des Fracks ergab. Als 1843 der Waffenrock eingeführt wurde, behielten die Generale den Frack noch bei und legten ihn erst 1856 ab. Der seitdem getragene Waffenrock hatte vorn herunter zwölf Knöpfe, von denen die oberen acht denjenigen an den übrigen Waffenröcken entsprachen, während die andern vier vorn am Schoß von der Taille abwärts gesetzt waren. Die Schoßtaschenleisten zeigen ebenfalls Goldstickerei. Die kleine Uniform ist die gleiche, nur fehlt alle Stickerei. Statt des Hutes 1843 Helme mit dem Garde-Adler; zu Paraden weißer Federbusch mit schwarzer Füllung. Zur kleinen Uniform wurden Epauletten oder Achselstücke getragen. Die Beinkleider hatten roten Vorstoß und auf jeder Seite zwei rote Streifen. Seit 1888 wurden auch zu Paraden die Beinkleider in hohen Stiefeln getragen. Die große Schabracke von der Grundfarbe des Waffenrockes hatte Goldbesatz und war in den hinteren Ecken sowie auf den Schabrunken mit Stern und Krone geschmückt. 1900 Einführung eines neuen Interimsrockes mit eckigem Kragen. Auf diesem und den Aufschlägen altpreußische Stickerei (des Regts. Alt-Larisch 1806). 1909 wurde dieser Rock auch Gala- und Paradebekleidung. Hierzu wurden Fangschnüre angelegt. Der Feldrock der Generale 1910 hatte einige Besonderheiten, eine Reihe matter Kronenknöpfe, geschweifte Brusttaschen-

klappen, rot vorgestoßene Rollaufschläge, rote lange Kragenpatten mit goldener Generalstickerei. Hierzu die üblichen Achselstücke. An der feldgrauen Hose rote Lampassen. Dieser Feldrock konnte auch zur Uniform 1915 weiter getragen werden. Die Feldbluse erhielt Kragen aus Besatztuch mit verkleinerter mattgoldener Generalsstickerei auf feldgrauer Patte, verdeckte Knopfreihe, roten Vorstoß um den Kragenaußenrand, Rollumschlag. Beim Frontdienst im Feld sollten die Lampassen nicht getragen werden. Der Mantel der Generalsuniform 1915 erhielt rotes Brustklappenfutter und Vorstöße um Aufschläge, Taschen und Rückenriegel. Die Uniformen des *Generalstabes* folgten der Generaluniform im Schnitt und der dunkelblauen Farbe des Rockes. Der Kragen und die schwedischen Aufschläge sowie alle Vorstöße waren jedoch karmin. Kragen und Aufschlag außerdem mit je zwei silbernen Kolbenlitzen besetzt. Knöpfe weiß. Zunächst Hut, später Gardehelm mit weißem Beschlag und weißem Busch. Das *Kriegsministerium* hatte die gleiche Uniform mit Gold. Zur Felduniform 1910 verloren Kriegsministerium und Generalstab die gestickten Litzen und erhielten dafür karmoisinrote Kragenpatten, die bei der Feldbluse M 15 wieder fortfielen. Dafür gestickte mattsilberne bzw. -goldene Kolbenlitzen in verkleinerter Ausführung auf Besatztuchunterlage am Kragen. Karmin Lampassen wie früher.

Eigentliche Rangabzeichen sind in der Armee erst 1808 eingeführt worden. Sponton und Ringkragen wurden abgeschafft, die Schärpe als Dienstzeichen dagegen beibehalten. Die Rangabzeichen bestanden aus silbernen, zweimal schwarz durchzogenen Tressen, und zwar trug der Subalternoffizier eine solche Tresse auf der Achselklappe von oben über die Mitte nach der Schulter zu. Hauptleute und Rittmeister hatten Tresseneinfassung um die beiden äußeren Ränder; die Stabsoffiziere ringsherum und einen roten Vorstoß. 1812 erhielten die Kürassier-Offiziere Epauletten, 1813 die Stabsoffiziere aller Waffen mit Ausnahme der Husaren und 1814 sämtliche Offiziere, ebenfalls ausschließlich der Husaren, Epauletten mit goldenen oder silbernen Monden. Die Leutnants hatten Tressenbesatz auf den beiden äußeren Kanten des Schiebers, Hauptleute, Rittmeister, sowie Stabsoffiziere dazu noch auf der oberen Kante. Letztere durchgängig silberne Halbmonde und ebensolche dünne Fransen. Die bis dahin von den Offizieren einzelner Waffengattungen getragenen Achselbänder fielen fort (z.B. 1. Garde-Regiment, Gardejäger, sämtliche Dragoneroffiziere). 1830 erhielten Premierleutnants und Oberstleutnants auf den Epaulettefeldern einen, die Obersten zwei Rangsterne. 1832 auch die Hauptleute und Rittmeister zwei Rangsterne. Dazu bei allen Chargen Tressenbesatz am oberen Teile des Epauletteschiebers. Während der kurzen Regierungszeit Kaiser Friedrichs wurden keine Epauletten getragen.

1914 waren die Abzeichen:

Leutnant:	kein Stern.
Oberleutnant:	ein Stern.
Hauptmann (Rittmeister):	zwei Sterne

Major:	kein Stern, dünne Fransen.
Oberstleutnant:	ein Stern, dünne Fransen.
Oberst:	zwei Sterne, dünne Fransen.
Generalität:	dicke Fransen
Generalmajor:	kein Stern.
Generalleutnant:	ein Stern.
General d. Inf., Kav., Art.:	zwei Sterne.
Generaloberst:	drei Sterne.
Generaloberst im Range eines Generalfeldmarschalls:	vier Sterne.
General-Feldmarschall:	gekreuzte Kommandostäbe.

1866 wurde für den Feldzug die Anlegung von Achselstükken befohlen, die aus silberner, zweimal schwarz durchzogener Tresse bestanden. Rangsterne wie auf den Epauletten, Stabsoffiziere aus geflochtener silberner schwarz durchzogener Schnur auf farbiger Unterlage, bei der Generalität aus gleicher Schnur, die mit Goldschnur eingefaßt ist, aber ohne Unterlage. Ebenfalls Rangsterne. 1888 wurde das Modell der Achselstücke für Subalternoffiziere geändert. Diese bestanden nun ebenfalls aus Schnur, aber nicht verschlungen, sondern vierfach nebeneinander genäht.

Die Offiziersachselstücke und Rangsterne blieben auch zur Felduniform M 10 und zur Feldbluse und Mantel M 15 dieselben. Nur waren sie bei der letzteren mattsilbern bzw. mattgolden. Zur Uniform M 15 wurden die Schulterstücke allgemein auf einer einen Vorstoß bildenden Tuchunterlage angebracht, die die Farbe der Mannschaftsachselklappe bzw. wenn diese feldgrau deren Vorstoßfarbe zeigt. Bei Mannschaftsachselklappen, die neben der Hauptfarbe noch eine Nebenfarbe (Vorstoß) trugen, trat diese beim Offiziersachselstück als Innenvorstoß hinzu. Zum Beispiel Pioniere Unterlage schwarz und rot.

Die Unteroffiziere unterschieden sich im 18. Jahrhundert in folgenden Stücken: Hutpuschel (die bei den einzelnen Regimentern sehr verschieden gefärbt war) schwarz und weiß geviertet, schwarzweiße Säbelquaste und Gold- oder Silbertresse um den Hut. Dazu meist Gold- oder Silberlitzen um die Aufschläge. Indessen kommen hier zu viele Einzelheiten vor, als daß sich eine allgemeine Norm geben ließe. 1808 wurde durchgängig eine Gold- oder Silbertresse um Kragen und Aufschläge eingeführt, bis zum Jahre 1814 aber nicht um den oberen, sondern den unteren Kragenrand herumlaufend. Dazu war die Bandborte, die damals von den meisten Fußtruppen um den oberen Tschakorand getragen wurde, je nach den Knöpfen von Gold oder Silber. Auch bei den Büschen war die Charge des Unteroffiziers gekennzeichnet. Weiße Büsche hatten eine schwarze, schwarze Büsche eine weiße Spitze. Die Gradabzeichen waren 1914 für Gefreite ein Knopf an jeder Kragenseite, Unteroffiziere Tressen um Kragen und Aufschläge, Sergeanten Tressen und Kragenknöpfe, Vizefeldwebel ebenso mit Offizierdegen, etatsmäßige Feldwebel dazu noch eine schmalere zweite Tresse über der Aufschlagstresse (seit 1889), 1887 wurde der Grad des Offizierstellvertreters geschaffen. Er erhielt zur Uniform des Vizefeldwebels um die Achselklappen eine Tresse in der Knopffarbe. Auch die Unteroffiziers- und Ge-

freitenabzeichen blieben bei den Felduniformen grundsätzlich unverändert. Die Unteroffizierstressen auf der Felduniform M 10 waren jedoch erheblich schmaler. Bei der Feldbluse M 15 war die Kragentresse aus feldgrauem, weiß vorgestoßenem Band, das häufig nur in den vorderen Kragenecken winkelförmig angebracht wurde. 1894 wurden sogenannte Schützenschnüre eingeführt, an Stelle der bisherigen Schießauszeichnung, die in Form von schmaleren oder breiteren schwarzweißen Borten über dem Aufschlage angebracht waren. Bemerkenswerterweise zeigt die Schützenschnur nicht die preußischen, sondern die Reichsfarben. Diese Schnüre sind je nach den Klassen verschieden reich ausgestattet. Außerdem gab es noch eine ganze Reihe verschiedener Abzeichen, z.B. bei der Kavallerie Fechtauszeichnungen in Form von Chevrons auf den Oberarmen, für Beschlagschmiede Hufeisen aus gelbem Tuch auf den Unterarmen aufgenäht. Die Einjährig-Freiwilligen trugen eine schwarzweiße Schnur um die Achselklappen.

Das Deutsche Reich

Als das deutsche Heer 1918 aus dem 1. Weltkrieg in die Heimat zurückkehrte, war es in alle denkbaren Zusammenstellungen der während der Kriegsjahre getragenen Felduniformen gekleidet. Hierzu wurden vielfach, politischem Zwang folgend, neue provisorische Dienstgradabzeichen in Form von dunkelblauen waagrechten Tuchstreifen am linken Arm an Stelle der bisherigen getragen. Unteroffiziere 1–4 schmale über dem Ellbogen (Abb. 18, a), Offiziere 1 mittelbreiter, breiter oder doppelbreiter mit zusätzlich 1–2 schmalen am Unterarm. Die zahlreich zum Grenzschutz und zur Niederwerfung innerer Unruhen aufgestellten Freiwilligen-Abteilungen kennzeichneten sich durch am Kragen oder linken Oberarm getragene metallene Abzeichen eigener Wahl (Abb. 18, b, c). Meist findet hier ein Eichenlaubzweig, das Edelweiß, der Gardestern oder das betreffende Landeswappen Verwendung.

Im März 1919 wird die vorläufige Reichswehr gebildet. Damit erhält zum ersten Male das deutsche Heer eine für alle Bundesstaaten gleiche Uniform. Die landsmannschaftlichen Abzeichen werden auf Kokarde und Wappenschild an Mütze und Stahlhelm beschränkt. Die für alle Rangstufen und Waffengattungen im Schnitt gleiche Uniform ist aus grauem, ins Grünliche spielendem Grundtuch, Mantel- und Rockkragen, die besonders geformten Rockaufschläge und das Mützenband sind aus dunklerem Besatztuch, alle Knöpfe weiß. Gemeinschaftliches Wehrmachtsabzeichen wurden die grauen doppelten Kapellenlitzen auf Besatztuchpatten am Kragen und der weißmetallene Eichenkranz an der mit schwarzem Schirm und Kinnriemen versehenen Dienstmütze. Auf den Schultern werden am Rock und Mantel Doppelschnüre mit zwei Schiebern getragen, Mannschaft feldgrau, Offiziere mattsilbern, Generale mattgold. Die Dienstgradabzeichen aus mattsilberner Tresse befinden sich an beiden Armen: Gefreiter waagrechte kurze Tresse (Abb. 18, c), Unteroffizier 1–4 Winkeltressen, Spitze unten am Oberarm, Offizier 1–3 waagrechte mit Schleife am obersten bzw. 1 breiten oder doppelbreiten (Generale) in der Mitte eine Spitze bildend, hier bei den höheren Dienstgraden zusätzlich mit 1 oder 2 schmalen darüber, am Unterarm. Silbernes geschlossenes Portepee am feldgrauen Lederriemen. Die Truppenarten unterscheiden sich durch die Waffenfarbe, die im wesentlichen den 1937 gültigen gleichen. Sie wurde in den Band- und Deckelvorstößen der Schirmmütze, in den Spiegeln der Kragenlitze und der Einfassung und Beschriftung der Armspiegel sichtbar. Nachrichtentruppe hatte karmin, Flieger braun. Generale und Generalstab hatten keine Armspiegel und behielten ihre alte Kragenstickerei und Lampassen. Der Einheitsmantel wurde zweireihig, Generale rotes Brustklappenfutter.

Nach Bildung der endgültigen, in Zahl und Waffen beschränkten Reichswehr 1921 erhält der Feldrock eine Reihe von 6 Knöpfen und hohe gerollte Aufschläge aus Grundtuch ohne Vorstoß. An Stelle der Armspiegel und Schulterschnüre treten abgerundete Achselklappen aus Grundtuch mit Vorstoß und Beschriftung in Waffenfarbe (Abb. 18, e), die bei der Nachrichtentruppe hellbraun wird. Die Rangabzeichen erfahren eine endgültige Neuregelung. Die Offiziere erhielten wieder die alten matten Schulterstücke ohne Beimischung in Landesfarben mit Vorstoß in Waffenfarbe. Adjutanten mattsilberne einfache Fangschnur rechts (Abb. 18, h).

Unteroffiziere tragen eine mattsilberne Tresse am vorderen und oberen Kragenrand des Rockes. Die Schulterklappen sind mit der gleichen Tresse beim Unteroffizier an beiden Seiten und oben, Unterfeldwebel, Feldwebel und Oberfeldwebel ringsherum eingefaßt. Die Feldwebel haben zusätzlich unter der Regiments-Nr. aus Weißmetall einen weißmetallenen Stern, die Oberfeldwebel je einen Stern unter und über der Nummer des Truppenteils. Mannschaftsdienstgrade tragen auf dem linken Oberarm eins bis drei nach oben offene Tressenwinkel.

An der Schirmmütze tritt die Landeskokarde auf den Randstreifen, die ovale gelbe Adlerkokarde in den Eichenlaubkranz (Abb. 18, f). Die Hose bleibt steingrau, feldgraue weiche Feldmütze mit Stoffschirm und Band aus Besatztuch mit Landeskokarde. Generale goldene Knöpfe an allen Kleidungsstücken. 1927 erhalten die Generale am Rock rote Kragenpatten und roten Vorderteilvorstoß, die Vorstöße an der Schirmmütze in Gold und an Stelle des Kinnriemens goldene doppelte Mützenkordel mit zwei Schiebern, alle anderen Offiziere die Mützenkordel mit Schiebern in Silbergespinst. Der Feldrock erhält sechs Knöpfe und abgerundete Achselklappen aus Besatztuch mit Vorstoß und Bezeichnung in Waffenfarbe.

Für alle anderen Offiziere wird ein Gesellschafts-Anzug im Schnitt des bisherigen Waffenrockes eingeführt mit Kragenpatten aus Abzeichentuch in der Waffenfarbe, die Doppellitzen in hellsilberner Stickerei, Schulterstücke hellsilbern und mattsilberne Knöpfe. Der Rockvorderteilvorstoß und die Vorstöße an der langen Tuchhose in der jeweiligen Waffenfarbe. Die Schirmmütze der Offiziere erhält eine Mützenkordel mit Schiebern in Silbergespinst. Ab 1929 braunes Lederkoppel mit Schulterriemen. Zum großen Gesellschaftsanzug weiße Handschuhe und doppelte silberne bzw. Generale goldene Fangschnüre rechts. Zum Ausgangsanzug auch der Mannschaften sind waffenfarbige Kragenpatten, Rockvorderteil- und Hosen-Vorstöße, sowie hellmetallene Knöpfe und Litzen gestattet. Die Unteroffizierskragentresse geht dann vorn und oben herum (Abb. 18, f). Ab 1930 erhält der Stahlhelm ein verändertes Modell (Abb. 18, h).

Die Uniform des *Reichsheeres* nahm nach der Machtergreifung durch Hitler die Hoheitszeichen des nationalsozialistischen Reiches an. Nach der Wiedereinführung der allgemeinen Wehrpflicht waren 1937 folgende Veränderungen eingetreten:

Rock- und Mantelgrundtuch wird grüngrau (resedafarben), das Besatztuch bläulich dunkelgrün. Die 1933 eingeführte Feldbluse hat flachen, liegenden Kragen aus bläulich-dunkelgrünem Abzeichentuch, Offiziere Stehumlegekragen, eine Reihe von 5 mattweißen Knöpfen. Brust- und Seitentaschen mit geschweiften Patten mit Quetschfalte sind aufgesetzt. Ärmelaufschläge kommen in Fortfall. Spitze Achselklappen aus Besatztuch ohne Vorstoß mit Bezeichnung in Waffenfarben. Mattgraue Hoheitsabzeichen auf der rechten Brust. Am Stahlhelm rechts Schild mit schwarz-weiß-roten Reichsfarben, links schwarzes Schild mit weißem Reichswehradler und Hakenkreuz. Fuß- und Lederzeug durchgängig schwarz (Abb. 18, k, l). Für Mannschaften bootsförmige Feldmütze (Abb. 18, l). Auf dem Aufschlag schwarz-weiß-rote Kokarde in nach unten offenem Schnurwinkel in Waffenfarbe, darüber Hoheitsabzeichen. Seitengewehr- und Säbeltroddeln nehmen die geschlossene Form des Portepees an. Band grau, sonst in den alten Farben. Stäbe alles dunkelgrün. Unteroffiziere grün mit Silber gemischt. Oberschützen mattgrauer Stern am linken Oberarm, Gefreite einen Tressenwinkel, Obergefreite zwei Tressenwinkel. Wiedereinführung der Schützenschnur in Vorkriegsform aus Aluminiumgespinst. Offiziere Metallteile aus Aluminiumgespinst. Als Feldmütze Dienstmütze in weicher Ausführung ohne Sturmriemen. Wiedereinführung der schwarz-weiß-roten Kokarde auf dem Mützenband. Die Landeskokarde verschwindet, an ihre Stelle tritt das Hoheitszeichen. Die Waffenfarben des Reichsheeres sind:

Kriegsministerium u. Führerstäbe:	karmin
Infanterie:	weiß
Jäger:	grün
Pioniere:	schwarz
Kavallerie:	goldgelb
Nachrichtentruppe:	zitronengelb
Panzer- und Kraftfahrtruppe:	rosa
Artillerie:	rot
Nebeltruppe:	bordeauxrot
Fahrtruppe:	hellblau
Wehrersatzwesen:	orange.

Abb. 18. Deutsches Reich. Fußtruppen 1918–1937
a Vizefeldwebel – b Freikorps – c, e Gefreite – d, l Infanteristen mit Feldmütze – f Unteroffizier im Mantel – g Reiter – h Adjutant,
Feldanzug – i Offizier, gr. Gesellschaftsanzug – k Oberschütze – m Panzertruppe, Obergefreiter

Die Panzertruppen haben einen besonderen Dienstanzug (Abb. 18, m), schwarz mit rosa Achselklappen-, Kragen- und Kragenpattenvorstößen, auf letzteren weißer Totenkopf. Zum Dienst- und Paradeanzug schwarzes Barett, das über dem Sturzhelm getragen wird, mit weißem Eichenlaubkranz und Kokarde mit Hoheitszeichen darüber. Dunkelgraues Hemd mit schwarzem Binder.

Außerdienstlich wird die steingraue Hose mit Vorstoß in Waffenfarbe getragen. Einführung eines Waffenrocks aus Grundtuch, eine Reihe mit 7 Knöpfen, Stehumlegekragen und schwedische Aufschläge aus Besatztuch. Auf dem Kragen silberne Doppellitzen, auf den Aufschlägen zwei einfache Litzen auf rechteckigen waffenfarbigen Patten. Kragen, Rockvorderteile und Aufschläge und die geschweiften dreiknöpfigen Schoßtaschenleisten in Waffenfarbe vorgestoßen, Unteroffizierskragentresse auch hier am vorderen und oberen Kragenrand. Bei Generalen, Kriegsministerium und Führerstäben tritt an die Stelle der Kapellenlitze die besondere Stickerei. Für Offiziere zum Ausgangsanzug Dolch mit Elfenbeingriff in aluminiumfarbiger Metallscheide an 2 gleichfarbigen Standern untergeschnallt bzw. aus der Manteltasche getragen.

Seite 48: Die Entwicklung der Offiziers-Rangabzeichen im
Königlich preußischen Heer ab 1808

	1808	1812/13	1815/16	1832	1854	1866	1888/89
Gen. Feldmarschall 1) Gen Oberst mit dem Rang eines Feldmarschalls 1911 2) Gen Oberst wie vor, 1854–1911		1)			2)		
Generaloberst 3) Gen. Feldzeugmeister der Artillerie					3)		
General der Inf., etc.			1813				
Generalleutnant							
Generalmajor							
Oberst		27.8. bis 28.12.1813	ab 29.12.1813				
Oberstleutnant							
Major			Husaren				
Capitain 1808–12 Hauptmann Rittmeister der 4) Ulanen 5) Husaren	4)			5)			
Oberleutnant							
Leutnant							

48

Bayern
(Kokarde hellblau-weiß)

I. Infanterie

Die ersten Spuren einer Uniformierung lassen sich schon in der Mitte des 15. Jahrhunderts finden. Abgesehen von diesen frühen Einzelversuchen, ferner abgesehen von den Leibgarden kann man für Bayern den Beginn einer eigentlichen Uniform auf das Jahr 1671 datieren. Die Farben waren sehr verschieden, häufig sogar kompanieweise innerhalb eines Regiments. Während bis 1673 die weiße und graue Rockfarbe vorwog, trat nunmehr blau in den Vordergrund. Diese blauen Röcke wurden in jener Zeit auch »savoyisch« genannt. 1683 wurden 7 Infanterie-Regimenter errichtet, und zwar:

Berlo (bis 1918 im 1. und 10. Infanterie-Regt.), perlgrauer Rock, weiße Aufschläge.
Puech (1688 aufgelöst), grüner Rock mit gelben Aufschlägen.
Degenfeld (bis 1918 2. Infanterie-Regiment), perlgrau mit dunkellila Aufschlägen.
Montfort (1688 abgedankt), dunkelgrauer Rock mit blauen Aufschlägen.
Perusa (1705 abgedankt), blau mit violetten Aufschlägen.
Steinau (1705 abgedankt), blau mit roten Aufschlägen.
Preysing (1705 abgedankt), blau mit gelben Aufschlägen.
1684 bestimmte ein Dekret vom 5. März, daß der Rock durchgängig blau sein sollte. Er war mit weiten Ärmeln und sehr großen Taschen versehen und reichte bis zum Knie. Die Weste war sehr lang und hatte die Farbe der Aufschläge. Rote Kniehosen und Gamaschen von verschiedener Farbe. Die Offiziere trugen während der Türkenkriege häufig den Rock von der Aufschlagfarbe. Das Unterfutter blau, später aber in der Farbe wie die Mannschaften. Die Offizierswesten waren mit Bortenbesatz versehen, bei den Unteroffizieren die Rockärmel betreßt. Als Dienstzeichen führten die Offiziere eine Schärpe von blauem Taffet mit Silberfransen, anfänglich um den Leib, später über die rechte Schulter.

Abzeichen 1684
Mercy weiß
Steinau rot
Rummel violett
Preysing gelb
della Rose hellfliederfarben
Puech graue Röcke mit blau
Montfort graue Röcke
       mit blau

Abzeichen 1701
Leibregiment weiß
Kurprinz blau
Grenadiere blau
Lützelburg rot, rote Westen
Haxthausen rot
Maffei gelb
Tattenbach gelb,
         gelbe Westen
Die ersten drei Formationen weiße Litzen.

Regiment Chevalier de Bavière 1706 aurorafarbene Aufschläge und Westen, 1718 schwefelgelb.

Das Haar wurde freiwallend getragen (Abb. 19, a), später hinten geknotet, weiterhin Zöpfe. Um 1702 erhielten die Grenadiere zuckerhutförmige Bärenmützen ohne Schild (Abb. 19, b). Die *Landfahnen,* eine Miliztruppe, erhielten im Anfange des 18. Jahrhunderts verbrämte Hüte, rote Halstücher, blauen Rock mit weißgrauen Aufschlägen, weiße Strümpfe, blaue Westen, Patronentaschen an gelbem Riemen und ebensolches Koppel; die Offiziere waren lichtgrau gekleidet, ohne Gold- und Silberbesatz. Sie trugen blaue Strümpfe, blauen Federbesatz um die Hutkrempen; weißblaue Schärpe und silberne Ringkragen und Spontons. Bei den Linientruppen wurden die Beinkleider schon im Anfange des Jahrhunderts blau, 1748 gelb. Die Röcke erhielten vielfach Rabatten. 1740 wurden an den Bärenmützen hinten Tuchbeutel angebracht. 1748 rotlederne Halsbinden. Im Dienste trugen die Offiziere Spontons, Unteroffiziere Kurzgewehre.

Die Unterkleider 1770 weiß. Hüte nunmehr von etwas kleinerer Form. Halsbinden schwarz. 1774 mußten sämtliche Regimenter ihre Röcke weiß füttern lassen, dagegen blieben

Liste der Abzeichen im Siebenjährigen Kriege*

Regiment	Rock	Klappen- u. Aufschläge	Knöpfe	Westen	Hosen
Leibregiment	hellblau	weiß	weiß	weiß	hellblau
Herzog Klemens	hellblau	gelb	weiß	gelb	hellblau
Minucci	hellblau	ledergelb	gelb	ledergelb	hellblau
Morawitzky	hellblau	dunkelrot	gelb	dunkelrot	hellblau
Kurprinz	hellblau	weiß	gelb	weiß	hellblau
Preysing	hellblau	rot	weiß	rot	hellblau

* *Nach Gillardone in »Die Zinnfigur«.*

1701 1722. 1757. 1782. 1785. 1790. 1807. 1826. 1848. 1860, 1873. 1890.

a b c d e f g h i k l m

Abb. 19. Bayern. Infanterie

die farbigen Abzeichen bestehen. Die Mannschaften trugen an Stelle des Seitengewehres das Bajonett am Koppel über der Weste, die Grenadiere einen Säbel, Unteroffiziere Haudegen. Die Grenadiermützen hatten vorn über der Stirn ein Blech mit dem kurfürstlichen Wappen (Abb. 19, d), Bärte durften nur von den Unteroffizieren abwärts getragen werden. 1777 wurde die kurpfälzische Armee mit der bayerischen vereint.

Wir geben hier die Abzeichen der pfälzischen Infanterie, wie solche bei der Vereinigung bestanden:

Leibregiment (1914 1. und 3. Inf.-Regt.), blauer Rock mit rotem Kragen, Klappen und Aufschlägen, rot gefüttert und mit weißen Borten besetzt. Unterkleider und Hutborte weiß. Gelbe Knöpfe. Offiziere goldene Schleifen, Achselbänder und Hutborten.

Zweibrücken (1914 6. Inf.-Regt.), blauer Rock mit roten Aufschlägen und Rabatten, rot gefüttert und mit weißen Borten besetzt. Weste, Hosen und Knöpfe weiß, Offiziere silberne Schleifen.

Birkenfeld (eingegangen), blauer Rock mit gelben Aufschlägen und Rabatten, gelb gefüttert; Unterkleider, Hutborten und Knöpfe weiß.

Effern (abgegeben), blauer Rock mit rotem Futter, Rabatten und Aufschlägen, weiße Unterkleider und Hutborten, gelbe Knöpfe.

Rodenhausen (1914 im 9. Inf.-Regt.), dunkelblauer Rock mit rotem Futter, ohne Rabatten, weiße Schleifen, Aufschläge, Unterkleider und Hutborten. Gelbe Knöpfe, Offiziere goldene Schleifen.

Leopold von Hohenhausen (1914 im 9. Inf.-Regt.), dunkelblauer Rock mit roten Rabatten, Aufschlägen und Futter. Weißer Bortenbesatz, weiße Unterkleider und Hutborten, gelbe Knöpfe. Offiziere silberne Schleifen.

Osten (eingegangen), dunkelblauer Rock ohne Rabatten, mit gelben Aufschlägen und Futter. Unterkleider, Knöpfe und Hutborten weiß.

Josef von Hohenhausen (1914 im 3. Inf.-Regt.), blauer Rock mit weißen Rabatten, Aufschlägen und Futter; weiße Unterkleider und Hutborten, gelbe Knöpfe. Die Röcke der Offiziere etwas helleres Blau.

vac. Baden (eingegangen), dunkelblauer Rock mit roten Rabatten, Aufschlägen und Futter. Unterkleider weiß. Knöpfe gelb.

Das Blau der pfälzischen Regimenter war heller als das der Bayern. 1782 wurde diese hellere Farbe allgemein eingeführt.

1778 legten die Offiziere das Sponton ab. Die Grenadieroffiziere behielten die von ihnen schon vorher getragenen Gewehre, dazu kleine, über die Schulter hängende Patronentaschen. Die Schärpen wurden abgeschafft, dagegen der Ringkragen eingeführt. Zur Unterscheidung erhielten die Stabsoffiziere auf jeder Achsel ein goldenes oder silbernes Epau-

50

lette mit Fransen, bei den Obersten mit drei, bei den Oberstleutnants zwei, den Majoren einer Rose; die Subalternoffiziere trugen ein Fransenepaulette, und zwar auf der linken Achsel, bei dem Hauptmann mit drei, dem Oberleutnant zwei und Unterleutnant einem Börtchen quer darüber. Die Hüte hatten bei den Offizieren ein Feldzeichen von blauer Seide und Silber, sowohl oben wie in den beiden Ecken, dazu breite Borten von Gold oder Silber; die Unteroffiziere um die Krempen Besatz von schmalen silbernen Borten und drei Rosetten von blau und weißer Seide; Mannschaften weiße Hutborte und blau und weißwollene Quasten. Verschiedene Regimenter hatten keine Aufschläge von abstechender Farbe, jedoch erhielten diese Kragen von der Regimentsfarbe. Das Leibregiment und *Kurprinz* hatten an jedem Knopf eine Litze mit Tresse, andere hatten um die Aufschläge einen Bortenbesatz, wieder andere auch um die Taschenpatten, einzelne trugen gar keine Litzen. 1785 wurde für den Rock die weiße Grundfarbe eingeführt, die Hutborten fielen weg (Abb. 19, e), ebenso die Offizierepauletten. Schon 1789 ist eine abermalige Uniformänderung zu erwähnen. Die ganze Armee erhielt eine Art Einheitsuniform, nur die Farben waren für die verschiedenen Waffen verschiedene. Als Kopfbedeckung diente nunmehr ein Kaskett von schwarzem Leder mit Augenschirm, vorn ein messingenes Schild mit dem Wappen, oben in einen Löwenkopf auslaufend, der an der Vorderseite des Bügels angebracht war. Bis zum Genick fiel ein Roßhaarbusch herab (Abb. 19, f). Letzterer war für die Grenadiere weiß, für die Füsiliere schwarz. Der Schnitt des Rockes wurde sehr knapp. Die Infanterie trug den Rock von weißer Grundfarbe; je zwei Regimenter hatten gleichfarbige Kragen, Rabatten, Aufschläge und Schoßumschläge. Sie unterschieden sich durch die Farbe der Knöpfe. An die grauen anliegenden Hosen waren Gamaschen in Form von ungarischen Stiefeln angenäht. Das Lederzeug wurde zum ersten Male gekreuzt getragen. Zu gleicher Zeit führte man schwarzlederne Epauletten mit Messingbeschlag ein, und zwar für die ganze Armee. Bei den Offizieren waren die Messingteile vergoldet. Die Ringkragen wurden abgelegt, die Gradauszeichnung bestand in einer mehr oder minder zahlreichen Einfassung der Knopflöcher. 1799 wurde die Grundfarbe des Rockes, der jetzt zum Kollett wurde, hellblau mit regimenterweise verschiedenen Abzeichen. Von 1800–1806 waren die Abzeichen folgende:

Als Kopfbedeckung wurde der Raupenhelm eingeführt, vorn mit einem Schildchen und Krone darüber und Kettchen, die von zwei seitwärts angebrachten Löwenköpfen gehalten wurden. Über dem Augenschirm ein Metallband mit der Regimentsbezeichnung. 1803 erhielten die Grenadiere dazu rote Stutze (Huppen), 1804 die Schützen dergleichen grüne, 1805 legten auch die Offiziere statt der inzwischen getragenen Hüte das Kaskett an, und zwar mit Raupe von Bärenfell. In diesem Jahre fiel der Zopf fort; 1806 wurde am Kaskett links die weißblaue Kokarde angebracht. Die Tornister seit November 1807 an zwei Riemen getragen (Abb. 19, g). 1808 legten die Offiziere die grauen Beinkleider ab und trugen weiße wie die Mannschaften oder hellblaue Pantalons.

Die Regimenter König und Kurprinz hatten auf den Rabatten und an den Aufschlägen weiße bzw. gelbe Litzen.

Die Schoßumschläge waren durchgängig rot. Die weißen Tuchbeinkleider wurden in schwarzen Gamaschen getragen. Beim ersten Regiment war der Rock mit weißen, beim zweiten mit gelben Borten besetzt. Die für die Offiziere im Jahre 1800 wieder eingeführten Schärpen wurden unter dem 22. März 1812 abgeschafft und dafür Ringkragen eingeführt. Die ganze Infanterie erhielt 1814 rote Kragen, Rabatten und Aufschläge und unterschied sich nur durch die Regimentsnummer auf den gelben Knöpfen. Das im gleichen Jahre errichtete *Grenadier-Garderegiment* hatte die gleiche Uniform mit weißem Litzenbesatz und trug Bärenmützen mit Federbusch und Behängen. Die Litzen, welche das erste und zweite Regiment bisher getragen hatte, fielen weg.

Auch für die Mannschaften wurden bald hellblaue Pantalons eingeführt. In der Folgezeit wurde der Raupenhelm immer höher. 1825/26 trat an Stelle des Kolletts mit Rabatten ein solches ohne Rabatten, vorn nur mit einer Knopfreihe geschlossen (Abb. 19, h). Die Regimentsabzeichen wurden wieder verschiedenfarbig und blieben dann bis zum Jahre 1872 unverändert (siehe Tabelle Seite 52 Mitte).

Das Leibregiment hatte auf den Aufschlägen zwei horizontale weiße Litzen übereinander. Vorstöße und Schoßumschläge waren durchgängig rot, die Beinkleider hellblau, im Sommer weiß. Diese Uniform blieb bis zum Jahre 1814 bestehen. An Stelle des Kolletts trat ein Waffenrock (Abb. 19, i) mit eine Knopfreihe und durchgängig roten Vorstößen und Achselklappen. Diejenigen Regimenter, die schwarze oder

Regiment	Kragen, Aufschläge u. Rabatten	Knöpfe	Litzen
Leibregiment	schwarz (seit 1802 rot)	weiß	weiß
Kurprinz	schwarz (seit 1802 rot)	gelb	gelb
Herzog Karl	rot	gelb	
Weichs	schwefelgelb	weiß	
Preysing	rosa mit roten Vorstößen	weiß	
Herzog Wilhelm	rot	weiß	
Morawitzky	weiß	gelb	
Herzog Pius	schwefelgelb	gelb	
Ysenburg	scharlachrot	gelb	
Junker	karmoisin	weiß	

Die Abzeichen der Regimenter waren nach der Rangliste von 1811:

Name des Regiments	Rabatten, Aufschläge	Kragen	Vorstöße	Knöpfe
1. König	rot	rot	keine	weiß
2. Kurprinz	rot	rot	keine	gelb
3. Prinz Karl	rot	rot	weiß	gelb
4. Sachsen-Hildburghausen	gelb	gelb	rot	weiß
5. Preysing	rosa	rosa	keine	weiß
6. Herzog Wilhelm	rot	rot	weiß	weiß
7. Löwenstein-Wertheim	rosa	rosa	keine	gelb
8. Herzog Pius	gelb	gelb	rot	gelb
9. Ysenburg	gelb	rot	rot	gelb
10. Junker	gelb	rot	rot	weiß
11. Kinkel	schwarz	rot	rot	weiß
13. ohne Namen	schwarz	rot	rot	gelb

(Das 12. Regiment fehlt; es war wegen Meuterei aufgelöst worden.)

Abzeichen der Regimenter 1826

Regiment	Aufschläge	Knöpfe	Regiment	Aufschläge	Knöpfe
Leibregiment	rot	weiß	Nr. 8	gelb	gelb
Nr. 1	dunkelrot	gelb	" 9	karmesin	gelb
" 2	schwarz	gelb	" 10	karmesin	weiß
" 3	rot	gelb	" 11	schwarz	weiß
" 4	gelb	weiß	" 12	orange	weiß
" 5	rosa	weiß	" 13	dunkelgrün	weiß
" 6	rot	weiß	" 14	dunkelgrün	gelb
" 7	rosa	gelb	" 15	orange	gelb

dunkelgrüne Abzeichen hatten, bekamen rote Vorstöße um Kragen und Aufschläge. Das Kaskett erhielt die Form des schon vorher bei den Jägern eingeführten Raupenhelmes und hieß fortan Helm. Die Dekoration bestand unter Fortfall des Messingbandes sowie der Kettchen aus einem strahlenförmigen Schild mit dem königlichen Namenszuge. Die Löwenköpfe an den Seiten wurden tiefer angebracht und dienten als Halter für die Schuppenketten. Das Lederzeug wurde bis zum Jahre 1860 gekreuzt getragen und war bis dahin für die ersten beiden Bataillone der Regimenter weiß, für die dritten (Schützenbataillone) schwarz. Im genannten Jahre wurde die sogenannte Gürtelrüstung eingeführt, durchweg von schwarzem Leder. An Stelle der Achselklappen traten rote Achselwülste (Abb. 19, k). Auf dem Helme fiel später das strahlenförmige Schild weg. Der Beschlag bestand nur noch aus dem gekrönten Namenszuge. Diese Uniform war im allgemeinen bis 1872 vorschriftsmäßig. In diesem Jahre erhielt der Rock den preußischen Schnitt (Abb. 19, l) bei gleicher Grundfarbe wie früher. Kragen, Aufschläge, nunmehr auch Ärmelpatten und Achselklappen rot; letztere mit gelber Nummer. Das I. Bayer. Armeekorps mit weißem Vorstoß um die Ärmelpatten, das II. ohne solche. Knöpfe gelb, nur beim Leibregiment weiß. Letzteres erhielt

Aufschläge von schwedischer Form und weiße Litzen auf Kragen und Aufschlägen. Auf den Achselklappen eine gelbe Krone. Die Offiziere legten den Ringkragen ab und tragen seitdem eine silberne, blau durchzogene Schärpe. Der Raupenhelm, mit ledernen Sturmbändern, Schiene um den Augenschirm und gekröntem L, wurde 1886 durch die Pikkelhaube ersetzt. Diese erhielt einen viereckigen Augenschirm, Kreuzbeschlag, geriefelte Spitze und vorn das bayerische Wappen mit Schildhaltern, alles von gelbem, beim Leibregiment von weißem Metall. Die hellblauen Beinkleider wie früher mit rotem Seitenvorstoß versehen. Lederzeug, Marschgepäck wie in Preußen (Abb. 19, m).
Das III. Bayerische Korps erhielt gelbe Vorstöße an den Ärmelpatten. Am Helm wurde der Vorderschirm rund, die Spitze glatt.
Die erste Felduniform glich völlig der preußischen, nur waren die Achselklappen nicht nach der Farbe der alten Achselklappen, sondern nach den Ärmelpattenvorstößen vorgestoßen. Auch das Leibregiment erhielt brandenburgische Aufschläge, diese sollten nur in Friedenszeiten Litzen haben, tatsächlich rückte aber das Regiment mit diesen 1914 ins Feld.
Auch die Felduniform M 15 war im Schnitt der preußischen

völlig angeglichen, jedoch Hose, Blusen- und Mantelkragen aus feldgrauem Grundtuch. Achselklappenvorstöße weiß, Nummern rot, beim Leibregiment Krone. Dieses hatte auch graue Doppellitzen mit weißem Spiegel und roter Füllung. Offiziere mattgraue Doppellitzen mit goldener Spiegelschnur ohne Füllung. Die gesamte bayerische Armee trug als besonderes Landesabzeichen um die äußeren Ränder des Blusen- und Mantelkragens eine schmale mattgraue bzw. für Offiziere mattsilberne Borte mit eingewebtem hellblauen Rautenmuster.

II. Jäger und leichte Infanterie

Das Bayerische Jägerkorps trug 1781 grüne Röcke ohne Rabatten mit ziegelroten Aufschlägen und gelben Knöpfen, Fransenepauletten; das Bergische Jägerkorps 1782 grüne Röcke mit roter Einfassung, schwarze Aufschläge und Rabatten, weiße Knöpfe und Fransenepauletten, beide Formationen Zweispitze.
1805 wurde ein *Jägerkorps zu Pferd* und *zu Fuß* errichtet. Die reitenden trugen lange grüne Fracks mit einer Reihe gelber Knöpfe, gelbe Kragen, Aufschläge und Vorstöße, lange grüne Beinkleider mit gelben Streifen, gelbe Epauletten, dreieckige Hüte mit weiß und blauem Federbusch, schwarzes Lederzeug, Säbel und Säbeltasche, grüne, hinten zugespitzte Schabracken. Die *Fußjäger* bei gleicher Uniform Infanterie-Kasketts, Artillerie-Säbel und kalblederne Büchsenranzen. Die Jäger wurden 1801 in leichte Bataillone umgewandelt. Die Uniform der *leichten Infanterie* bestand aus hellgrünen, seit 1809 dunkelgrünen Kollets mit schwarzen Rabatten und Aufschlägen, roten Vorstößen und Schoßumschlägen. Lange graue Beinkleider. Die an Stelle der Grenadiere dabei bestehenden Karabiniers hatten auf den Kasketts grüne Stutze. Alles übrige wie bei der Linien-Infanterie (Abb. 22, a).
Nach mehrfacher Änderung der Farben waren die Abzeichen im Jahre 1811:

Bataillon	Kragen	Knöpfe
1. Gedoni	rot	gelb
2. Wrede	rot	weiß
3. Bernclau	schwarz	weiß
4. Theobald	schwarz	gelb
5. Buttler	gelb	weiß
6. La Roche	gelb	gelb

1815 wurde die leichte Infanterie aufgehoben. Es wurden an ihrer Stelle bald *Jägerbataillone* errichtet. Uniform wie bei der Linien-Infanterie mit hellgrünen Kragen, Aufschlägen, Schoßumschlägen, Rabatten und Pantalons. Kaskett wie bei der Infanterie mit grünem Stutz. Lederzeug schwarz. 1825/ 26 wurde der Schnitt der Uniform wie bei der Linie geändert. Die Abzeichen blieben grün, die Knöpfe gelb, Hosen wurden hellblau. In den Ecken der Schoßumschläge gelbe Jagdhörner, an Stelle der Kasketts traten 1829 einfache Tschakos, vorn mit einer Kokarde verziert (Abb. 22, b). 1845 der sogenannte Jägerhelm, schon unter Infanterie beschrie-

ben. Grün-wollene Schützenschnüre bereits seit Errichtung der Bataillone. Die Achselklappen auf den 1848 eingeführten Waffenröcken waren grün, ebenso die späteren Achselwülste. Das Lederzeug blieb schwarz. 1872 hellblaue Waffenröcke preußischen Schnitts, Abzeichenfarbe grün, die Aufschläge von schwedischer Form. 1886 wurde der Helm eingeführt, wie bei der Infanterie ausgestattet. 1896 Jäger-Tschako. Die Felduniform von 1910 war der preußischen gleich, nur war das Grundtuch nicht graugrün, sondern feldgrau. Desgleichen bei der Uniform M 15 mit gleichfarbenem Kragen. Achselklappen vollfarbig hellgrün mit gelber Bataillonsnummer. Die Maschinen-Gewehr-Abteilung trug zur Friedens- und Feld-Uniform die gleiche Bekleidung wie die Jäger, nur befand sich auf der Achselklappe eine römische I.

III. Kürassiere, Schwere Reiter

1682 wurden folgende Regimenter errichtet:
Haraucourt: lichtgrauer Rock mit blauen Aufschlägen.
Bärtels: (Farben unbekannt)
Beauvau: lichtgrau mit roten Aufschlägen.
Schütz: (Farben unbekannt).
Als Kopfbedeckung wurden Eisenhauben oder Hüte getragen. Während des spanischen Erbfolgekrieges Hüte. Während dieser Zeit trugen die Kürassiere lichtgraue Röcke, elendslederne Koller und Handschuhe, Radmäntel und hirschlederne Hosen, schwere Stiefel. Der schwarze Hut war auch bei den Gemeinen mit goldener Borte eingefaßt. Der Küraß war matt geschliffen. Die Trompeter hatten Röcke in gewechselten Farben. Auf dem Rücken von den Achseln herabfallend bortenbesetzte Bänder, sogenannte Flügel.
1701 unterschieden sich die Regimenter in folgender Weise:
Arco: grauweißer Rock mit blauen Aufschlägen, Futter und Kamisol.
Weichel: grauweißer Rock mit karmin Aufschlägen, Futter und Kamisol.
La Tour: grauweißer Rock mit grünen Aufschlägen, Futter und Kamisol.
1717 legten die nach Ungarn marschierenden Regimenter schwarze Kokarden an den Hüten an. Später wurde die Uniform für die Kürassiere weiß. Regiment Törring Unterfutter, Aufschläge und Kamisol rot, Hosen gelb, Knöpfe weiß. Regiment Rechberg ebenso, nur blaue Abzeichen. Regiment Costa grüne Abzeichen. Vorn oben war eine Litze mit Knopf angebracht. Die Aufschläge der Ärmel und Vorstöße an den Rockschößen sowie die Litze zeigten die Regimentsfarbe. Weste und Hosen gelb, weiße Stiefelmanschetten, hohe Stiefel. Der Brustharnisch wurde unter dem Rock getragen. Das über dem Rock angelegte Bandelier wurde links durch ein in der Regimentsfarbe verziertes Achselband festgehalten. Der Hut hatte keine Einfassung, aber an jeder Seite zwei senkrecht gesetzte Börtchen. Nach dem Siebenjährigen Kriege weißblauer Federbusch (Abb. 20, b). Bei der Vereinigung der pfälzischen Truppen mit der bayerischen

Abb. 20. Bayern. Schwere Reiter, Dragoner
a, b, c, d, e Kürassiere – f Schwerer Reiter – g, h, i, k, l, m Dragoner

Armee 1777 trug das *pfälzische Reiterregiment Prinz Max* weißen Rock ohne Rabatten, rot gefüttert mit roten Aufschlägen. Gelbe Unterkleider und Knöpfe. Hut für die Mannschaften ohne, für die Offiziere mit goldenen Borten. Nach der Vereinigung von Kurpfalz und Bayern bestanden 3 Kürassier-Regimenter: Ysenburg: Rock weiß, Kragenpatte, Aufschläge, Einfassung der Schoßumschläge hochrot, Epauletten rot durchzogen, Knöpfe weiß, Weste hellgelb. Prinz Taxis wie Ysenburg, nur blaue Abzeichen. Zweibrücken (später Winkelhausen): gelbe Röcke, roter liegender Kragen, rote Abzeichen und Kamisol. Seit 1780 ganz wie Ysenburg, nur gelbe Knöpfe. 1785 lieferten die Kürassiere ihre Brustharnische an das Zeughaus ab, knöpften den ziemlich verkürzten Rock bis unten zu und schnallten die Koppel darüber. Bei der Einführung der Einheitsuniform 1789 trat an Stelle des Hutes das schon beschriebene Kaskett mit weißem Roßhaarschweif. Rock wie bei der Infanterie, aber mit weißem Kragen. Weste weiß, Hosen gelb, Kniestiefel. Epauletten ebenfalls wie die Infanterie. Der Säbel wurde an weißem Koppel über die linke Schulter getragen. 1800 Einführung des Raupenhelmes. Die Grundfarbe der Uniform blieb weiß. Die Waffe der Kürassiere ging, nachdem zuletzt nur noch ein Regiment bestanden hatte, 1804 ein. 1814 wurde ein *Regiment Garde du Corps* errichtet, welches hellblaue Kolletts mit roten Abzeichen, weiße Beinkleider und hohe Stiefel erhielt. Weißmetallene Epauletten ohne Fransen mit rotem Futter, gelbe Harnische (und zwar Brust- und Rückenharnische) mit roten, weiß vorgestoßenen Küraßmanschetten. Gelbmetallene Helme mit Bügel und schwarzer Raupe. Um die Glocke herum schwarze Verbrämung, bei den Offizieren mit goldener Eichenlaubgirlande geschmückt. 1815 wurden das 1. und 2. *Kürassier-Regiment* errichtet, die ähnliche Uniformen erhielten, aber mit weißmetallenen Harnischen und Helmen (Abb. 20, d). Sie unterschieden sich durch die Farbe der Knöpfe. Das 3. Kürassier-Regiment trug 1863–1867 karmoisinrote Abzeichen. Die Uniform behielt trotz mannigfacher Änderungen im Schnitt im allgemeinen ihren Charakter und auch die Farben bis zur Umwandlung in schwere Reiterregimenter (1879). Beide Regimenter trugen jetzt hellblaue Waffenröcke mit roten Abzeichen, im Schnitt wie bei den preußischen Dragonern (Abb. 20, f). Das erste Regiment mit weißen, das zweite mit gelben Knöpfen. Helme mit Beschlag nach der Farbe der Knöpfe. Zu Paraden weißer Haarbusch. Beinkleider von schwarz und blau meliertem Tuch in hohen Stiefeln, weißes Lederzeug. Wie die gesamte Kavallerie des Deutschen Reiches führten auch die Reiter Lanzen mit Flaggen in den Nationalfarben. Die Felduniform 1910 entsprach der preußischen Dragoneruniform, doch hatten die Schweren Reiter anstatt des Stehkragens einen Stehumlegekragen. Abzeichen- und Knopffarben blieben die alten.
1915 erhielten die Schweren Reiter gelbe Abzeichenfarbe.

Die gleichfarbigen Achselklappen trugen außerdem einen stahlgrünen Vorstoß. Regimentsnummern wurden auf den Achselklappen nicht getragen.

IV. Dragoner und Chevaulegers

Die Dragoner trugen 1683 rote Röcke mit blauen bzw. blaue Röcke mit roten Abzeichen. Auch in der Folgezeit blieb diese Farbenzusammenstellung maßgebend. 1694 bekam das Regiment Monasteral blaue Röcke mit grauen Abzeichen. Kopfbedeckung Hüte. 1701 unterschieden sich die Regimenter durch folgende Uniformfarben: *Fels:* blau mit roten Abzeichen; *Verita:* rot mit grünen Abzeichen; *Rote:* rot mit gelben Abzeichen. Das *Regiment Hohenzollern-Dragoner* hatte 1735 rote Röcke mit paille Aufschlägen, Futter und Unterkleidern. Vorn eine Reihe weißer Knöpfe. Links eine weiße Achselschnur, das schwarze Bandelier haltend. Hüte mit Silberborte (Abb. 20, h).
Piosasque-Dragoner ebenfalls rote Röcke mit paille Futter, blauen Aufschlägen, Westen und Hosen. Gelbe Knöpfe und goldene Hutborte. 1748 wurden Westen und Hosen durchweg paille. Es scheint, daß die Hohenzollern-Dragoner 1768 schwarze Abzeichen bekommen haben. Damals wurden auch die Hutborten abgeschafft und dafür ein weiß und blauer Federstutz eingeführt. 1769 erhielt die Uniform Epauletten, bei den Offizieren von Gold oder Silber, bei den Mannschaften nur eine Epaulette auf der linken Schulter mit Streifen in der Regimentsfarbe. Die Ärmelaufschläge beim Regiment Wahl und La Rosée schwedisch, bei den anderen an der Seite offen mit zwei Knöpfen auf und zwei über dem Aufschlage (siehe Tabelle unten).
Nach der Verordnung vom 11. März 1785 wurde damals allgemein, auch bei den Dragonern, eine weiße Uniform eingeführt. Die Mannschaft knöpfte den Rock, dessen Schöße verkürzt wurden, vorn ganz zu (Abb. 20, k), die Mäntel waren weiß. Leibdragoner und Wahl erhielten schwarze Kragen und Aufschläge, Wahl mit weißen Knöpfen. Leiningen, La Rosée blau; letztere ebenfalls mit weißen Knöpfen. 1789 blieben nur noch zwei Dragoner-Regimenter bestehen. Die damals eingeführte Einheitsuniform war auch für die Dragoner weiß. Der Kragen hatte die Grundfarbe des Rockes; Rabatten und Aufschläge schwarz, die Knöpfe beim 1. Regiment weiß, beim 2. gelb. Das neue Kaskett hatte weißen Roßhaarschweif (Abb. 20, l). 1800 wurde der Raupenhelm eingeführt (Abb. 20, m). 1811 wurden die beiden Dragoner-Regimenter zu Chevaulegers umgewandelt.

Chevaulegers: Die Chevaulegers sind eine Schöpfung Rumfords, des Reorganisators der bayerischen Armee. Die Errichtung der Truppe erfolgte 1790. Anfänglich gab es vier Regimenter. In Wirklichkeit nur 3, da bis 1799 das 4. Regiment nur auf dem Papier bestanden hatte. Die Uniform hatte den Charakter der damals eingeführten Einheitsbekleidung. Das Kaskett war mit einem weißen Haarschweif geziert. Rock und Weste waren grün, der Kragen von der Grundfarbe, Epauletten von schwarzem Leder mit Messingbeschlag wie in der ganzen Armee. Beinkleider und Schabracken grau (Abb. 21, a). Das 1. und 2. Regiment unterschied sich durch schwarze Rabatten, Aufschläge und Schoßumschläge, das 3. durch dergleichen apfelgrüne. Die ungeraden Nummern hatten weiße, die geraden gelbe Knöpfe. Lederzeug weiß. Über der Schabracke ein weißes Lammfell mit grünem Vorstoß. 1799 wurde tatsächlich ein viertes Regiment errichtet, aber bereits 1801 wieder aufgelöst. Dafür entstand 1803 ein neues Regiment. Im Jahre 1800 wurde der Raupenhelm eingeführt. Der Rock erhielt die Form des Kolletts; Schöße von der Grundfarbe und dazu Vorstöße von der Farbe der Abzeichen. Als Achselstücke wurden weiße Schuppenepauletten, und zwar anfänglich sehr weit nach hinten getragen, so daß sie von vorn nicht gesehen werden konnten. Das Kaskett war links mit weißem Stutz versehen. Handschuhe mit ganz kurzen Stulpen. Die grauen Beinkleider in ungarischen Stiefeln. Als Abzeichenfarbe erhielt das Regiment Leiningen scharlachrot, wie es das Regiment »Kurfürst« bereits hatte, Fugger schwarz und durfte, wie das neu errichtete Regiment Bubenhofen, nach der Order vom 8. April 1803 seine schwarzen Kragen, Rabatten, Aufschläge und Schoßvorstöße rot einfassen lassen. Die beiden, durch Umwandlung der Dragoner in Chevaulegers (1811), hinzugekommenen Regimenter erhielten scharlachrote Abzeichen, dagegen Kragen von der grünen Grundfarbe mit roten Vorstößen, das 1. weiße, das 2. gelbe Knöpfe. Das Tuch der Kolletts war anfänglich heller, seit November 1809 aber dunkelgrün. Die Offiziere hatten seit 1804 zur Schonung der weißen Beinkleider, die inzwischen auch für die Mannschaften eingeführt wurden (Abb. 21, b), lange graue Überhosen mit Streifen von der Abzeichenfarbe. Die Offizierskartuschen und Bandeliere waren von 1802 bis 1804 gestickt, seitdem von Silber. Die Schabracken rot, bei den Offizieren mit Silber- oder Goldbesatz, bei den Mannschaften weiß und blau gerautet.
Abzeichen 1811 siehe Tabelle Seite 56.
Nach den Befreiungskriegen traten an Stelle der weißen Beinkleider grüne mit farbigen Seitenstreifen. In der Zeit

Abzeichen der Dragoner-Regimenter 1780

Regiment	Aufschläge	Schoßfutter	Knöpfe	Epauletten
Leibdragoner	schwarz	rot	gelb	rot und gelb
La Rosée	blau	gelb	gelb	rot und blau
Wahl	schwarz	gelb	weiß	rot und schwarz
Leiningen	grün	grün	weiß	rot und grün

Chevaulegers. Abzeichen 1811

Regiment	Rabatten, Aufschläge, Schoßvorstöße	Kragen	Vorstöße	Knöpfe
1. (ohne Namen)	rot	grün	keine	weiß
2. Taxis.....................	rot	grün	keine	gelb
3. Kronprinz................	schwarz	schwarz	rot	gelb
4. König	rot	rot	keine	weiß
5. Leiningen	rot	rot	keine	gelb
6. Bubenhofen	schwarz	schwarz	rot	weiß

von 1814 bis 1826 hatten sämtliche Regimenter gleich der damaligen Infanterie rote Abzeichen, sonst wurden wenig Neuerungen eingeführt. 1826 gelangten die farbigen Abzeichen zur Tragung, die noch 1914 die Regimenter unterschieden, nämlich karmesinrot für 1 und 2, rosa für 3 und 6, rot für 4 und 5. Bei den ungeraden Nummern gelbe, bei den geraden weiße Knöpfe. Auf den damals eingeführten Kolletts waren die Schöße in den hinteren Ecken bei den ungeraden Nummern mit Kronen, bei den geraden mit Löwen geschmückt, die Achselschuppen von weißem Metall (Abb. 21, c). An Stelle des Kolletts trat später der Waffenrock. Der Helm wurde 1848 nach Art des sogenannten Jägerhelms verändert, indessen wurden die metallenen Seitenspangen, die den Chevaulegerhelm charakterisiert hatten, beibehalten. Der Vorderschirm erhielt eine Messingschiene. Die farbigen Rabatten wurden nur zur Parade aufgeknöpft. Im Felde wurde statt des Waffenrocks der Spenzer getragen, eine Jacke mit Kragen in der Regimentsfarbe, dagegen mit Aufschlägen von der Grundfarbe (Abb. 21, d). Einige Abänderungen erlitt die Uniform im Jahre 1872. Statt der weißen Achselschuppen bekamen die Chevaulegers nunmehr Achselklappen von der Regimentsfarbe. Die Beinkleider blieben grün, wurden nun aber nach preußischer Art in Reitstiefeln getragen. Der Helm, vorn mit gekröntem L geschmückt, unter Beibehaltung der Seitenspangen und Schirmschiene, erhielt zu Paraden statt des stehenden einen hängenden weißen Roßhaarbusch (Abb. 21, e). Später trat an Stelle des Raupenhelmes die Pickelhaube mit Ausstattung wie bei der bayerischen Infanterie. Zu Paraden werden auf die Spitze weiße Haarbüsche aufgeschraubt. Die grünen Schabracken, seit 1872 rund geschnitten, mit Besatz von der Regimentsfarbe und Krone in den hinteren Ecken, werden nur noch zu Paraden aufgelegt. Seit 1890 wie die gesamte Kavallerie, Lanzen mit Flaggen in den Nationalfarben, also hier weiß und blau (Abb. 21, f). Das 7. (errichtet 1905) und das 8. (errichtet 1909) Regiment bekam weiße Abzeichen mit gelben bzw. weißen Knöpfen. Zur Felduniform 1910 behielten die Chevaulegers den Schnitt der Uniform und die Abzeichenfarben bei, der Kragen war in Stehumlegeform. Auch bei den Chevauleger-Regimentern tritt bei Einführung der Uniform M 15 teilweise eine Änderung der Ab-

zeichenfarbe ein, nämlich orange statt karminrot für die Rgtr. 1 und 2. Die vollfarbigen nummernlosen Achselklappen tragen bei der ganzen bayerischen Kavallerie stahlgrünen Vorstoß zur Erinnerung an die alte Rockfarbe. Hosenvorstöße in Abzeichenfarbe.

V. Husaren und Ulanen

1688 errichtete der Generaladjutant *Lidl von Borbula* ein Husaren-Regiment, welches unter dem Namen »*Baron Lidlische Grännitz-Hungarn zu Pferdt*« aufgeführt wird. Die Uniform war blau, die Stiefel rot. Im Anfange des 18. Jahrhunderts kommt ein Husaren-Regiment von *Locatelli* vor. Diese Husaren trugen blaue Dolmans mit weißer Verschnürung und weiße Knöpfe in Birnenform, blaue Hosen, Schärpen von Silber und weißer Wolle. Mütze von Fuchspelz mit blauem Beutel, blaue, weißbesetzte Säbeltasche, blaue, weiß eingefaßte Schabracken.

Ende Dezember 1813 wurde ein *bayerisches Land-Husarenkorps* errichtet, welches 1815 in zwei Linien-Husaren-Regimenter geteilt wurde. Wie die früheren bayerischen Husaren, so trugen auch die Regimenter blaue Dolmans mit weißer Beschnürung. Beinkleider von gleicher Farbe. Kragen und Aufschläge waren ebenfalls blau, die Schärpe blauweiß. Die Landhusaren hatten weiße Pelze, 1814 blaue. Blaue Pelze hatten auch die beiden Linien-Husaren-Regimenter. Das erste Rgt. hatte schwarze Tschakos, das 2. rote Tschakos und weiße Pelze mit ebensolchen Schnüren (Abb. 21, g). Schabracken anfangs blau mit weißem Besatzstreifen, seit Anfang 1814 rot mit weißem Besatz. Säbeltaschen schwarz mit gekröntem Namenszug M. K. Die Stutze auf den Tschakos oben weiß, unten blau. 1822 wurden beide Regimenter aufgelöst.

Ulanen: 1813 wurde ein Ulanen-Regiment errichtet, dessen Uniform nach österreichischer Art geregelt war. Kurtka und Pantalons waren grün, letztere unten mit Lederbesatz: Kragen, Rabatten, Aufschläge und Besatz der Rücken- und Ärmelnähte sowie Hosenstreifen anfangs hellblau, 1814 rot. Tschapka mit hellgelbem Oberteil und stehendem weißen Roßhaarbusch, bei den Offizieren mit hängendem Feder-

Abb. 21. Bayern. Chevaulegers, Husaren, Ulanen
a, b, c, d, e, f Chevaulegers – g Husar – h, i, k Ulanen

busch. Weiße Achselschuppen und Knöpfe. Weiß und blau gestreifter Paßgürtel. Lanze mit weißer, unten blauer Flagge (Abb. 21, h). 1822 ging diese Waffengattung ein und wurde erst 1863 in der Stärke von zwei Regimentern wieder errichtet. Die Uniform war durchaus grün, ganz ähnlich wie bei den Chevaulegers geschnitten, die Abzeichen karmesinrot, beim 1. Regiment mit gelben, beim 2. mit weißen Knöpfen. Die Tschapka war rot bezogen und trug vorn den königlichen Namenszug. Dazu niedriger weißer Roßhaarbusch, im Felde Überzug (Abb. 21, i). Als kleine Uniform ein Spenzer, wie bei den Chevaulegers beschrieben. 1872 gingen die gleichen Änderungen wie bei der Chevauleger-Uniform vor sich. Statt der Achselschuppen wurden Achselklappen eingeführt, die aber später durch Epauletten nach preußischem Muster ersetzt wurden. Auch die Tschapka erhielt die Form der preußischen, die Regimentsabzeichen blieben dieselben. Von den preußischen Ulanen unterschieden sich die bayerischen, abgesehen von der grünen Grundfarbe, dem National und dem Tschapkabeschlag, dadurch, daß sie keinen Paßgürtel, sondern das weiße Koppel über der Ulanka anlegten (Abb. 21, k). In der Felduniform 1910 unterschieden sich die bayerischen Ulanen von den preußischen nur durch den Stehumlegekragen. Felduniform 1915 wie Preußen. Achselklappen karmin mit stahlgrünem Vorstoß ohne Nummern.

VI. Artillerie, Pioniere, Train

Die Uniform der Artillerie anfangs hechtgrau mit blau. Seit 1791 sind die Farben dunkelblau, die Abzeichen schwarz, und zwar im genannten Jahre dazu das Rumfordsche Kaskett mit schwarzem Roßhaarschweif. Die hellgrauen Beinkleider steckten in ungarischen Stiefeln. Das Lederzeug wurde weiß an Stelle des bisher getragenen gelben. Die schwarzen Abzeichen erhielten später rote Vorstöße. Die Knöpfe waren gelb (Abb. 22, e). Die Entwicklung seitdem völlig wie bei der Infanterie, nur ist zu bemerken, daß der Raupenhelm bei seinen verschiedenen Wandlungen in der Form stets die Seitenspangen wie bei den Chevaulegers trug. Der Stutz an der linken Seite war rot. Die *reitende Artillerie,* deren Kolletts wie bei den Chevaulegers geschnitten waren, hatte rote hängende Haarbüsche an der linken Seite des Raupenhelmes; gelbe Achselschuppen wurden sowohl von der reitenden wie von der Fuß-Artillerie getragen. Für die spätere Zeit ist zu bemerken, daß die reitende Artillerie bei Fußparaden auf den dunkelblauen Beinkleidern breite rote Streifen trug. Wegen Einführung des Waffenrockes usw. verweisen wir auf die früheren Abschnitte. 1872 fielen neben anderen Änderungen die Achselschuppen weg und wurden durch rote Achselklappen ersetzt. Nachdem der Helm preußischen Modells eingeführt war, bestand die

Abb. 22. Bayern. Verschiedenes
a Leichte Infanterie – b Jäger – c, d Hartschiere – e Fuß-Artillerie – f, g Reit. Artillerie – h Pontonier-Offizier – i Geniesoldat –
k Pionier – l General

Uniform aus dunkelblauem Rock und Hosen mit roten Vorstößen. Kragen, Aufschläge und Ärmelpatten schwarz, rot vorgestoßen, Knöpfe gelb, Helm wie bei der bayerischen Infanterie, ohne Kugel auf der Spitze. Die reitende Artillerie zu Paraden rote Haarbüsche. Die Bandeliere der Offiziere, rot abgefüttert, von Goldstoff, blau durchzogen. Die *Pioniere* trugen eine der Artillerieuniform ganz ähnliche, die sich hauptsächlich durch die weißen Knöpfe unterschied. 1822 wurde eine *Pontonier-, Mineur-* und eine *Sappeurkompanie* errichtet. Damals wurde die dunkelblaue Uniform mit schwarztuchenen Kragen und Aufschlägen eingeführt. Die Pontoniere hatten weiße, die anderen gelbe Knöpfe. Der Raupenhelm hatte gelben Beschlag; die Unterscheidungszeichen bestanden für Mineure in einem roten, unten schwarzen Stutz, auf den Frackschößen gekreuzte Spitzhakken; für Sappeure in schwarzem, unten rotem Stutz und Schanzkörben auf den Schößen; die Pontoniere hatten hellblauen Stutz und auf den Schößen Anker. Später erhielten auch Mineure und Sappeure weiße Knöpfe. Das Lederzeug war weiß. Im übrigen gleiche Entwicklung wie vorher. 1914 unterschied sich die Uniform der Pioniere von der preußischen nur durch die dunkelblaue Grundfarbe der Beinkleider und die Form der Helmbeschläge. Auch die Verkehrstruppen folgten dem preußischen Muster, nur daß die Einführung der hellgrauen Achselklappen später erfolgte. Das *Fuhrwesen* war anfangs blau, später hellgrau uniformiert mit blauen Abzeichen. Die Mannschaft trug an schwarzem Koppel über die Schulter die Infanteriesäbel, die Unteroffiziere den Kavalleriesäbel, Offiziere dazu noch seit 1812 die Kartusche mit weißer Garnitur; 1822 wurde die dunkelblaue Uniform eingeführt mit ebensolchen Abzeichen und roten Vorstößen. Gelbe Knöpfe und Achselschuppen. Die übrige Entwicklung wie bei der Artillerie. 1914 glich die Uniform fast der des preußischen Trains, nur hatten die Beinkleider die dunkelblaue Farbe des Waffenrockes, und die Schabracke die bayerische Form. Als Kopfbedeckung wurde die Pickelhaube in derselben Form wie bei der bayerischen Infanterie getragen. Felduniform 1910 bei allen diesen Formationen wie in Preußen. Bei der Feldartillerie Achselklappen nach der Korpsfarbe (vgl. bayer. Infanterie). Felduniform 1915 wie Preußen.

VII. Hofgarden, Generalität, Rangabzeichen

Die Leibgarde der *Hartschiere* ist eine uralte Truppe, deren Anfänge bis ins Mittelalter zurückreichen. Früher bestanden außer den Hartschieren noch *Karabiniers* und *Grenadiere*. Alle diese Truppen waren beritten. Die Uniform war blau mit reichem Silberbesatz. Die Hartschiere hatten rote, die Karabiniers und Grenadiere blaue, mit Silber besetzte Mäntel. Mitte des 18. Jahrhunderts war mit Ausnahme des

Schnittes, der sich vielfach änderte, die Uniform der Hart-schiere die gleiche, wie sie bis 1852 getragen wurde, nur hat-ten sie rote Mäntel und keinen Federstutz auf dem Hute, sondern nur eine schwarze Rosette. Sie ritten Rappen. Die Schabracken waren blau, bei den Offizieren von Samt. Spä-ter wurde die Truppe unberitten, behielt indes Reitstiefel und Sporen bei.

Abb. 22, c stellt die 1852 abgeschaffte Uniform dar, und zwar die Galauniform. Der silberbortierte Hut hat einen weißen, unten hellblauen Stutz, der Frack von hellblauer Grundfarbe hat gelbe Schoßumschläge, schwarze Kragen, Rabatten und Aufschläge mit Silberbesatz, silberne Epau-letten ohne Fransen, gelbe Kniehosen, weiße Strümpfe und Schnallenschuhe. Degen an schwarzem, silberbetreßtem Koppel. Über dem Frack eine sogenannte Kasake, hellblau und schwarz gestreift, mit Silberbesatz und gelbem Futter. Die gewöhnliche Dienstuniform bestand aus dem Hut und Frack, Degen und Koppel wie oben beschrieben. Dazu wei-ße Beinkleider und hohe Reitstiefel mit Anschnallsporen. Karabiner- und Kartuschbandelier gekreuzt getragen, von schwarzer Farbe mit Silberbesatz. Als Waffe außer dem De-gen ein Karabiner. Zur Gala eine sogenannte Couse, d. h. ei-ne Schaftwaffe mit einem messerartig gestalteten Eisen mit reicher Verzierung. Der Zopf fiel erst 1825 fort. Die 1852 eingeführte Uniform bestand zur Gala aus einem hell-blauen Waffenrock mit schwarzem Kragen und Aufschlä-gen mit Silberlitzen. Die Brust ebenfalls mit Silberlitzen be-deckt. Über dem Waffenrock eine weiße Superweste mit dem Stern des St.-Hubertus-Ordens verziert. Achselwülste silbern und hellblau. Weiße Beinkleider und Stulphand-schuhe. Lange hellgraue Stiefel, weißmetallener Helm mit gelben Beschlägen, oben mit einem Löwen verziert, vollen-den den Anzug (Abb. 22, d). Als Waffen die eben beschrie-bene Couse und Degen an schwarzem silberbortiertem Ge-hänge. Zum Dienstanzuge gehören außer jenem Waffen-rock weiße Beinkleider, schwarze hohe Stiefel mit An-schnallsporen und ein Bandelier über die linke Schulter in der Farbe des Degenkoppels. Statt des Löwen war der Helm mit einem weißen Haarbusche verziert.

Die *Generalität* erhielt bei der Einführung der Einheitsuni-form 1790 eine Bekleidung, die in Schnitt und Farbe jener der damals von der Armee getragenen glich. Die Auszeich-nung bestand in einer Anzahl von gestickten Knopflöchern auf den Rabatten. Die Generale behielten Hut und Degen. 1799 blaue Uniform. Frack mit roten Kragen, Rabatten und Aufschlägen und reicher Silberstickerei. Dazu Hüte mit Fe-derbusch und Tressenbesatz. Der *Generalstab* dieselbe Uniform mit violetten Abzeichen, die Knopflöcher mit sil-bernen Litzen eingefaßt. Achselschnüre, weiße Westen und Beinkleider, hohe Stulpstiefel. Als Dienstzeichen Schär-pen. Als 1812 die Schärpe abgeschafft wurde, behielten die

Generale und Flügeladjutanten, Generalstab und Offiziere der Hartschiere die Schärpen bei. Die Adjutanten der Gene-rale legten sie über die Schulter an. In der Folgezeit, und zwar nach Angaben aus dem Jahre 1826, trug der *Feldmar-schall* einen hellblauen Frack mit einer Reihe von weißen Knöpfen, rote Kragen und Aufschläge mit Silberstickerei, solche von eigenartiger Form auch vorn unter dem Kragen. Hut mit Silbertresse und weißer Plumage, weiße Beinklei-der und Reitstiefel. Die Generale hellblaue, ebenfalls einrei-hige Fracks mit roten Kragen und Aufschlägen und Silber-stickerei. Silberne Epauletten ohne Fransen, hellblaue lan-ge Beinkleider mit schmalen roten Vorstößen, Hut ohne Tresse, aber mit hellblau und weißem Federbusch. Ähnlich war auch die Uniform der General- und Flügeladjutanten, aber mit Goldstickerei und gelben Knöpfen. Statt des Fracks später Waffenrock in gleicher Weise ausgestattet. Noch bis 1912 trugen die Generale den Hut mit weiß und blauem Fe-derbusch. Die Einzelheiten der Uniformierung sind indes-sen mehr der entsprechenden preußischen Uniform ange-nähert, z. B. breite rote Streifen an den Hosen zu beiden Sei-ten der Biese, auf der rechten Schulter goldene Raupen mit ebensolchen Achselschnüren. Der Generalstab hat wie in Preußen karmesinrote Abzeichen. Zur Felduniform 1910 behielten die Generale die weißen Knöpfe und die Gene-ralsstickerei bayerischen Musters auf der Kragenpatte. Die Felduniform 1915 richtet sich völlig nach preußischem Mu-ster, auch in der Generalsstickerei, die jedoch ebenso wie die Knöpfe weiß bleibt.

Die *Rangabzeichen* waren dieselben wie im ganzen Reichs-heere. Von 1802 bis 1872 war dagegen eine andere Anord-nung der Chargenabzeichen in Gebrauch. Der Unterleut-nant hatte am Kragen eine schmale Litze von Gold- oder Sil-berstoff, Oberleutnant zwei, Hauptmann oder Rittmeister drei. Die Stabsoffiziere außerdem eine Krageneinfassung von Gold- oder Silbertresse. Dazu bei den Majoren eine, Oberstleutnants zwei, Obersten drei schmale Litzen. In ähn-licher Weise waren die niederen Chargen ausgezeichnet, und zwar durch Litzen und Tressen von gelber oder weißer Wollborte; der Gefreite trug eine schmale Litze, der Korpo-ral ebenso, dazu eine gelbe oder weiße Borte um den Rand des Kragens, beim Sergeanten zwei, beim Feldwebel drei schmale Litzen. Die Spielleute hatten bis 1872 keine Schwalbennester, sondern eine Borte um den Kragen und Aufschläge, der Bataillonstambour dazu Achselschuppen, die Hoboisten keine Borte, dagegen gleichfalls Achsel-schuppen, der Musikmeister zwei Borten um Kragen und Aufschläge, die Trompeter der Kavallerie und Artillerie hat-ten dazu noch auf dem Rücken mit Borten besetzte Tuch-streifen, die sogenannten Trompeterflügel.

1872 wurde als Dienstabzeichen für die Offiziere die Schär-pe wieder eingeführt, dagegen der Ringkragen abgelegt.

Seite 60: Die Entwicklung der Offiziers-Rangabzeichen im Kurfürstlich, später Königlich bayerischen Heer ab 1789

	1789/90	1802	1873	1888/89	
Gen. Feldmarschall		1814			1824/26
Gen. Feldzeugmstr. der Armee 1876		Bis 1. Januar 1811 gab es nur Generalmajors und Generalleutnants			1848
General der Inf., etc.		1811			
Generalleutnant					Gen. Oberst mit dem Rang eines Feldmarschalls 1896
Generalmajor					
Oberst					Gen. Oberst mit dem Rang eines Feldmarschalls 1912
Oberstleutnant					Gen. Oberst 1912
Major					
Hauptmann Rittmeister					
Oberleutnant					
Leutnant					

60

Sachsen

(Kokarde bis 1815 weiß, seitdem grün und weiß.)

I. Infanterie

1683 bestand die Bekleidung der Infanterie aus einem tuchenen Rock mit Friesfutter, zinnenen oder messingenen Knöpfen, Hut, Tuchstrümpfen von der Farbe des Friesfutters und bocklederenen Hosen. Das *Leibregiment* hatte rote Röcke, die übrigen Regimenter graue. Die Abfütterung verschieden. Kurfürst Johann Georg III. befahl, die Picken zu Hause zu lassen und sämtliche Infanterie mit Musketen und Schweinsfedern, die zum Auflegen der Musketen benutzt werden konnten, auszurüsten. 1686 wurde statt der bisher bestandenen einen *Grenadier-Kompanie* jedem Regimente eine solche beigegeben. Die Grenadiere erhielten blautuchene Grenadiermützen. 1687 hörte die Unterscheidung der Mannschaft in Musketiere und Pickeniere endgültig auf. 1695 wird die rote Grundfarbe der Uniform eingeführt.

1715 erhielten die Offiziere Ringkragen mit gelben Wappen und über die rechte Schulter zu tragende silberne, karmoisindurchwirkte Schärpen. Der Rock hatte keine Rabatten und wurde vorn herunter ganz zugeknöpft, so daß von der Weste nichts zu sehen war (Abb. 23, b).
In diesem Jahre wurde ein *Janitscharenkorps* errichtet. Die Uniform bestand aus einem zitronengelben Rock, roter Weste und Hosen von ungarischem Schnitt mit blauweißer Borte. Gelbe Halbstiefel, gelbe Janitscharenmütze, für die Offiziere Turban. Das Lederzeug war gelb. Als Interimsuniform grüne Ober-, gelbe Unterkleider.
1730 trägt die Infanterie rote Röcke mit andersfarbigen Rabatten, Schoßumschlägen, schwedischen Aufschlägen und Westen. Die Beinkleider lederfarben, Strümpfe weiß. Bor-

Abzeichen im Jahre 1701:

Regiment		Abzeichen*
1. Polnische Garde	2. Sächsische Garde	weiß
3. Königin	4. Egidy	isabellenfarben
5. Kurprinz	6. Thielau	zitronengelb
7. Steinau	8. Zeitz	grün
9. Biron	10. Tromp	(unbestimmt)
11. Pistoris	12. Reuß	bleumourant
13. Sacken	14. Marschall	moosfarben
15. Fürstenberg	16. Löwenhaupt	dunkelblau
17. Görtz	18. Rothenburg	meergrün
19. Beichlingen	20. Weimar	grau
21. Dönhof	22. Flemming	(unbestimmt)

Abzeichen im Jahre 1730:

Regiment	Rock	Abzeichen	Knöpfe
Leibgrenadier-Garde	zitronengelb	rot	weiß
1. und 2. Garde	paille	rot	weiß
Kronprinz.........................	rot	zitronengelb	weiß
Weißenfels........................	rot	gelb	weiß
Marchen	rot	weiß	gelb
Löwendahl........................	rot	bleumourant	gelb
Wilcke	rot	zimtbraun	gelb
Sachsen-Gotha....................	rot	dunkelblau	gelb
Böhn	rot	paille	weiß
Caila.............................	rot	papageigrün	weiß
Weimar	rot	grün	weiß
Grenadier-Kompanie	paille	rot	weiß

Nach Schuster und Franke.

Abzeichen im Jahre 1754:

Regiment	Rock	Abzeichen	Knöpfe
Leibgrenadier-Garde	hellrot	gelb	weiß
Garde zu Fuß	weiß	rot	gelb
Königin	weiß	cochenille	gelb
Kurprinzessin	weiß	bleumourant	gelb
Friedrich August	weiß	gelb	gelb
Xaver	weiß	bleumourant	gelb
Clemens	weiß	franzblau	gelb
Brühl	weiß	rot	gelb
Lubomirsky........................	weiß	gelb	weiß
Rochow...........................	grün	rot	gelb
Minckwitz	weiß	franzblau	weiß
Gotha............................	weiß	bleumourant	weiß
Friesen	weiß	grün	gelb
1. Kreisregiment	lichtgrau	gelb	weiß
2. Kreisregiment	lichtgrau	bleumourant	weiß
3. Kreisregiment	lichtgrau	rot	weiß
4. Kreisregiment	lichtgrau	grün	weiß

tierter Hut mit farbiger Puschel. Die Patronentasche an lederfarbenem Bandelier zeigt für die Musketiere keinen Beschlag, für die Grenadiere Wappen und Granaten in den Ekken, sowie Luntenberger am Bandelier, am Koppel um den Leib Kartusche. Als Seitengewehre Degen. Die Grenadiermütze hatte vorn ein rotes Schild mit Messingbeschlag, hinten einen farbigen Beutel (Abb. 23, c).
1733 wurden vier Kreisregimenter errichtet, welche bis 1756 bestanden. Uniform rot mit blauen Abzeichen. 1734 erhielt die Infanterie weiße Röcke, nur die Leibgrenadiergarde behielt rot bei. 1742 bekamen die Röcke zwei Knopfreihen von je sechs Stück, die Rabatten fielen fort. Die Aufschläge rund geschnitten. 1745 wurden auf der Offiziers- und Unteroffiziersmontur farbige Kragen angebracht. Die Kreisregimenter erhielten graue Röcke, alle Regimenter weiße Hosen.
Der Siebenjährige Krieg brachte der sächsischen Armee gleich im Anfange die Katastrophe von Pirna. Friedrich der Große bildete aus den gefangenen Sachsen preußische Regimenter, die indessen jede Gelegenheit benutzten, dem aufgezwungenen Dienste sich zu entziehen. Die Flüchtigen sammelten sich zum großen Teil in geschlossenen Truppenkörpern anfänglich in Böhmen, später in Oberösterreich und traten dann 1758 in französischen Sold. 1761 bekamen die Grenadiere Bärenmützen. Nach dem Siebenjährigen Kriege, und zwar im Jahre 1765, wurde mit der Reorganisation der Armee eine neue Uniform eingeführt. Die Infanterie behielt weiße Röcke (mit Ausnahme der Grenadier-Garde). Schoßumschläge von der Grundfarbe; Kragen, Rabatten, Aufschläge und Westen von der Abzeichenfarbe. Anliegende weiße Beinkleider mit weißen ungarischen Knoten, schwarze Gamaschen in Form von ungarischen Stiefeln, rote Halsbinden. Hut mit weißer Borte und farbigen Puscheln (Abb. 23, f). An Stelle des Seitengewehres Bajo-

nett, die Grenadiere Säbel. Die Offiziere trugen den Hut mit Gold- oder Silberborte eingefaßt, dazu weiße Kokarde. Halsbinden weiß, Ringkragen mit kurfürstlichem Namenszuge in der Mitte auf farbigem Samtuntergrund. Schärpe silbern und rot, vorn auf der rechten Seite geschlungen.

Abzeichen im Jahre 1765:

Regiment	Abzeichen	Knöpfe
Kurfürst	krapprot	gelb
Borcke	krapprot	weiß
Prinz Xaver	lichtblau	gelb
Kurfürstin	lichtblau	weiß
Prinz Clemens	dunkelblau	gelb
Prinz Anton	dunkelblau	weiß
Prinz Maximilian	gelb	gelb
Block	gelb	weiß
Prinz Karl	grasgrün	gelb
Prinz Gotha	grasgrün	weiß
Graf Solms	purpurrot	gelb
Thiele	purpurrot	weiß

Die Leibgrenadier-Garde behielt die roten Röcke mit gelben Abzeichen (wie wir gleich vorgreifend bemerken wollen, bis zur Auflösung der Truppe 1848). 1771 erhielten die Beinkleider und Gamaschen den früheren Schnitt. Bis zum Jahre 1810 änderte sich die Bekleidung sehr wenig, nur wurde der Schnitt der Mode entsprechend geändert, also der Kragen höher, der Rock vorn mehr abgestochen, die Hüte runder, der Zopf kürzer (Abb. 23, g). 1793 wurden bei der Infanterie bei jeder Kompanie ein Unteroffizier und acht Mann als Schützen ausgebildet und äußerlich durch grüne Federstutze auf den Hüten ausgezeichnet. 1810 trat eine Neuuniformierung ein. Der Rock wurde zum Kollett (oder Spenzer) mit gerade herabhängenden Rabatten. Die weißen

1670. 1720. 1730. 1741. 1765. 1765. 1802. 1810. 1815. 1832. 1849. 1865. 1867.

a   b   c   d   e   f   g   h   i   k   l   m   n

Abb. 23. Sachsen. Infanterie
c, d, e Grenadiere

Schoßumschläge hatten Vorstoß von der Regimentsfarbe, ebenso die Achselklappen. Weiße Tuchbeinkleider und kurze schwarze Gamaschen, rote Halsbinden, Tschakos mit gelbem Schild und Schuppenketten, weißer Kokarde, farbigem Regimentspompon und weißen Behängen (Abb. 23, h). Grenadiere rote Behänge und Federstutz. Die Offiziere hatten längere Schöße und Epauletten nach französischem Muster. Dazu Ringkragen als Dienstzeichen. Die weißen Beinkleider in Kniestiefeln.

Abzeichen nach der Rangliste von 1813:

Regiment	Abzeichen	Knöpfe
König	rot	gelb
Niesemeuschel	rot	weiß
Prinz Anton	blau	weiß
Low	blau	gelb
Prinz Maximilian	gelb	gelb
Rechten	gelb	weiß
Prinz Friedrich August	grün	gelb
Steindel	grün	weiß

Das Regiment Prinz Friedrich August erhielt im selben Jahre hellblaue Abzeichen.
Infolge der Kriegsdrangsale war die Bekleidung der Infanterie Ende 1813 bei der Neuuniformierung im höchsten Grade mangelhaft. 1815 wurde die weiße Kokarde mit grünem

Ringe eingeführt. Die Infanterie erhielt weiße Kolletts ohne Rabatten, aber mit zwei Reihen gelber Knöpfe. Kragen und Aufschläge wurden durchgängig grün. Die Garde bekam eine schmale Litze auf dem Kragen und grüne Epauletten. Der Tschako verlor die Behänge. Als Beinkleider graue Pantalons (Abb. 23, i). Die Tschakos hatten ein flaches, kreisförmiges Pompon mit grünem Rande. Die innere Füllung war für das Leibregiment grün, 1. Regiment blau, 2. schwarz, 3. rot. Darauf die Kompanie-Nummer von 1 bis 12 von gelbem Metall. Grüntuchene Feldmützen mit Schirm. 1832 wurden an Stelle der weißen grüne Kolletts eingeführt. Kragen, Aufschläge, Beinkleider und Feldmützen hellblau, Vorstöße rot, zwei Reihen gelber Knöpfe (Abb. 23, k). Die Regimentsabzeichen bestanden aus den nunmehr stutzförmigen Pompons und Achselklappen, beim Leibregiment rot, 1. hellblau, 2. weiß, 3. grün, Garnisondivision schwarz. Der Tschako erhielt einen Nackenschirm und vorn eine Sterndekoration. Bisher bestanden die Gradabzeichen der Offiziere aus Tressenbesatz am Kragen, nunmehr aber aus Rangsternen auf den Epauletten. Die Spielleute wurden durch Tuchepauletten mit Wollfransen ausgezeichnet, und zwar von hellblauer Farbe mit gelbmetallenem Halbmonde. 1842 ersetzte man die stutzartigen Pompons durch ovale; an Stelle der farbigen Achselklappen traten solche von der dunkelgrünen Farbe des Rockes. 1849 wurde die Infanterie in Brigaden eingeteilt und die Bataillone durch die ganze Infanterie fortlaufend numeriert.

1. Brigade	Bataillon 1 bis 4
2. Brigade	Bataillon 5 bis 8
3. Brigade	Bataillon 9 bis 12
4. (Leib-)Brigade	Bataillon 13 bis 16

Zugleich erhielt die Infanterie den Waffenrock in gleicher Ausstattung wie die bisherigen Kolletts. Das Lederzeug, bisher weiß, wurde schwarz. Auch kam die Virchowsche Tragart des Gepäckes zur Einführung. Tschakos in Form eines abgestumpften Kegels waren schon 1846 zur Ausgabe gelangt (Abb. 23, l). Die Patronentasche erhielt 1851 ihren Sitz vorn. Auf den Achselklappen rote Bataillonsnummern, bei der Leibbrigade noch eine Krone darüber. Die Offiziere schnallen das Säbelkoppel über den Rock und legen die Ringkragen ab. 1861 wurden die seit 1849 abgeschafften Trommeln wieder eingeführt, 1862 wird die Farbe des Rockes geändert, der Rock mit den Achselklappen wie die Beinkleider waren jetzt hellblau (Abb. 23, m). Die 1. Brigade trug rote, 2. gelbe, 3. schwarze, 4. weiße Kragen und Aufschläge. Der Rock war rings rot vorgestoßen, und zwar lief der Vorstoß auch um den unteren Kragenrand. 1866 rückte die Infanterie in Tellermützen mit Schirmen aus. Die Grundfarbe der Mützen hellblau, der Rand von der Brigadenfarbe, Vorstöße und Kompanienummer über der Kokarde rot. Die Bataillonsnummer wurde auf den Achselklappen angebracht. Die Offiziere legten die Epauletten ab und erhielten als Gradauszeichnung Sterne vorn am Kragen. 1867 wurde eine neue Bekleidung eingeführt, die sich an das preußische Vorbild anlehnt, doch blieb manche charakteristische Eigenart bestehen. Der dunkelblaue Waffenrock hat ringsum roten Vorstoß, die Schoßtaschenleisten haben nur je zwei Knöpfe; Kragen und Aufschläge wurden rot, doch behielten letztere ihre alte Form mit zwei Knöpfen hinten. Als Kopfbedeckung Helm preußischen Modells, vorn Sterndekoration mit dem sächsischen Wappen. Beschläge wie Knöpfe gelb. Beinkleider grau mit roter Biese (Abb. 23, n). Die Regimenter unterschieden sich durch gelbe Nummern auf den Achselklappen, welche die Grundfarbe zeigten und mit rotem Vorstoße versehen waren. Lederzeug schwarz. Die übrigen Wandlungen (z. B. Marschgepäck) wie in Preußen. Die Grenadier-Regimenter hatten Litzen auf Kragen und schwedisch geformten Aufschlägen, sowie schwarzen Haarbusch zur Parade. Nr. 100 hatte weiße Knöpfe. Die sächsische Infanterie führte innerhalb des Reichsheeres folgende Regimentsnummern: 100, 101 (Grenadiere), 102, 103, 104, 105, 106, 107, 133, 134, 139, 177, 178, 179, 181, 182. Das Regiment 108 behandeln wir im folgenden Abschnitt.

Die Felduniform M 1910 beließ den sächsischen Truppen die Form der Ärmelaufschläge, den roten Schoßvorstoß und die sächsischen Schoßtaschenleisten, dagegen erhielten die Achselklappen die preußische Form. Der Achselklappenvorstoß wurde beim XII. A.K. weiß, beim XIX. A.K. rot. Eine weitere Besonderheit bildeten die Kragenpatten des Mantels, die nur in Sachsen feldgrau mit rotem Vorstoß wurden. Auch Sachsen folgte bei der Felduniform M 15 im Mantel-, Blusen- und Hosenschnitt völlig preußischem Vorbild. Graue Doppellitzen mit weißem Spiegel und roter Füllung erhielten die Grenadierregimenter 100 und 101.

II. Leichte Infanterie (Jäger, Schützen)

1809 wurde aus den der Infanterie zugeteilten Schützen ein *Korps leichter Infanterie* errichtet und in demselben Jahre ein *Jägerkorps*. Die Uniform war für beide dunkelgrün mit schwarzen Abzeichen und gelben Knöpfen, im Schnitt wie unter Infanterie beschrieben. Der Tschako hatte bei der leichten Infanterie grüne Behänge und Stutz, sowie gelbes Schild (Abb. 25, a), bei den Jägern weiße Behänge, grünen Stutz und Jägerhorn. Das Lederzeug schwarz. Die Zusammenstellung von grün, schwarz und rot ist der leichten Truppe stets charakteristisch geblieben. Im allgemeinen folgen die Änderungen im Schnitte und in der Ausstattung denjenigen der Infanterie. Die 1822 eingeführten scheibenförmigen, grün eingefaßten Pompons hatten schwarze Füllung und gelbmetalle römische Nummer. 1832 wurden die Aufschlagspatten bataillonsweise verschieden, ebenso wie die Achselklappen, und zwar 1. Bataillon rot, 2. hellgrün, 3. hellblau. Die 1832 für die Spielleute eingeführten Epauletten hatten schwarzes Feld und Fransen und gelbmetalle Halbmonde. Wegen Einführung des Waffenrocks und neuen Tschakomodells vgl. vorhergehenden Abschnitt. Von der 1862 eintretenden Uniformänderung wurde die Truppe wenig betroffen. Auch bei der Neuuniformierung von 1867 blieb die Uniform der früher getragenen sehr ähnlich. Das seitdem getragene sehr niedrige Käppi ohne Hinterschirm war mit einem seitlich nach links befestigten schwarzen Roßhaarbusch versehen (Abb. 25, c). Die roten Vorstöße liefen nicht um den oberen, sondern um den unteren Kragenrand herum, bei den Offizieren um den ganzen Kragen. Die Achselklappen von der Grundfarbe zeigten ein rotes Jägerhorn, darunter die Nummer. Das Schützen-(Füsilier-)Regiment 108 hatte gelbe Knöpfe, die Jägerbataillone 12, 13 und 15 (bald wieder aufgelöst) weiße. Die sächsische Maschinen-Gewehr-Abteilung trug die Uniform der preußischen Abteilungen mit folgenden Abweichungen: sächsisches National, sächsischer Tschako-Stern und sächsische Schöße. Felduniform mit entsprechenden Änderungen wie in Preußen. Die Felduniform 1910 der Jäger und Schützen ebenfalls der preußischen entsprechend. Bei den Schützen Kragen und Aufschläge mit schwarzen Vorstößen. Mantelkragenpatte graugrün mit grüner bzw. schwarzer Umrandung. Die graugrüne Bluse der Felduniform M 1915 glich der der preußischen Jäger. Der Achselklappenvorstoß ist grün, Jägerhorn und Nummer rot, die Knöpfe bleiben weiß. Das Schützenregiment 108 behielt die gelben Knöpfe und hat schwarzen Achselklappenvorstoß.

III. Reiter. Kürassiere

1695 war die Grundfarbe der Uniform rot. Die gleiche Farbe hatten auch die Mäntel. Als Kopfbedeckung Hüte. Beinbekleidung gelbe Lederhosen in hohen Stiefeln.

Die Abzeichen waren im Jahre 1707 folgende:

Regiment	Abzeichen
Leibregiment	weiß
Königin	paille
Kurprinz	gelb
Prinz Alexander	grün
Beust	schwarz
Eichstaedt	kaffeebraun
Damitz	bleumourant

1734 wurde die Grundfarbe der Röcke weiß. Küraß unter dem Rock. Die Schabracken hatten die Abzeichenfarbe. 1740 paille Kolletts und ebensolche Westen. Die Unteroffiziere hatten Tressen um den Hut. 1741 auf den Röcken Rabatten mit 8 paarweise gesetzten Knöpfen.

Während des Exils der Sächsischen Armee im Siebenjährigen Kriege sammelten sich die Kürassiere als Grenadier-Kompanien im französischen Solde. Bei der Neuformierung der Armee im Jahre 1765 erhielten die *Gardes du Corps* gelbliche Kolletts und Beinkleider, blaue Kragen, Aufschläge, Schoßumschläge und Westen, alles mit gelbem, rot durchwirktem Bortenbesatz versehen. Halsbinde rot, Hut mit goldener Tresse und weißer Kokarde. Die Interimsuniform sowie die große Galauniform der Offiziere war rot. Das *Karabiner-Regiment* hatte dieselbe Uniform, nur statt der blauen Abzeichen rote. Das *Kürassier-Regiment Kurfürst* hatte auf den gelblichen Kolletts rote Abzeichen und gelbe, rot durchwirkte Borten, *Fürst Anhalt-Kürassiere* hatten gelbe Abzeichen, die Offiziere Silberborten (die übrigen Regimenter Gold). In gleicher Ausstattung erhielt sich die Uniform bis zum Jahre 1810, nur fielen für die Mannschaften die Hutborten weg; dagegen wurde ein Federstutz eingeführt (Abb. 24, c, d), bei den Offizieren mit schwarzer Wurzel, bei den Unteroffizieren mit schwarzer Spitze. Der geschwärzte Küraß bestand nur aus einem Bruststück. 1810 erfolgte die Einführung des Bügelhelmes, und zwar für die *Garde du Corps* von gelbem Metall mit schwarzem Bräm und Raupe. Das Kollett war gelb, Kragen, Aufschläge und Schoßumschläge blau. Um Kragen, Aufschläge und Schöße sowie vorn herunter ein Bortenbesatz aus blauen, roten und gelben Streifen bestehend; bei den Offizieren Goldtresse, Beinkleider weiß, Helmstutz wie früher auf den Hüten. Die beiden Linien-Kürassier-Regimenter hatten ebenfalls den gelbmetallenen Helm, dazu weiße Kolletts und Hosen, hohe Stiefel, Stulphandschuhe, schwarzen Halbküraß und

Achselschuppen (Abb. 24, e). Die Abzeichen waren für die *Leib-Kürassiere* (früher König-Kürassiere) rot, der Bortenbesatz rot und gelb, für *Zastrow-Kürassiere* (früher Anhalt) gelb, der Bortenbesatz weiß und schwarz. 1815 wurden beide Kürassier-Regimenter vereinigt und 1821 daraus das *Garde-Reiter-Regiment* errichtet. In demselben Jahre wurden auch die beiden anderen noch bestehenden Kavallerie-Regimenter (Husaren und Ulanen) als Reiter-Regimenter ausgerüstet. Für alle drei Reiter-Regimenter wurde die gleiche Uniform eingeführt, nämlich ein Lederhelm mit gelbem Beschlag und Schuppenketten, schwarzem Bügel und Raupe (Abb. 24, i). Weißes Kollett mit zwei Reihen gelber Knöpfe, hellblaue Kragen, Aufschläge und Vorstöße, Beinkleider, Schabracken und Mantelsack, gelbe Achselschuppen, weiße Biese auf den Hosen und Besatz auf der Schabracke nach Husarenart. Auf den Knöpfen und den Böden des Mantelsacks beim Garde-Regiment eine Krone, bei den andern beiden Nummern. Das Garde-Regiment führte die früheren leicht gekrümmten Kürassiersäbel mit Messingkorb, die andern beiden leichte Kavalleriesäbel mit Stahlkorb. 1832 wurden hellblaue Kolletts mit weißen Vorstößen eingeführt (Abb. 24, k). Die Regimenter unterschieden sich durch Kragen, Aufschläge und Schoßbesatz, und zwar beim Garde-Reiter-Regiment durch weiße, beim 1. leichten Reiter-Regiment rot, beim 2. karmesin. 1840 fielen diese verschiedenfarbigen Abzeichen weg. Alle Regimenter erhielten weiße Abzeichen und unterschieden sich nur durch die neu eingeführten Ärmelpatten, und zwar für das Garde-Regiment weiß, 1. rot, 2. hellblau. 1849 wurde ein 3. Regiment errichtet, welches gelbe, später orange Patten erhielt; in demselben Jahre wurden die Raupen auf dem Helme abgeschafft. An Stelle des Kolletts traten Waffenröcke, die Schabracken, wie bisher nach Husarenart geschnitten, wurden abgerundet und erhielten einen Besatzstreifen von der Pattenfarbe. 1852 auch weißer Vorstoß um den unteren Rockrand. Die bisher weißen Kragen erhalten die Farbe der Aufschlagspatte, die Aufschläge selbst sind sogenannte schwedische mit zwei Knöpfen (Abb. 24, l). 1862 wird die Knopfreihe vorn herunter abgeschafft, der Rock seitdem durch Haften geschlossen. Vorn herunter nunmehr Bortenbesatz. 1867 wurde ein neues Helmmodell eingeführt mit schwarzer Raupe auf dem Bügel (Abb. 24, m). Die Abzeichen beim Garde-Reiter-Regiment weiß, beim 1. Regiment ponceaurot, beim 2. purpurrot, beim 3. schwarz. Die Grundfarbe des Rockes und der Beinkleider blieb die hellblaue, Lederzeug weiß, schwarzes Sattelfell. Die Trompeter rote Raupe, keine

1754:

Regiment	Rock	Abzeichen	Knöpfe
Garde du Corps	rot	bleumourant	gelb
Leibkürassiere	weiß	hochrot	gelb
Königl. Prinz-Kürassiere	weiß	bleumourant	weiß
Arnim-Kürassiere	weiß	karmesin	weiß
Fürst Anhalt-Kürassiere	weiß	gelb	weiß
Plötz-Kürassiere	weiß	grün	gelb
Vitzthum-Kürassiere	weiß	dunkelblau	gelb

Abb. 24. Sachsen. Reiterei
a, b, c, d, e Kürassiere – f Dragoner – g, h Chevaulegers – i, k. l, m, n Reiter – o, p, q Husaren – r Ulan

Schwalbennester, dagegen auf der Brust dreizehn weiße Bandlitzen. Die Offiziere trugen keine Schärpen. Als die beiden sächsischen Husaren-Regimenter errichtet wurden, blieben nur noch zwei Regimenter bestehen, und zwar das *Garde-Reiter-Regiment* und das *Karabinier-Regiment;* ersteres behielt die weißen Abzeichen, letzteres die schwarzen des 3. Reiter-Regiments. Als Kopfbedeckung Kürassierhelm preußischen Modells von gelbem Metall mit weißen Beschlägen, vorn ein Stern mit dem sächsischen Wappen (Abb. 24, n). Zur Parade weiße Haarbüsche. Die Beinkleider wurden in hohen Stiefeln getragen. Bei der Bewaffnung der gesamten Kavallerie mit Lanzen erhielten die sächsischen Reiter solche mit weiß und grünen Flaggen, die Lanzen aber anfänglich aus Holz. 1907 bekamen die Garde-Reiter auf dem Helm zur Parade einen silbernen Löwen.
Felduniform 1910 wie preußische Kürassiere, jedoch sächsischer Schoßtaschenschnitt. Kollerborte der Garde-Reiter anstatt der hellblauen nunmehr weiße Streifen. Mantelkragenpatten feldgrau mit weißen bzw. schwarzen Vorstößen. Die Schulterklappen der Uniform M 1915 sind kornblumenblau und haben beim Garde-Reiter-Regiment weiße, beim Karabinier-Regiment schwarze Vorstöße. Das Garde-Reiter-Regiment hat weiter gelben Namenszug auf den Achselklappen und graue, weiß bespiegelte und kornblumenblau gefüllte Doppellitzen am Kragen. Die Hosenvorstöße bleiben rot.

IV. Dragoner, Chevaulegers, Ulanen und Husaren

Die sächsischen Dragoner erhielten 1695 rote Röcke, gelbe Lederhosen und Hüte.
Die Abzeichen waren 1707:

das Regiment Baireuth		lichtblau
”	” Brause	gelb
”	” Schulenburg	paille
”	” Dünewald	grün
”	” Goltz	schwarz
”	” Wrangel	kaffeebraun.

Um 1730 waren den Dragoner-Regimentern auch Grenadiere zugeteilt, welche dieselben Grenadiermützen trugen wie die Grenadiere der Infanterie. Die Uniform hatte nunmehr Kragen und Rabatten (Abb. 24, f). Die Halsbinden waren schwarz. Westen und Hosen lederfarben. Das Lederzeug von Fahlleder, bei den Grenadieren vorn mit Luntenbergern geschmückt.
Die Abzeichen waren 1730: Regiment Grenadiers à Cheval paille, Regiment Arnstädt dunkelblau, Regiment Katte papageigrün, Regiment Goldacker grasgrün, Regiment Chevalier de Saxe bleumourant. Alle Regimenter weiße Knöpfe.
Das Regiment *Mier-Dragoner* trug polnische Bekleidung. Bis zum Ausbruche des Siebenjährigen Krieges hatte sich

die Uniform etwas geändert. 1754 trug das *Regiment Rutowsky, leichte Dragoner,* rote Röcke mit schwarzen Abzeichen, paille Kolletts und gelbe Knöpfe. 1765 erhielten die bisher grün gekleideten Chevaulegers rote Röcke, und zwar *Albrecht-Chevaulegers* mit grünen Abzeichen, *Renard-Chevaulegers* mit blauen Abzeichen. Dazu gelbe Knöpfe. Weste und Hosen paille. Das Regiment *Kurland-Chevaulegers,* welches erst 1762 eingekleidet worden war, trug seine grünen Röcke mit roten Abzeichen bis 1767 auf. *Sacken-Dragoner* rot mit schwarzen Abzeichen und weißen Knöpfen. Das Rot der Chevaulegersuniform war ziemlich hell. 1767 wurden auch bei Kurland-Chevaulegers rote Röcke eingeführt, und zwar mit papageigrünen Plüschaufschlägen. Knöpfe gelb. Die Uniform der Chevaulegers blieb im ganzen bis 1810 die gleiche, mit Ausnahme des der Mode unterworfenen Schnittes. Die Borten auf den Hüten wurden in der Folge abgeschafft und durch weißen Stutz ersetzt (Abb. 24, g). Die Schabracken waren von roter Grundfarbe. Gegen Ausgang des 18. Jahrhunderts wurden dazu schwarze Schaffellüberdecken eingeführt. 1810 Tschakos (Abb. 24, h). Bei der engen Verbindung von Kursachsen mit Polen finden wir in der sächsischen Armee öfters *Ulanentruppen* erwähnt. 1754 werden folgende *Pulks* eingeführt:

Wilczewski weiße lange Röcke mit roten Abzeichen und bleumourant Unterkleidern,

Rudnicki ebenso uniformiert, nur auf den weißen Röcken bleumourant Abzeichen, und

Bronikowsky mit gelben Abzeichen. Knöpfe durchgängig gelb. Die Abteilungen scheinen indessen nicht lange bestanden zu haben. Ein neues *Ulanen-Regiment* wurde 1813 gebildet. Der Schnitt der Uniform war der damals übliche, die Grundfarbe für Kolletts und Hosen blau, Abzeichen schwarz, Vorstöße rot, Knöpfe und Beschläge weiß, blaue Tschapka. 1815 wurde die Uniform geändert. Nunmehr rote Kolletts, hellblaue Abzeichen, Beinkleider und Tschakos. Das Regiment ging später in der Reitertruppe auf. 1867 wurden nach Abgaben anderer Regimenter zwei Ulanen-Regimenter gebildet. Die Uniform erhielt den preußischen Schnitt. Die Grundfarbe der Ulanka und der Beinkleider hellblau, Kragen, Aufschläge und bei den Paraden überzuknöpfende Rabatten von karmesinroter Farbe, Beinkleider mit breiten karmesinroten Streifen. Das 1. Regiment weiße, das 2. gelbe Gardelitzen. Vorstöße weiß, bei beiden Regimentern gelbmetallene Schuppenepauletten. Tschapkas vorn mit Stern, zu Paraden beim 1. Regiment mit weißen, beim 2. mit karmesinroten Tschapkarabatten. Die Grundfarbe der Mütze ist weiß, der Besatzstreifen beim 1. Regiment hellblau, beim 2. karmesinrot. Zur Parade schwarze Schaffelldecken wie die Reiter. Das 1905 errichtete 3. Regiment (Nr. 21) erhielt die Uniform des 1. Rgts. (Nr. 17), aber mit weißem Metall und hellblauer Tschapkarabatte. Lanze mit weiß und grüner Flagge. Die Regimenter führten in der Ulanentruppe des Reichsheeres die Nrn. 17, 18 und 21.

Felduniform 1910 völlig wie die preußische, nur die Achselklappen nicht in Epaulettenform, sondern wie die Infanterie. Die Regimenter verloren ihre bisherigen Abzeichenfarben und unterschieden sich durch folgende Vorstöße: 17

weiß, 18 rot und 21 gelb. Zur Felduniform M 15 erhielten die Ulanenregimenter rote Achselklappen mit gelben Nummern und farbigen Vorstößen, Nr. 17 weiß, 18 purpurrot, 21 goldgelb.

1791 wurde ein *Husaren-Regiment* errichtet. Die Uniform bestand in hellblauen Pelzen mit schwarzem Vorstoß und weißen Schnüren. Weiße Dolmans mit hellblauen Aufschlägen, Kragen, Borten und Schnüren, rote Schärpe und weiße Unterkleider. Schwarze Flügelmützen mit weißem Bortenbesatz und blauem Flügelfutter. Weiße Federstutze, blaue Mäntel (Abb. 24, o). Später wurden auch die Dolmans hellblau mit weißen Schnüren, die Abzeichen schwarz, dazu 1810 ein Tschako (Abb. 24, p). 1822 wurde das Regiment zu Reitern umgeformt. Seit 1875 bestanden zwei *Husaren-Regimenter,* und zwar das 1., welches die Nr. 18 führte, aus dem 1. Reiter-Regiment, das 2., Nr. 19, aus dem 2. Reiter-Regiment, welches aus dem 1791 errichteten Husaren-Regiment hervorgegangen war, gebildet. Die Uniform war für beide Regimenter sowohl für Attila wie für Beinkleider hellblau, die Schnüre beim 1. gelb, beim 2. weiß. Ersteres hatte rote, letzteres karmesinrote Beutel an der Pelzmütze, welche mit dem Stern geschmückt ist. Die Säbeltaschen waren hellblau mit Besatz in der Schnurfarbe (Abb. 24, q). Zur Parade Sattelüberdecken von schwarzem Schaffell.

Das 1910 errichtete 20. Rgt. trug nur die Felduniform. Es erhielt hellblauen Kolpak und an der Mütze kornblumenblauen Besatzstreifen, weiße Vorstöße und einen hellblauen Streifen. Zur Parade Stutz und Felldecke. Im übrigen fehlten dem Regiment alle Friedensstücke. Felduniform M 1910 nach preußischem Vorbild, nur waren die Nummern auf den Achselschnüren bei allen Regimentern gelb. Mantelkragenpatten feldgrau mit beim Regiment 18 roten, 19 purpurroten und 20 hellblauen Vorstößen. Schulterklappen feldgrau mit roter Nummer. Die sächsischen Husarenregimenter legten zur Felduniform M 15 ebenfalls Bluse, Mantel und Hose preußischen Schnitts an mit geschilderten Achselstücken der Felduniform 1910. Die Nummern auf den Schulterschnüren waren für Regiment 18 weiß, für 19 und 20 goldgelb.

V. Artillerie, Pioniere, Train

1691 war die Artillerie grau bekleidet mit roten Aufschlägen, Kragen und Tuchstrümpfen. Hut mit Schnur. 1717 grüne Röcke mit roten Kragen, Rabatten, Aufschlägen, paille Unterkleider. Die grün und rote Uniformfarbe hat sich mit der kurzen Unterbrechung von 1728 bis 1730, wo die Feldartillerie paille Abzeichen trug, bis 1914 erhalten. Die Uniform mit gelben Knöpfen, bei den Chargen mit Goldstickerei, blieb stets im Charakter der Infanterieuniform, so daß wir bezüglich der Entwicklung auf diese hinweisen können. Beinkleider grau. Die reitende Artillerie, die später errichtet wurde, erhielt für die Uniform den Schnitt wie bei den Chevaulegers, gleichfalls unter Zusammenstellung von Grün und Rot, mit gelben Knöpfen. 1810 wurde der Tschako eingeführt (Abb. 25, f). Für die reitende Artillerie 1843 bis 1867

Abb. 25. Sachsen. Verschiedenes
a, b, c Leichte Infanterie (Jäger, Schützen) – d, e, f, i, k Artillerie – g, h Reit. Artillerie – l Trainsoldat – m General

Raupenhelm nach bayerischem Muster (Abb. 25, h). 1849 statt des bisher getragenen gelben Lederzeuges bei der Fuß- und reitenden Artillerie solches von schwarzer Farbe (Abb. 25, i). 1867 grüner Waffenrock mit rotem Kragen und gelben Knöpfen sowie rotem Vorstoß. Bei der reitenden Artillerie letztere auch an Ärmel- und Rückennähten. Helm mit Dekoration wie bei der Infanterie. Auf der Spitze eine Kugel (Abb. 25, k). Zu Paraden schwarze Haarbüsche. Die reitende Artillerie messingene Achselschuppen, Fußartillerie grüne Achselklappen mit rotem Vorstoß, Regimentsnummer und einflammiger Granate. Felduniform M 1910 wie Preußen, aber mit sächsischen Schößen. Achselklappen des XII. A.K. weißer Vorstoß, beim XIX. roter Vorstoß. Fußartillerie weiße Achselklappenvorstöße und sächsische Aufschläge. Felduniform M 15 nach preußischem Muster. Achselklappe der Feldartillerieregimenter rot mit gelber Beschriftung. Die Regimenter 12 und 32 dazu weißen Vorstoß. Bei den Fußartillerieregimentern 12 und 19 gelbe Achselklappen mit roten Nummern und gekreuzten Granaten. Die Pioniere unterschieden sich von der Artillerie in den verschiedenen Perioden im wesentlichen durch die weiße Farbe der Knöpfe. Verkehrstruppen hatten die betreffende blaue preußische Uniform mit sächsischen Hoheitszeichen. 1913 bekam das T.B. 7 hierzu die sächsischen Schöße. Felduniform der Pioniere wie in Preußen, jedoch mit sächsischen Schößen, Aufschlägen und Achselklappen. Felduniform 1915 wie Preußen. Weiße Knöpfe. Die Achselklappen der sächsischen Pioniere behalten gekreuzte Spaten und Hacke in Rot über der Nummer.

Der *Train* trug um 1800 ebenfalls schon die gleiche Farbenzusammenstellung wie 1914, nämlich hellblau mit schwarzen Abzeichen und roten Vorstößen. Als Kopfbedeckung diente der Tschako ohne Hinterschirm. Nachdem der preußische Train für die Mannschaften die Pickelhaube eingeführt hatte, folgte auch Sachsen diesem Beispiel. Die Felduniform 1910 entsprach der preußischen, jedoch hatten die Schöße den sächsischen Schnitt. Felduniform M 15 nach preußischem Muster. Achselklappen auch hier kaliblau mit roter Nummer.

VI. Generalität. Rangabzeichen

1735 erhielten die Generale weiße Röcke mit rotem Futter, rote Westen und Beinkleider. Die Rangstufen waren durch mehr oder weniger reiche Gold- oder Silberstickerei angedeutet. 1766 wurde die Farbe des Rockes blau und ist seitdem so geblieben. Im einzelnen hat die Uniform sehr viele Wandlungen erlitten. Bis 1867 wurde als Kopfbedeckung der Hut getragen, seitdem Helme. Die Paradeuniform ist ähnlich wie die preußische ausgestattet, nur der Schnitt der sächsische. Die Gradabzeichen bestanden seit 1832 in Metallsternen auf den Epauletten, die 1866/67, wie schon unter Infanterie erwähnt, durch Rangsterne auf den Kragen nach österreichischem Muster ersetzt wurden, seitdem wie in Preußen. Die Felduniform M 1910 und M 1915 folgen für die Generalität und den Generalstab preußischem Muster, ebenso die Rangabzeichen.

	1812/13	1815 Kragen	Ärmelaufschläge	1832	1866 bis 1870	1870/71
General der Inf.						
Generalleutnant						
Generalmajor						
Oberst			General Generalleutnant Generalmajor		Rangabzeichen am Kragen nach österreichischem Muster	Epauletten und Achselstücke nach preußischem Muster
Oberstleutnant	1)					
Major			Oberst Oberstleutnant Major			
Hauptmann						
Oberleutnant	2)		Hauptmann Oberleutnant Leutnant			
Unterleutnant 1852 Leutnant	2) re. li.					

1) Feld und Schieber in gewechselter Knopffarbe
2) Streifen im Epaulettfeld und Schieber karmesinrot

Die Entwicklung der Offiziers-Rangabzeichen im Königlich sächsischen Heer ab 1812

69

Württemberg

(Kokarde bis gegen Ende des 18. Jahrh. schwarz, dann rot-schwarz-gelb. Seit 1817 rot-schwarz.)

I. Infanterie

In der ersten Periode herrschen helle Farben vor. Die Röcke sind meist von weißer, hellblauer oder gelber Farbe. Die Leibgarde trug 1683 graue, gelb aufgeschlagene Röcke, gelbe Kamisöler, lederfarbene Hosen und graue Strümpfe. Im allgemeinen erhält sich der Charakter der Ziviltracht bis in die dreißiger Jahre des 18. Jahrhunderts. 1734 unterschieden sich die Regimenter bei weißen Röcken wie die folgende Tabelle zeigt:

Regiment	Rabatten	Aufschläge	Westen	Knöpfe	
Erbprinz	rot	rot	rot	weiß	
Prinz Friedrich	rot	rot	rot	gelb	
Leib-Rgt.	rot	rot	rot	weiß	rote Litzen
Prinz Ludwig	—	blau	blau	gelb	
Kreis-Rgt.	—	blau	blau	weiß	blaue Litzen

1745 bekam die ganze Infanterie mit Ausnahme des Kreis-Rgts. gelbe Röcke und rote Westen. 1752 blaue Röcke.

1757 waren die Abzeichen folgende:

Regiment	Aufschläge und Rabatten	Knöpfe und Schulterschnüre	Besonderes
Leib-Rgt.	karmin	weiß	silberne Litzen und gelbe Westen
Prinz Louis	rot	weiß	
Romann	rot	gelb	
Roeder	rosa	weiß	
Prinz Friedrich Wilhelm	weiß	gelb	Füsilier-Mützen
Truchsess	schwarz	weiß	

In den achtziger Jahren des 18. Jahrhunderts wurden Bärenmützen getragen. In der Folgezeit bis 1799 wurde der Rockschnitt etwas moderner, das heißt vorn mehr abgestochen. 1798 folgten einschneidende Formationsänderungen. Die Infanterieregimenter wurden in selbständige Bataillone geteilt.

Bataillon	Kragen, Aufschläge, Rabatten	Achselklappen	Knöpfe Hutborte
Mylius	gelb	gelb	gelb
Obernitz	hellblau	hellblau	weiß
Seeger	rot	weiß	weiß
Beulwitz	rosa	rosa	weiß
Perglas	weiß	weiß	weiß

1683. 1734. 1757. 1799. 1808. 1813. 1817. 1821. 1849. 1864. 1870. 1888. 1894.

1792.

a b c d e f g h i k l m n o

Abb. 26. Württemberg. Infanterie

Die Schoßumschläge waren wie in Preußen durchgängig rot. Einen gänzlich veränderten Charakter erhielt die Uniform 1799. Als Kopfbedeckung wurde ein ledernes Kaskett, dem damals in Bayern getragenen Rumfordschen sehr ähnlich, eingeführt, vorn mit gelben Beschlägen, auf der Höhe ein Pompon, nach hinten herabfallend ein schwarzer Roßhaarschweif. Die Abzeichenfarben blieben zunächst dieselben, dagegen wurde der Schnitt des Rockes gänzlich geändert (Abb. 26, e). Er wurde stark verkürzt und erhielt sog. halbe Rabatten mit zwei Knöpfen darunter. Das Koppel wurde darübergeschnallt. Beinkleider und Lederzeug wie schon in der früheren Epoche weiß, schwarze Gamaschen. 1808 wurde wieder die Einteilung in Regimenter beliebt und verschiedene Änderungen in der Bekleidung vorgenommen.

Ende 1806 war ein Füsilier-Regiment errichtet worden (von Neubronn), welches eine etwas abweichende Uniform erhielt. Der Roßhaarschweif auf dem Kaskett fiel nämlich fort und wurde durch eine schwarze Raupe ersetzt. Die Rabatten des Kolletts nicht von der roten Abzeichen-, sondern von der blauen Grundfarbe und mit rotem Vorstoße besetzt. Diese beiden Änderungen, Raupenhelm und blaue Rabatten, wurden in den folgenden Jahren auch auf die übrigen Infanterie-Regimenter ausgedehnt. 1811 erscheint diese Umwandlung völlig durchgeführt. Nunmehr taucht, vorerst vereinzelt, der Tschako auf, und zwar vorn mit rhombisch geformtem Beschlag und Vorder- und Hinterschirm versehen. Oben links die Kokarde, 1813/14 bildet er die allgemeine Kopfbedeckung (Abb. 26, g).

1813

Regiment	Kragen, Aufschläge und Schoßumschläge	Vorstöße	Knöpfe
1.	gelb	gelb	weiß
2.	orange	orange	weiß
3.	weiß	weiß	weiß
4.	rosa	weiß	weiß
5.	hellblau	weiß	weiß
6.	weiß	rot	gelb
7.	rot	rot	gelb
8.	strohgelb	strohgelb	gelb
9.	schwarz	schwarz	gelb

71

1814 erhielten die Regimenter, die Angehörige des Königl. Hauses als Chef hatten, Litzen.

Die große Uniformenänderung, die 1817 bei der ganzen Armee stattfand, erstrebte die größtmögliche Einfachheit (Abb. 26, h). Die Bekleidung erhält ein ungemein nüchternes Aussehen. Der Tschako war gänzlich ohne Beschlag, nur mit Kinnriemen und vorn oben mit der Kokarde versehen. Der königsblaue Rock reichte bis zum Knie und wurde vorn durch Haften geschlossen. Die Aufschläge waren entweder rot oder gelb, die Kragen von der Grund- oder der Abzeichenfarbe. Paßgürtel mit rotem oder gelbem Vorstoß, Epauletten mit gelben, roten oder blauen Feldern, königsblaue Beinkleider ohne Vorstoß, weißes Lederzeug. Im kleinen Dienste wurde ein königsblauer Spenzer getragen; die Stabsoffiziere Säbelgehänge um den Leib, Subalternoffiziere weißes Koppel, vorn mit silbernen Schildchen geschmückt, über die rechte Schulter. Das Jahr 1821 brachte wieder eine neue Uniformierung (Abb. 26, i). Der Tschako erhielt ein rotes Pompon und unter der Kokarde ein weißmetallenes Schildchen mit der Regimentsnummer. An Stelle des langschößigen Rockes trat ein königsblaues Kollett mit zwei Reihen weißer Knöpfe. Der Kragen war rot, Aufschläge blau mit rotem Vorstoße. Epauletten blau mit weißen Halbmonden und Regimentsnummer. Das Futter rot. Die Beinkleider erhielten roten Vorstoß. Für Offiziere silberne Pompons und Epauletten. 1836 wurde über dem Pompon noch eine rote lose Puschel angebracht, die Aufschläge wurden rot. 1844 nur eine Knopfreihe. 1846 neues Tschakomodell in Form eines abgestumpften Kegels. Der Tschako war mit pulverblauem Tuch bezogen, unten mit schwarzem Leder, oben mit weißer Borte besetzt. Vorn Kokarde mit weißer Agraffe. Darüber blaues (bei den Schützen grünes) Doppelpompon. 1849 wird der Waffenrock eingeführt (Abb. 26, k). Er hatte eine Reihe weißer Knöpfe und war wieder von königsblauer Farbe. Kragen, Aufschläge, Achselklappen und Vorstöße rot, auf den Schoßtaschenleisten je drei Knöpfe, Beinkleider königsblau mit roter Biese, wie schon früher. Das Lederzeug blieb weiß. An Stelle des Infanteriesäbels ein Faschinenmesser. 1859 wurde das gekreuzte weiße Lederzeug abgeschafft und dafür schwarze Gürtelrüstung eingeführt. Eine neue Umänderung erfuhr die Uniform im Jahre 1864, wobei aber gleich bemerkt werden muß, daß die neue Bekleidung vorerst nur zur Parade ausgegeben wurde. Die Mannschaften rückten 1866 noch in der alten Montierung aus. Dazu blaue Schirmmützen mit rotem Rande. Bei den neuen Uniformen bildete die Paradekopfbedeckung eine käppiartig gestaltete Mütze von dunkelblauem Tuch mit rotem Rand und Vorstoß, ferner Metallschildchen und National. Als zweite und zugleich feldmäßige Kopfbedeckung diente eine dunkelblaue Mütze mit rotem Vorstoß und kleiner Kokarde (Abb. 26, m). Der dunkelblaue Waffenrock hatte zwei Reihen weißer Knöpfe, roten Kragen, Achselklappen, Achselwülste und Vorstöße rings herum. Auf den Schoßtaschenleisten je zwei Knöpfe. Auf den Achselklappen die Kompanienummer. Die grauen Hosen hatten rote Vorstöße. Lederzeug schwarz (Abb. 26, l). Als Regimentsabzeichen dienten farbige Kragenpatten,

und zwar beim 1. Regiment weiß, 2. schwarz, 3. orange, 4. grün, 5. hellblau, 6. blau, 7. dunkelrot, 8. gelb. Die Offiziere trugen die Gradauszeichnung am Kragen nach österreichischer Art. Als Dienstabzeichen eine schwarzrote Schärpe (die übrigens, wie bemerkt werden muß, seit 1817 in Gebrauch war), mit linksgetragener Peitsche und Quaste nach Husarenart. Am 1. August 1870 wurde das Anlegen der preußischen Offiziersachselstücke befohlen. 1871 erfolgte eine neue Bekleidungsvorschrift, welche das preußische Vorbild zugrunde legte. Die Infanterie erhielt die Pickelhaube mit dem Landeswappen und der württembergischen Kokarde. Der Waffenrock erhielt zur Erinnerung an die frühere Uniform zwei Knopfreihen (Abb. 26, n). Die Knöpfe wurden gelb, Achselklappen rot mit gelber Nummer. Rote Aufschläge und Ärmelpatten, letztere mit hellblauer Einfassung. Die Grenadier-Regimenter Nr. 119 und Nr. 123 weiße Litzen auf Kragen und schwedisch geformten Aufschlägen. Seit 1892 nur eine Knopfreihe am Rock (Abb. 26, o). Zur Parade legten die Grenadier-Regimenter Haarbüsche an, und zwar Nr. 119 weiße, Nr. 123 schwarze. Marschgepäck usw. wie in Preußen. Die württembergischen Regimenter führten im Reichsheere die Nummern 119 bis 127 und 180. Felduniform wie in Preußen, ebenso Felduniform 1915.

II. Jäger und leichte Infanterie

1799 wurde eine Fußjägerkompanie errichtet und einem Grenadierbataillon zugeteilt, 1800 aber selbständiges Jägerkorps. Die Uniform bestand aus einem schwarzen korsischen Hut mit gelbem Namenszug F II und grünem Stutz. Grünes Kollett im Schnitt wie damals bei der Infanterie mit schwarzen, weiß vorgestoßenen Kragen, Aufschlägen, halben Rabatten und Schoßumschlägen. Gelbe Knöpfe, grüne Beinkleider, schwarzes Koppel um den Leib, vorn Kartusche mit Namenszug, Hirschfänger und Stutzen. 1801 wird die Truppe zum Bataillon erhoben unter dem Namen *von Romann*. Die Uniform blieb dieselbe, nur wurde ein Tschako eingeführt mit grünem Bunde und Stutz (Abb. 28, a). 1805 Errichtung eines zweiten Bataillons, dessen Uniform sich durch weiße Knöpfe unterschied. Das schwarze Lederzeug nunmehr gekreuzt. 1813 beide Bataillone vereinigt als Fußjäger-Regiment König. Die Uniform hatte seit 1811 Rabatten von der Grundfarbe, 1814 gelbe Litzen an Kragen und Aufschlägen, gelbe Knöpfe, Tschako wie die Infanterie mit weißen Behängen und Stutz. 1815 ging die Truppe ein.

Leichte Infanterie wurden 1805 zwei Bataillone errichtet, die 1813 zu einem leichten Infanterie-Regiment vereinigt wurden. Uniform 1805 wie die Infanterie. Grundfarbe grün, Abzeichen hellblau, Vorstöße weiß, Knöpfe und Lederzeug gelb, Hosen weiß, Kaskett mit schwarzem Schweif. 1807 Tschako wie die Jäger, aber mit rotem Stutz. Die Auflösung der leichten Infanterie erfolgte 1817.

Eine Jägertruppe wurde erst sehr viel später wieder errichtet. 1866 bestanden zwei, 1870 drei Bataillone. Die Uniform war der von 1864 bei der Infanterie eingeführten sehr ähnlich, nur war das Käppi hellgrün mit blauem Rand und Vorstoß; dazu gehörte ein kleiner schwarzer Haarbusch. Waffenrock wie die Infanterie mit grünen Kragenpatten. Stücke, die bei der Infanterie rot waren, hier grün. Statt der Hosenbiese grüne Streifen. Auf der Brust grüne Schützenschnüre (Abb. 28, b). Nach dem Feldzuge von 1870/71 hörte die Jägertruppe wieder zu bestehen auf.

III. Leibgarde zu Pferd und reitendes Feldjägerkorps

Die Geschichte der Leibgarde zu Pferd ist sehr verwickelt und die Uniformierung unterlag so vielen Änderungen, daß wir hier nur die hauptsächlichsten Züge wiedergeben können. Anfänglich war die reitende Leibgarde als schwere Reiter (Kürassiere) ausgerüstet. Die Grundfarbe war um die Wende des 17. und 18. Jahrhunderts gelb, Umschläge rot, die Besätze silbern. Blanker Brust- und Rückenharnisch. Silberbortierter Hut. Die Umschläge wurden 1739 schwarz. 1776 bestand die Leibgarde aus drei Kompanien mit verschiedener Uniform.

1. Kompanie. Husarenuniform ganz dunkelrot mit gelben Schnüren, hellblaue Kragen, Aufschläge, Schärpe und Bandelier. Dunkelroter Mützenbeutel und Säbeltasche. Auf letzterer gekröntes gelbes CC.
2. Kompanie. Gelbe Kürassieruniform mit dunkelroten Abzeichen und Bandelier. Blanker Harnisch, Hut mit Silberborte.
3. Kompanie. Reitende Jäger. Rock grün mit rot und silber. Unterkleider weiß, Hut mit gebogener Silberborte. Weißer Stutz, rote Säbeltasche.
1794 wurde die Garde aufgelöst, aber 1798 wieder errichtet. Die Uniform bestand aus gelben Kolletts mit schwarzen Kragen. Schwarze Superwesten mit weißem Stern, weiße gekreuzte Bandeliere, Stulphandschuhe und Hosen, hohe Stiefel. Kaskett mit schwarzem Schweif und weißem Stutz. Später weißer Metallhelm mit Bügel und schwarzer Raupe. 1809 bestand die Leibgarde aus folgenden Teilen:
1. Eskadron Leibjäger. Pelzmütze ähnlich wie bei den reitenden Garde-Grenadieren Napoleons I. Grüner Frack mit einer Reihe von gelben Knöpfen, gelbe Fransenepauletten, schwarze Kragen, Aufschläge und gekreuzte Bandeliere. Weiße Stulphandschuhe und Hosen, hohe Stiefel.
2. Eskadron Garde du Corps. Gelbe Kolletts, schwarze Superwesten, Helme usw. wie oben beschrieben.
3. und 4. Eskadron Grenadiere zu Pferde. Pelzmützen wie 1. Eskadron, blaues Kollett mit gelbem Kragen, weiße Epauletten, Stulphandschuhe und Hosen, hohe Stiefel, blanke Harnische.
Jede Eskadron ritt Pferde von anderer Farbe. Wenn das Regiment geschlossen ausrückte, waren alle vier Eskadrons als Grenadiere zu Pferd gekleidet mit Pelzmütze und Harnisch, – die 1. Eskadron in grün, die anderen in blauen Uniformen. 1815 wurde die Truppe aufgelöst und eine *Schwadron Leibgarde zu Pferd* errichtet. Die Uniform erhielt die schmucklose Gestaltung, die wir unter »Reiter« noch näher beschreiben werden. Als Kopfbedeckung eine sehr breite Pelzmütze

mit gelben Schuppenketten. Die weitere Ausgestaltung der Bekleidung bis zur Auflösung der Truppe ging parallel mit derjenigen der übrigen Reiterei. (Seit 1817 gab es nur Reiter-Regimenter.) Nur ist zu bemerken, daß die Pelzmütze 1825 dem Tschako wich. Alle Abzeichen, die bei den Reitern rot waren, hatten bei der Leibgarde zu Pferde amarantrote Farbe. Wir schließen hier an das *Feldjägerkorps,* unter diesem Namen 1759 errichtet. Grüne Röcke, Westen und Hosen, rote Abzeichen, gelbe Knöpfe und Hutborte. Eine Fußabteilung bestand bis 1765, die reitende wurde 1768 aufgelöst. 1782 erfolgte eine Neubildung der Truppe, die seitdem stets beritten war. 1798 erhielt die Grundfarbe einen dunkleren Ton, die Knöpfe wurden weiß. Schnitt und Kaskett wie damals allgemein in der Armee. Lederzeug schwarz. Später Raupenhelme und schwarze Abzeichen. Auch schwarze Superwesten (Abb. 28, l). 1815 wird die Truppe nach Ulanenart bekleidet und erhält auch die Bezeichnung *Leibulanenkorps.* Die Uniformfarben waren grün mit rot. Dazu Goldbesatz. 1817 wieder *Feldjägerkorps.* Die Uniform bestand aus königsblauem langschößigem Rock mit schwarzen Abzeichen, Pelzmützen wie die Leibgarde. 1819 wurde die Grundfarbe dunkelblau, die Abzeichen hellblau. Die weitere Entwicklung der Uniform wie bei der übrigen Reiterei.

IV. Reiter, Kürassiere, Grenadiere zu Pferd

1683 wurde ein »*schwäbisches Kreis-Regiment zu Pferd von Höhnstedt*« errichtet, das blaugraue Montierung trug. Eigentümlich erscheinen die ledernen Panzer, mit denen das Regiment in dem Werke von Stadtlinger auf den 1683 und 1703 datierten Abbildungen ausgerüstet ist (Abb. 27, a). Später wurde die Truppe Dragoner-Regiment und 1775 mit dem Regiment »*reitende Grenadiere von Pfull*« vereinigt, dessen Uniform aus roten Röcken mit schwarzen Umschlägen, gelben Knöpfen und Achselbändern bestand. Weiße Unterkleider, über der Weste Harnisch, Pelzmütze vorn mit gelbem Metallschild. 1758 wurde ein »*Kürassier-Regiment von Pfull*« errichtet, das 1761 zu Dragonern umgeformt wurde. Der Rock war gelb mit roten Umschlägen und gelbrotem Bortenbesatz. Rote Westen, weiße Bandeliere. In der Folgezeit finden wir nur Dragoner, Chevaulegers und reitende Jäger-Regimenter in der Armee vertreten und verweisen deshalb auf den nächsten Abschnitt. 1817 wurde die gesamte Kavallerie zu Reiter-Regimentern gemacht. Der königsblaue Rock mit langen Schößen, vorn durch Haften geschlossen, hatte genau denselben Schnitt wie bei der Infanterie. Der Kragen und der spitze Aufschlag in Grundfarbe waren mit rotem Vorstoß versehen. Vorn herunter hatte der Rock einen roten Vorstoß, was bei der Infanterie nicht der Fall war. Der Paßgürtel war ebenfalls rot eingefaßt. Auf den Schultern gelbe Schuppenepauletten, rote Biesen an den königsblauen Hosen, weißes Bandelier. Das 1. Regiment trug Pelzmützen, 2.–4. Regiment Tschakos wie die Infanterie, jedoch farbig bezogen; zweites Regiment gelb, drittes dunkelrot, viertes rot. 1820 erhielten alle vier Regimenter rote Tschakos und farbige spitze Ärmelaufschläge, Nr. 1 rot,

a   b   c   d   e   f   g   h   i   k   l   m   n

Abb. 27. Württemberg. Reiterei
a, g, h, i, k, l Reiter – b, d, m, n Dragoner – c, e Chevaulegers – f Jäger zu Pferd

Nr. 2 gelb, Nr. 3 königsblau mit rotem Vorstoß, Nr. 4 schwarz.

1821/23 tritt eine Uniformänderung ein (Abb. 27, h). Die durchgängig roten Tschakos erhalten ein rotes Pompon und gelbes Schildchen mit der Regimentsnummer. An Stelle des Rockes tritt ein Kollett mit zwei Reihen von gelben Knöpfen. Grundfarbe königsblau, ebenso der Kragen. Aufschläge, Schoßbesatz und Vorstöße auch auf den Ärmel- und Rückennähten rot. Die königsblauen Hosen mit roter Biese und Seitenstreifen. 1844 erhält das Kollett eine Knopfreihe und rote, mit einem Knopfe besetzte spitze Kragenpatten sowie rotes Doppelpompon. Die Schützen hatten grünes. Sie waren mit Karabinern ausgerüstet, während die übrige Mannschaft Lanzen mit rot und schwarzen Flaggen führte. Auch wurde der Schoßbesatz geändert. 1845 Tschakos wie gleichzeitig die Infanterie, aber mit rotem Tuche bezogen und mit gelber Borte und Agraffe sowie mit schwarzem Haarbusch geschmückt (Abb. 27, i). 1849 Waffenrock ebenso ausgestattet wie vorher das Kollett. Die Seitenstreifen auf den königsblauen Beinkleidern fielen fort, nur die Biese wurde beibehalten. Die 1864 eingeführte Uniform glich im Schnitt der damaligen neuen Infanterieuniform (Abb. 27, l). Das Käppi war rot mit blauem Rande und Vorstößen, gelbem Schildchen mit weißer Regimentsnummer, darüber ein kleiner Haarbusch. Der dunkelblaue Waffenrock hatte ebensolche Kragen und Aufschläge, rote Vorstö-

ße, Achselklappen und Achselwülste. Die Kragenpatten waren beim 1. Regiment hellblau, 2. gelb, 3. rot, 4. weiß. Das Lederzeug blieb weiß. Die grauen Beinkleider hatten rote Seitenstreifen. Die Lanze wurde abgelegt. 1870 rückte die Kavallerie in Pickelhauben aus. 1871 erfolgte die Umwandlung in Dragoner und Ulanen.

V. Dragoner, Chevaulegers, Jäger zu Pferd

Das schon erwähnte Reiter-Regiment von Höhnstedt wurde 1732 ein Kreis-Dragoner-Regiment, und zwar mit dem Namen *Württemberg*. Rock und Beinkleider waren weiß, Kragen, Aufschläge, Rabatten, Schoßfutter und Weste hellblau; Knöpfe, Achselbänder und Hutborte gelb (Abb. 27, b). In den fünfziger Jahren des 18. Jahrhunderts erscheint es in blauer Uniform mit schwarzen Abzeichen, gelblich weißen Unterkleidern. Knöpfe usw. wie früher. (Nebenbei sei bemerkt, daß Abbildungen dieses Regiments starke Abweichungen zeigen. So finden sich z. B. die schwarzen Abzeichen bald mit Borteneinfassung, bald ohne diese dargestellt; die Grundfarbe bald dunkelblau, bald hellblau.) In den neunziger Jahren des 18. Jahrhunderts war die Uniform blau mit roten Abzeichen und gelben, rot vorgestoßenen Schoßumschlägen. Dazu gelbe Achselschuppen und Hut mit schwarzem Stutz. Das schon erwähnte Kürassier-Regiment von Pfull wurde 1761 zu Dragonern umgewandelt und 1766 aufgelöst. Rock und Hosen waren weiß, Kragen, Aufschläge, Rabatten und Schoßfutter rot, Weste, Knöpfe, Achselbänder und gebogene Hutborte gelb. Gegen Ende des 18. Jahrhunderts taucht die Truppe der Chevaulegers auf. Die Uniform erhielt den damals üblichen Schnitt mit halben Rabatten. Als Kopfbedeckung Kasketts mit Roßhaarschweif, Hosen weiß in hohen Stiefeln (Abb. 27, c). Die Grundfarbe war blau. Bald darauf wurden auch *Jäger zu Pferd* errichtet mit grüner Uniform. Die Periode von 1798 bis 1817 zeichnet sich überhaupt durch häufigen Wechsel in Formation und Bekleidung aus. Im Mai 1811 erhielten die Regimenter Nummern.

1811:

Chevauleger-Regiment Nr. 1 Prinz Adam. Blaue Kolletts mit ebensolchen Rabatten, weißen Vorstößen, gelben Knöpfen, Kragen, Schoßumschlägen und Paßgürteln. Helm mit Bügel und schwarzer, oben gelber Raupe. Weißes Lederzeug und Hosen (Abb. 27, e).

Leib-Chevauleger-Regiment Nr. 2. Uniform wie vorher beschrieben, nur ziegelrote Abzeichen, Vorstöße und Paßgürtel. Weiße Knöpfe und Litzen am Kragen. Kaskett mit schwarzem Roßhaarschweif.

Jäger-Regiment zu Pferd Nr. 3 Herzog Louis. Kollett, Kragen, Rabatten und anliegende Beinkleider grün. Vorstöße und Achselschuppen gelb. Knöpfe weiß, Lederzeug und Stulphandschuhe schwarz, Helm mit weißem Beschlag, auf dem Bügel grüne, oben gelbe Raupe. Ungarische Stiefel.

Jäger-Regiment zu Pferd Nr. 4. Ganz grüne Uniform wie das vorhergehende. Kragen rosa, Vorstöße und Knöpfe weiß, Helmraupe grün.

Dragoner-Regiment Nr. 5 Kronprinz. Grünes Kollett mit weißem Kragen und Schoßumschlägen, Knöpfen und Achselschuppen, rote Vorstöße, weiße Beinkleider und Lederzeug, schwarze Stulphandschuhe. Tschako wie die Infanterie mit weißen Beschlägen und Behängen (Abb. 27, d).

Mit Ausnahme des 1. Regiments wird die Grundfarbe 1814 durchgängig grün, als Kopfbedeckung der Tschako. Seit 1817 bestehen weder Chevaulegers noch Jäger zu Pferd. 1871 wurden zwei Dragoner-Regimenter errichtet, und zwar wurde das 4. Reiter-Regiment zum 1. Dragoner-Regiment, das 2. zum 2. Dragoner-Regiment. Beide erhielten hellblaue Röcke im Schnitt wie bei der württembergischen Infanterie, also mit zwei Knopfreihen. (Seit 1892 nur eine Knopfreihe.) Beinbekleidung wie in Preußen. Beim 1. Regiment wurden Kragen, schwedische Aufschläge, Vorstöße und Achselklappen weiß, letztere mit rotem gekrönten O geschmückt. Gelbe Knöpfe und weiße Gardelitzen mit roten Spiegeln. Pickelhaube mit weißen Beschlägen und zur Parade weißem Haarbusch. Das 2. Regiment erhielt gelbe Abzeichen und weiße Knöpfe, weiße Helmbeschläge und schwarzen Busch. Auf den Achselklappen ein gekröntes rotes W. Auf den Kartuschen keinen Beschlag. Wie die gesamte Kavallerie seit Ausgang der achtziger Jahre Lanzen mit oben roten, unten schwarzen Flaggen. Das 1. Regiment (Nr. 25) erhielt 1913 auf den Kartuschbandelieren silberne Be-

schläge und Kettchen. Felduniform 1910 und 1915 nach preußischem Muster.

VI. Husaren und Ulanen

Eine Husarentruppe lernten wir bereits in dem Abschnitt über die Leibgarde zu Pferd kennen. 1735 wurde eine *Leibhusaren-Schwadron* errichtet, die 1758 zum Regiment erhoben wurde (von Gorcy, 1763 von Bouwinghausen), 1798 aufgelöst. Dolman und Pelz waren grün, die Beinkleider rot, Schnüre gelb. Kragen und Aufschläge schwarz. Pelzmützen mit rotem Beutel, rotgelbe Schärpe und Säbeltasche. Bandeliere von Fahlleder. Seitdem finden wir keine württembergischen Husaren mehr. Das *Leibulanenkorps* 1815 bis 1817 haben wir bereits bei den Feldjägern erwähnt. 1871 wurde aus dem 1. Reiter-Regiment das *1. württembergische Ulanen-Regiment Nr. 19* errichtet und aus dem 3. Reiter-Regiment in demselben Jahre das *2. württembergische Ulanen-Regiment Nr. 20.* Die Uniform glich der preußischen (natürlich mit Ausschluß von Tschapkabeschlag, Kokarde, Portepee). Die Abzeichen waren beim 1. Regiment rot, beim 2. gelb. Knöpfe und Halbmonde der Epauletten weiß. Das 1. Regiment hatte weiße Gardelitzen. Lanzenflaggen wie bei den württembergischen Dragonern. Felduniform 1910 und 1915 ebenfalls nach preußischem Vorbild.

VII. Artillerie, Pioniere, Train

Die älteste Uniform der württembergischen Artillerie scheint rot gewesen zu sein. 1735 war der Rock noch von roter Grundfarbe mit ebensolchen Schoßumschlägen, schwarzen Kragen und Aufschlägen; Knöpfe, Hutborte und Weste gelb, die in Gamaschen getragenen Beinkleider weiß (Abb. 28, c). In den fünfziger Jahren des 18. Jahrhunderts, als der preußische Typus für die Uniform maßgebend wurde, erhielt der Rock lichtblaue Grundfarbe. Kragen, Rabatten, Aufschläge, Schoßumschläge schwarz, auch wurden schwarze Rabatten angebracht. Knöpfe und Hutborte gelb, Unterkleider weiß (Abb. 28, d). Bis 1817 war die Grundfarbe lichtblau. Die Abzeichen blieben zunächst dieselben, nur erhielt die Weste die Farbe des Rockes. Die Bedeckungskompanie war durch Pelzmützen mit gelbem Schild und gelbe Achselbänder ausgezeichnet. 1799 hellblaue Kolletts in dem damals neu eingeführten Schnitte mit schwarzen halben Rabatten, Aufschlägen und Kaskett mit gelben Beschlägen und schwarzem Roßhaarbusch. Lederzeug weiß wie vorher. Die weißen Beinkleider in Kniestiefeln (Abb. 28, e). 1804 tritt an Stelle des Kasketts mit Schweif ein solches mit schwarzer Raupe. Die reitende Artillerie hatte die gleiche Uniform, nur hellblaue Beinkleider und schwarze Paßgürtel. Der Säbel am Schleppkoppel war an einem über die rechte Schulter gehenden Bandelier befestigt. Auf den Kasketts weißer Stutz. Die Gardebatterie war durch weiße Litzen auf den schwarzen Rabatten und Aufschlägen ausgezeichnet. Auch erhielt die reitende Artillerie damals

Abb. 28. Württemberg. Verschiedenes.
a, b Fußjäger – c, d, e, f, h, i Fuß-Artillerie – g Reit. Garde-Artillerie – k Reit. Artillerie – l, m Feldjäger – n General

weißmetallene Achselschuppen. 1811 wurden die halben Rabatten hellblau gleich dem Kollett mit gelben Vorstößen besetzt, die Beinkleider auch bei der Fußartillerie hellblau (Abb. 28, f). 1813 Tschako mit Hinterschirm und gelben, bei der Garde-Artillerie weißen Beschlägen; letztere auch weiße Behänge (Abb. 28, g). 1817 änderte man die Grundfarbe in königsblau um. Der Schnitt war derselbe wie damals in der ganzen Armee. Der Rock hatte schwarze Kragen, spitze Aufschläge und Epaulettefelder, rote Vorstöße, auch vorn herunter, blaue, rot eingefaßte Paßgürtel, Tschako mit Kokarde, weißen Seitenspangen und Schuppenketten, weißes Lederzeug (Abb. 28, h). Die Abzeichen blieben nunmehr dieselben. Der Schnitt änderte sich in gleicher Weise wie seitdem in der ganzen Armee. Bei der reitenden Artillerie waren 1817 schwarze Pelzmützen mit weißen Schuppenketten eingeführt worden, welche bis 1838 getragen wurden. Damals waren rote Tschakobehänge in Gebrauch, sowohl für die reitende wie für die Fuß-Artillerie. Der 1845 eingeführte modernere Tschako war mit pulverblauem Tuch bezogen, oben weiß, unten schwarz eingefaßt. Als Dekoration weiße gekreuzte Kanonenrohre, darüber Kokarde mit weißer Agraffe und hängender schwarzer Roßhaarbusch (Abb. 28, i). Die 1864 eingeführte Uniform erhielt statt der kö-nigsblauen die dunkelblaue Farbe. Die Abzeichen blieben schwarz, Vorstöße rot, Knöpfe weiß, Achselwülste rot. Das dunkelblaue, mit schwarzem Rand und roten Vorstößen verzierte Paradekäppi war gleichfalls mit schwarzem Roßhaarbusch geschmückt. Beinkleider wie damals bei der Infanterie, für die reitende Artillerie gleich den Reiter-Regimentern. Das Lederzeug wurde schwarz. 1871 wurde die Uniform nach preußischem Vorbilde geregelt. Abzeichen wie in Preußen, bis 1888 zweireihiger, später einreihiger Rock. Pickelhaube mit gelben Beschlägen und Kugel auf der Spitze, Lederzeug schwarz (Abb. 28, k). Seit 1815 bestand eine *Pionierkompanie,* welche fast die gleiche Uniform hatte, aber durch gelbe Knöpfe und Beschläge unterschieden war. Auch war später bei der Tschakodekoration ein Abzeichen von gelben gekreuzten Beilen angebracht. Der 1854 eingeführte modernere Tschako oben mit gelben Borten eingefaßt. Seit 1871 ganz ähnlich den preußischen Pionieren, nur mit den die württembergische Uniform charakterisierenden Eigentümlichkeiten. Knöpfe und Beschläge seit 1871 weiß. Der *Train* trug ebenfalls die gleichen Abzeichen wie in Preußen, nur Lederzeug schwarz. Felduniform 1910 dieser Truppenteile der preußischen entsprechend, ebenso Felduniform M 15.

VIII. Generalität

In der ersten Hälfte des 18. Jahrhunderts hatten die Generale rote Röcke mit Goldbesatz und ebenso verzierte gelbe Westen. Hüte mit Goldborte und weißen Federn. Später blaue Röcke, 1782 hellblaue mit schwarzen Kragen, Aufschlägen und Rabatten, silbernen Schleifen und Achselschnüren. Lichtblaue Westen, weiße Beinkleider. Hut mit Silberborte und weißem, unten schwarzem Federstutz. 1798 dunkelblaue Röcke mit roten Kragen und Aufschlägen sowie oben umgelegten Klappen, alles mit Goldbesatz; eine Reihe gelber Knöpfe, Hut mit weißer Plumage und goldener Agraffe, Stutz und Beinkleider wie vorher, Stiefel mit steifen Stulpen. Später erhielten die Röcke dunkelblaue Rabatten mit roten Vorstößen und reicher Stickerei sowie Fransenepauletten. Letztere sowie alle Verzierungen bei den Generalen der Infanterie von Gold, bei denen der Kavallerie von Silber. Die Schärpe war silbern mit rot und gelb durchzogen. In den zwanziger Jahren einfacher Hut mit goldener Agraffe und schwarzem Stutz, rote Kragen und Aufschläge; auf der Brust Guirlandenstickerei. Für gewöhnlich königsblaue Beinkleider mit rotem Vorstoß, zur großen Uniform weiße in hohen Stiefeln. Rot und schwarze Schärpe nach Husarenart. 1829 Goldstreifen an den Hosen. Die kleine Uniform hatte zwar gestickte Kragen und Aufschläge, dagegen fiel die Guirlandenstickerei auf der Brust weg. Der Frack wurde nur mit einer Knopfreihe geschlossen. 1849 Waffenröcke in derselben Ausstattung, 1851 Tschakos mit reichem Besatz von Goldborten (Abb. 28, n). Bei der kleinen Uniform waren Kragen und spitze Aufschläge von der Grundfarbe mit roten Vorstößen besetzt, die Beinkleider ebenfalls nur mit roten Vorstößen statt der Goldborten. 1864 erhielten die Generale schwarze Röcke und Mützen mit roten Abzeichen und goldenem Besatz. Die Rangabzeichen nach österreichischer Art. Auf dem Käppi weißer Federbusch mit rot und schwarzer Füllung. Die *Adjutanten des Königs* hellblaue Grundfarbe und Silberbesatz. Seit 1871, wie wir schon in den vorhergehenden Abschnitten gesehen haben, preußischer Typus. Der Federbusch zur Parade wurde in den Farben wie 1864 getragen. Die Schärpe von Silber mit rot und schwarz durchzogen. Die Rangabzeichen haben wir schon an früherer Stelle behandelt. Der Generalstab trug bis 1870 schwarze Abzeichen und goldene Kragen- und Aufschlaglitzen.

	1807	1817/18	1841	1864
General der Inf.				
Generalleutnant				
Generalmajor				
Oberst				
Oberstleutnant				
Major				
Hauptmann und Rittmeister, 1807 Hauptmann und Rittmeister 1. Kl. 1817				
Stabshauptmann, 1807. Hauptmann u. Rittmeister 2. Kl. 1817/18 Oberleutnant 1841				
Unterleutnant u. Oberleutnant, 1807 Leutnant, 1841				
	1)	1) Oberleutnant, 1810 2) Generale, 1853	2)	

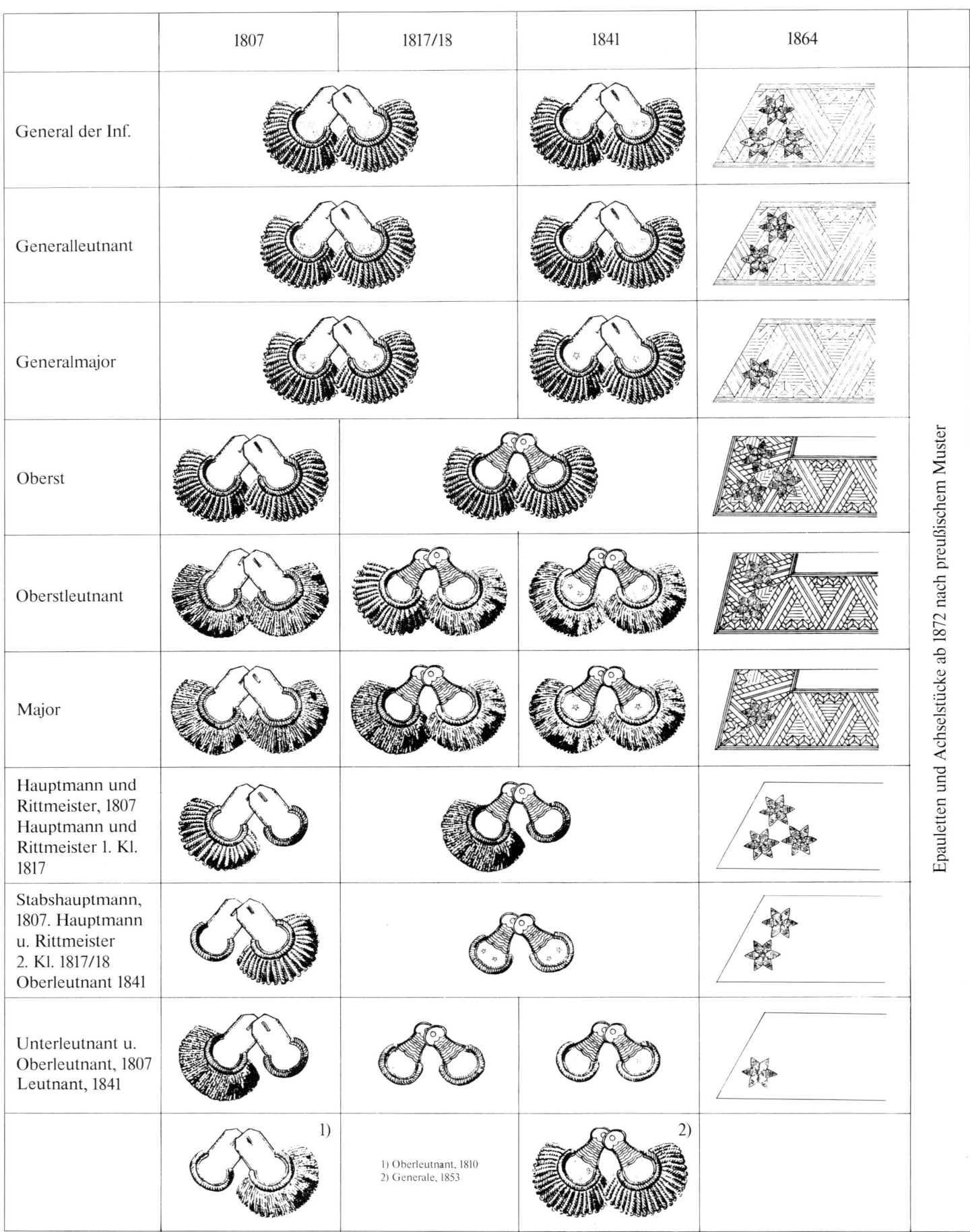

Epauletten und Achselstücke ab 1872 nach preußischem Muster

Die Entwicklung der Offiziers-Rangabzeichen im Königlich württembergischen Heer ab 1807

1790.1790. 1790. 1806. 1810. 1837. 1860. 1790. 1812. 1825. 1840. 1850. 1807. 1837.

a   b   c   d   e   f   g   h   i   k   l   m   n   o

Abb. 29. Baden
a, b, c, d, e, f, g Infanterie – h Garde du Corps – i, k, l, m Dragoner – n Reit. Artillerie – o Fuß-Artillerie

Baden
(Kokarde im 18. Jahrhundert schwarz, später rot-gelb-weiß, dann rot-gelb.)

Bis zur Mitte des 18. Jahrhunderts war die Grundfarbe weiß, seitdem ist das preußische Vorbild fast immer maßgebend gewesen. Im 18. Jahrhundert dunkelblaue Röcke mit verschiedenfarbigen Abzeichen, helle Unterkleider. Um 1790 trug das *Markgräflich Badische Leibregiment* eine Uniform, welche dem preußischen Regiment »Garde« (Nr. 15) nachgebildet zu sein scheint. Der Rock hatte rote Kragen, Rabatten, schwedische Aufschläge und Futter; reicher Besatz von weißen Litzen mit Tresse, weiße Knöpfe und Unterkleider. Die Halsbinden waren schwarz. Nur an Sonn- und Feiertagen wurden rote angelegt. Bei den Musketieren weißbortierter Hut mit roter Puschel, bei den Grenadieren Mützen, vorn mit gelbem Blech, hinten mit blauer, unten roter Abfütterung (Abb. 29, a). Das Füsilier-Bataillon »*Erbprinz*« trug im genannten Jahre einen blauen, einreihigen Rock mit gelben Kragen, Aufschlägen und Schoßfutter, weiße Unterkleider. Die Füsiliermütze von gelbem Bleche hatte hinten blaues Futter (Abb. 29, b). Die Gamaschen waren bei der ganzen Infanterie zur Parade weiß, sonst schwarz. Die Offiziere legten als Dienstzeichen Ringkragen und silberne rot

und gelb durchzogene Schärpe an. Bis 1793 trugen die Subalternen Gamaschen, seitdem Stiefel. In demselben Jahre wurden die Offizierspontons abgeschafft. Im Jahre 1803 erhielt die Uniform einen anderen Schnitt mit gerade herabgehenden Rabatten. Die Offiziersschärpen wurden nunmehr über dem Rocke angelegt. 1806 fielen die Zöpfe fort, ebenso die Kurzgewehre der Unteroffiziere. Die *Leibgrenadiergarde* erhielt unterm 21. Oktober 1806 eine neue Uniform, und zwar dunkelblaue Röcke, rote Kragen, Aufschläge und Schoßfutter, dunkelblaue Ärmelpatten und weißen Litzenbesatz auf der Brust wie auf den Patten. Rechts weiße Achselschnüre, weiße Beinkleider, schwarze Gamaschen, Pelzmützen mit weißmetallenem Blech, weißrotgelben Behängen und weißem Stutz (Abb. 29, d). 1809 erhielt der Rock Kollettschnitt. Im gleichen Jahr bekam die Linien-Infanterie dunkelblaue Kolletts mit ebensolchen Ärmelpatten, roten Kragen, Aufschlägen und Schoßumschlägen, keine Rabatten. Knöpfe weiß, vorn in zwei Reihen. Beinbekleidung wie vorher (Abb. 29, e). Als Kopfbedeckung eine Art Raupenhelm (1806 eingeführt) mit gelben Beschlägen, beim

Leib-Regiment mit weißen. Auch hatte letzteres weiße Litzen auf Kragen und Ärmelpatten. 1808 erhielten die Offiziere Epauletten. Der Raupenhelm wurde im Frühjahr 1813 durch den Tschako ersetzt, gleichzeitig wurden die Abzeichen wieder verschiedenfarbig. Die *Jäger* hatten dunkelgrüne Uniform mit schwarzen Abzeichen, weißen Vorstößen und Knöpfen; grüne Epauletten, Helmraupe und Stutz, grüne Hosen und kurze schwarze Gamaschen. Schon während der Befreiungskriege wurde die Uniform ganz nach preußischem Muster geregelt. 1820 erhielt die Infanterie auf der dunkelblauen, zweireihigen Montur rote Kragen und verschiedenfarbige Achselklappen. 1833 unterschieden sich die Regimenter bei roten Kragen und Aufschlägen durch die Ärmelpatten, Achselklappen und Knöpfe. Das *Leibgrenadier-Bataillon* hatte silberne Litzen.

Regiment	Ärmelpatten, Achselklappen	Knöpfe
Nr. 1	weiß	gelb
" 2	rot	weiß
" 3	gelb	gelb
" 4	hellblau	gelb

Die Beinkleider waren beim Grenadierbataillon grau, bei der übrigen Infanterie dunkelblau mit rotem Vorstoß. Lederzeug weiß. Das *leichte Bataillon* grüne Uniform, hellblaue Kragen, Aufschläge und Schoßbesatz, gelbe Knöpfe, hellblaue Achselklappen und Patten, graue Hosen, Tschakos, schwarzes Lederzeug. 1834 wurden wieder rote Achselklappen eingeführt mit weißen Nummern. Der Tschako erhielt Hinterschirm und als Beschlag den badischen Greif. 1843 vorn nur *eine* Knopfreihe statt der doppelten. Während des für die badische Armee verhängnisvollen Jahres 1849 waren Tschako und Kollett im Gebrauch, indessen war gerade damals eine neue Uniform eingeführt, jedoch noch nicht allgemein ausgegeben worden. Teilweise bemächtigten sich die meuternden Soldaten dieser Bestände und erschienen nun in der neuen Uniform. Sie bestand aus einer Pickelhaube mit gelbem Greifenbeschlag und Kugel an Stelle der Spitze, blauem Waffenrock ohne andersfarbige Aufschläge und Vorstöße. Farbige Kragenpatten und Achselklappen: rot mit gelber Litze für die Leib-Grenadiere, rot für das 1. Regiment, weiß für das 2., gelb für das 3. und hellblau für das 4. Graue Hosen ohne Biese. Gekreuztes Lederzeug. Bei der Reorganisation von 1850 erhielt die Pickelhaube die preußische Spitze an Stelle der Kugel. Die Infanterie, in selbständige Bataillone eingeteilt, bekam rote Kragenpatten und ebensolche brandenburgischen Aufschläge sowie weiße Achselklappen. Seit 1856 wieder verschiedenfarbige Achselklappen (die Leib-Grenadiere 1856 bis 1867 weiße Knöpfe, dann wieder gelbe, 1885 wieder weiße). 1852 wurde der Regimentsverband wiederhergestellt. Die Jäger trugen dunkelgrüne Waffenröcke mit schwarzen Kragen und Aufschlägen, roten Achselklappen und Vorstößen. Gelbe Knöpfe. Pickelhaube zur Parade mit schwarzem Haarbusch. Später

Hüte ähnlich denjenigen der österreichischen Jäger, schwarzes Lederzeug. Abweichend von dem preußischen Muster waren die Tragriemen des Tornisters gestaltet (Abb. 29, g). 1864 wurde das Lederzeug bei der Infanterie durchgängig schwarz. 1866 rückte die Armee in der blauen, rot gerandeten Feldmütze aus. In der Folgezeit wurde das preußische Muster ganz und gar eingeführt. Der Helm zeigte als Beschlag den badischen Greifen.

1914 trugen die Regimenter folgende Abzeichen:
Leib-Grenadier-Regiment Nr. 109: weiße Achselklappen mit roter Krone, weiße Knöpfe und Gardelitzen. Aufschläge von schwedischer Form, weißer Helmbeschlag und zur Parade weißer Haarbusch.
Die folgenden Regimenter hatten alle rote Ärmelpatten ohne Vorstoß und gelbe Knöpfe.
Nr. 110: weiße Achselklappen mit rotem Namenszug. Zur Parade weißer Haarbusch.
Nr. 111 u. 169: rote Achselklappen.
Nr. 112 u. 142: gelbe Achselklappen.
Nr. 113 u. 170: hellblaue Achselklappen
Nr. 114: grüne Achselklappen.
Die *Markgräflich Badische Garde du Corps* bestand 1790 aus drei Kompanien, und zwar aus der *Kompanie Garde du Corps,* einer *Kürassier-* und einer *Dragonerkompanie.*
Die Gardes du Corps hatten gelbe Röcke, rote Kragen, Schoßumschläge und Leibbinden, rot und weißen Bortenbesatz und Achselschnüre, Lederhosen und hohe Stiefel. Silberne Hutborten und weißer Stutz (Abb. 29, h). Weißlederne Kartuschen mit Messingschild. Die Dragonerkompanie trug die Uniform des schwäbischen Kreis-Regiments Württemberg. Blaue Uniform mit schwarzen Abzeichen, gelben Knöpfen und weißen Unterkleidern. Hut mit weißer Borte und Stutz. Die Kürassierkompanie hatte die Uniform des schwäbischen Kreis-Regiments Hohenzollern, und zwar denselben Hut wie die Dragoner, weiße Röcke mit roten Abzeichen, schwarzen Küraß mit rotem Futter. 1796 wurde die Uniform der Garde du Corps durchgängig weiß mit roten Abzeichen (ohne Rabatten), Unterkleider gelb, Hut mit weißer Borte und Stutz. 1799 am oberen Teile der Brust vier silberne Litzen. 1801 hellblaue Röcke mit dunkelroten Kragen, Rabatten und Aufschlägen, weißen Knöpfen und Achselbändern, gelben Schoßumschlägen und Unterkleidern. Der Stutz unten rot, oben weiß. 1804 weiße Kolletts mit roten Kragen, rotweißem Bortenbesatz, roten Säbeltaschen mit gleichem Besatz, darin gekröntes C.F.; weiße Beinkleider, rote Leibbinde. Als Kopfbedeckung 1806 Helm mit weißer Raupe, am Kollett zwei Reihen weißer Knöpfe. 1813 Gardelitzen, der rote Paßgürtel fällt fort. 1819 Kürassierhelm nach preußischer Probe. Gegen Ende des 18. Jahrhunderts bestanden auch *Markgräflich Badische Husaren.* Pelz und Dolman waren grün, Kragen und Aufschläge rot, die Beschnürung gelb. Grüne Säbeltasche mit gelbem Namenszug. Schwarze Filzmützen mit ebensolchem Flügel. Lederhosen und ungarische Stiefel. 1806 Tschakos mit grünem Stutz und rote ungarische Hosen. 1807 dunkelgrüne Reithosen mit roter Biese zwischen zwei

schmalen roten Streifen. Das Regiment ging 1812 in Ruß-land fast gänzlich zugrunde. Im Jahre 1803 übernahm der Markgraf Karl Friedrich bei dem Anfall verschiedener Landesteile infolge des Reichsdeputationshauptschlusses auch eine vollständig ausgestattete bayerische Chevaulegers-Eskadron. Sie erhielt den Namen »Leichte Dragoner-Eskadron«. Später zum Regiment erhoben. Als Kopfbedeckung anfänglich Hüte mit Federstutz, hellblaue Kolletts mit roten Kragen, Aufschlägen und Rabatten. Weiße Knöpfe und Litzen, gelbe Westen, weiße Beinkleider und hohe Stiefel. 1805 bayerischer Raupenhelm mit weißen Beschlägen, aber vorläufig nur für die Mannschaften, seit 1808 auch für die Offiziere. Zur Schonung der weißen Beinkleider wurden hellblaue Reiterhosen mit rotem Besatz eingeführt (Abb. 29, i). 1808 fielen die Litzen fort, 1810 auch die Rabatten. Dagegen behielt das Kollett zwei Knopfreihen. Im Jahre 1833 bestand auch ein *Garde-Dragoner-Regiment,* welches an die Stelle der Gardes du Corps getreten war. An *Linien-Dragonern* zwei Regimenter. Kollett und Hosen hellblau. Helm mit Bügel und schwarzem Roßhaarkamm wie bei den damaligen preußischen Kürassieren. Weißes Lederzeug (Abb. 29, k). Das Garde-Dragoner-Regiment hatte rote Kragen und Aufschläge mit weißen Litzen und weiße Knöpfe.

Das *1. Regiment* weiße Aufschläge und Kragen und gelbe Knöpfe. Keine Litzen.

Das *2.* rote Abzeichen und gelbe Litzen und Knöpfe. 1834 erfolgte eine Uniformänderung. Der Helm erhielt eine andere Form und wurde vorn mit einem gelbmetallenen Greif und ebensolchem Bügel verziert, der schwarze Kamm beibehalten (Abb. 29, l). Alle drei Regimenter hatten hellblaue Kolletts mit einer Reihe von gelben Knöpfen, hellblaue Hosen, zur Parade mit weißen Streifen geschmückt. Für gewöhnlich lederbesetzte Reithosen mit weißer Biese. Kragen, Aufschläge, Achselklappen, Vorstöße und Besatz der Schoßumschläge weiß, das Regiment *Großherzog* auf den Achselklappen eine Krone, die beiden anderen Nummern. Die hellblauen Schabracken mit weißem Besatze zeigten vorn eine Krone, in den hinteren Ecken gekrönten Namenszug. Bei der Reorganisation von 1850 hellblaue Waffenröcke wie die preußischen Dragoner und Pickelhauben. Graue Hosen mit rotem Vorstoß. Beim 1. Regiment rote Kragen, Aufschläge und Vorstöße, beim 2. gelbe, beim 3. schwarze Abzeichen und rote Vorstöße. Alle drei Regimenter weiße Knöpfe und gelbe Helmbeschläge. Als kleine Uniform Spenzer. Die Uniform wurde seitdem der entsprechenden preußischen noch mehr angenähert. Die Abzeichen blieben dieselben. Die Regimenter führten 1914 die Nrn. 20, 21 und 22. Zur Parade weiße Haarbüsche. Bei der Bewaffnung der Kavallerie des Deutschen Reiches mit Lanzen erhielten die badischen Dragoner rot und gelbe Lanzenflaggen. Das Regiment Nr. 20 (badisches Leib-Dragoner-Regiment) hatte auf den Achselklappen eine gelbe Krone. *Artillerie* und *Pioniere* haben im allgemeinen dieselben Uniformänderungen durchgemacht, wie wir unter Infanterie gesehen haben. Die Abzeichen waren am Ende des 19. Jahrhunderts schon schwarz, später kamen noch rote Vorstöße dazu. Die Artillerie war durch gelbe Knöpfe von den Pionieren unter-

schieden, welche weiße trugen. Die Uniform der *Generalität* hat sich ebenfalls der preußischen angeschlossen.

Die Felduniform 1910 der preußischen entsprechend, ebenso die von 1915. Achselklappenvorstoß beim Infanterie-Regiment 114 hellgrün, beim Dragoner-Regiment 22 schwarz.

Hessen-Darmstadt
(Kokarde schwarz, seit 1807 rot und weiß.)

Die älteste Infanterietruppe bestand aus dem sogenannten Landausschuß, eine Art Miliz, welche im Jahre 1700 reguliert und den Feldtruppen gleichgemacht wurde. Das Bataillon der *Obergrafschaft* trug blaue Röcke mit rotem Boy gefüttert, orange Aufschläge, vier Finger breite orange Kragen nebst ebensolchen Klappen. Jede Rockseite mit vier Falten versehen, drei Dutzend zinnerne Knöpfe, Hut mit vier Finger breiten Borten eingefaßt, graue Beinkleider und Strümpfe, Musketen und Degen. Die Unteroffiziere hatten blaue Aufschläge und Unterfutter. Eine Abbildung eines Offiziers der Landmiliz vom Jahre 1717 zeigt dunkelblauen Rock mit weißen Knöpfen, Aufschlägen und weiß (silber?) ausgenähten Knopflöchern. Weiße Halstücher, blaue Hosen, rote Strümpfe. Hut mit gebogener Silberborte und roter Plumage. Die Schärpe silbern mit rot und blau durchzogen. Als Waffen Degen und Sponton. Außer der Schärpe als Dienstzeichen silberner Ringkragen mit goldenem Namenszuge E L (Ernst Ludwig) und Krone. Ein Offizier vom Regiment *von Schrautenbach* trägt die gleiche Uniform, nur sind die silberbortierten Kragen und Aufschläge rot (Abb. 30, a). Das *Düringsche Bataillon* hatte in derselben Zeit weiße Uniform mit gelben Aufschlägen, das *Dallwigsche* weiß mit rot, das *Lehrbachsche* weiß mit blau, das *Geismarsche* weiß mit grün, das *Kreis-Regiment* blau mit weiß. Letzteres Regiment erscheint auch in der Schlacht bei Roßbach, wo es zur Reichsarmee gehörte und unter den wenigen Truppen war, die mannhaft standhielten, noch in denselben Abzeichen. Der blaue Rock war mit weißen Kragen, Aufschlägen und Schoßumschlägen versehen. Auf der Brust und über den Ärmelaufschlägen weiße Litzen. Knöpfe und Achselbänder weiß, ebenso die Unterkleidung. Halsbinden rot. Die Grenadiermützen mit durchbrochenem gelben Blech auf weißem Grunde, Hinterteil rot, die Puschel weiß (Abb. 30, b). Das Leibgrenadierkorps hatte von 1739 bis 1768 weiße Röcke und Unterkleider, rote Halsbinden, Kragen, Rabatten, Aufschläge und Schoßfutter, gelbe Knöpfe und Pelzmützen mit gelbem Blech und rotem Beutel. Die Offiziere hatten rote Unterkleider. Im übrigen war die darmstädtische Infanterie ganz nach preußischem Vorbild uniformiert. Namentlich wurden unter Landgraf Ludwig IX. 1768 bis 1790, der von 1743 bis 1757 als Erbprinz Chef des damaligen preußischen Infanterie-Regiments Nr. 12 gewesen war, auch selbst die Kleinigkeiten im Anzuge nach preußischem Muster geregelt, ebenso wie das preußische Exerzierreglement und die Dienstvorschriften eingeführt wurden. Die dunkelblaue Grundfarbe ist seitdem für die Infanterie charakteristisch geblieben. Gegen Ende des 18. Jahrhunderts erhielten die Röcke den vorn mehr abgestochenen Schnitt. 1803 bestand die Infanterie aus drei Brigaden zu je drei Bataillonen. Allen gemeinsam waren der weiße Litzenbesatz, die roten Schoßumschläge, weißen Unterkleider, schwarzen Gamaschen, weißbortierter Hut mit rotweißen Seitenquasten und Puscheln in der Kompaniefarbe (Abb. 30, c). An den umgeschlagenen Schößen die kleinen Laschen für Knopf und Knopfloch von der Abzeichenfarbe. Die dritten Bataillone hießen Füsiliere und trugen die Abzeichen der Brigaden bei grüner Grundfarbe des Rockes. Die Abzeichen waren für Leib-Brigade rot, Landgraf hellblau, Erbprinz gelb. Die Tornister wurden an einem Riemen über die rechte Schulter getragen wie in Preußen. Während der Rheinbundperiode wurden verschiedene Uniformänderungen befohlen. 1806 kam im Juli der Zopf in Fortfall. Den Offizieren wurde gestattet, anliegende blaue Hosen in Suwarow-Stiefeln zu tragen. Da häufig Mißverständnisse wegen der der preußischen ähnlichen Uniform vorkamen, wurde befohlen, daß die Offiziere hohe rote, oben schwarze Federbüsche auf den Hüten tragen sollten an Stelle der weiß-roten. Der Tornister wurde mit zwei Tragriemen versehen und nunmehr über beide Schultern angelegt. Das früher kugelförmige Hutpompon erhielt die Form eines kleinen Stutzes, und zwar wie früher in der Kompaniefarbe. Darunter die Kokarde in den Landesfarben, die bis dahin nur von den Offizieren, aber in schwarzer Farbe, getragen worden war. Säbelgehänge seit 1808 nicht mehr um den Leib, sondern über die Schultern. 1808 erhielten die Mannschaften blaue Beinkleider in kürzeren Gamaschen. Auf dem Marsche lange blaue oder leinene Hosen über den Gamaschen. Die dritten grünen Bataillone gingen ein. 1809 Tschakos mit ledernen Sturmbändern, weißem Schildchen, Kokarde und Doppelpompon (Abb. 30, d). Der obere Teil des Pompons war rot, der untere Teil zeigte die Kompaniefarbe. 1. Kompanie weiß, 2. schwarz, 3. blau, 4. rot, 5. gelbweiß, 6. schwarzweiß, 7. blauweiß, 8. rotweiß. Die Brigaden waren wieder zu Regimentern geworden, und zwar bestand das *Leibgarderegiment* und das *Leibregiment* aus zwei Bataillonen zu je vier Kompanien; das Regiment *Erbprinz* erhielt 1809 französische Organisation, nämlich zwei Bataillone zu je sechs Kompanien, darunter zwei Grenadier- und zwei Voltigeurkompanien. Gleichzeitig wurde in der Uniform des Regiments verschiedenes nach französischem Vorbilde geändert. Die Grenadiere rote Stutze und Tschakobehänge sowie rote Fransenepauletten. Bei den Voltigeuren diese Stücke in grün, die Epauletten mit gelben Halbmonden. Die Rabatten wurden nur noch zu Paraden aufgeknöpft, und der Litzenbesatz fiel mit Ausnahme desjenigen auf den Rabatten fort. Die Gamaschen bei diesem Regiment von ungarischem Schnitt. Die Abzeichen waren gelb; die Füsiliere hatten blaue gelbeingefaßte Achselklappen. Das Regiment Erbprinz focht in dieser Uniform in Spanien; die andern beiden in Deutschland zurückbleibenden Regimenter, von denen das Leibgarderegiment rote, das Leibregiment hell-

blaue Abzeichen trug, behielten den Litzenbesatz (sieben weiße Litzen auf jeder Rabatte, zwei darunter, zwei auf der Seitentasche, eine an jedem Taillenknopfe, drei auf den Ärmelpatten) zunächst bei. Auf den Achseln dunkelblaue Contreepauletten mit Einfassung in der Regimentsfarbe ohne Passanten (Abb. 30, f). Die Offiziere trugen einreihige blaue Marschfracks. Epauletten der Offiziere von Silber, bei den Subalternen ein Fransen- und ein Contreepaulette. Die Mannschaften trugen auf Märschen die blauen Hosen über den Gamaschen. 1812 wurde ein provisorisches leichtes Infanterie-Regiment errichtet (1813 Garde-Füsilier-Regiment) mit scharlachroten Abzeichen und weißen Knöpfen. 1813/14 scheinen die Litzen mit Ausnahme derjenigen auf den Rabatten weggefallen zu sein. 1814 kamen die Contreepauletten der Mannschaften ab, dagegen wurden blaue Achselklappen eingeführt, wie sie schon die Füsiliere des Regiments Erbprinz getragen hatten. 1820 wurde die Uniform wieder geändert. Sie bestand nunmehr aus dunkelblauen Kolletts mit einer Reihe von weißen Knöpfen. Kragen, Aufschläge je nach dem Regiment von roter, hellblauer oder gelber Farbe. Das Garde-Füsilier-Regiment wurde 2. Garde-Regiment und erhielt 1830 statt der scharlachroten rosenroten Abzeichen. Auf den Kragen und Aufschlägen weiße, Offiziere silberne Litzen. Die Beinkleider blau oder weiß. Tschakos wie früher. Keine Tschakobehänge (solche waren auch früher nicht im Gebrauch, mit Ausnahme des Regiments Erbprinz). Offiziere als Dienstzeichen Ringkragen, aber keine Schärpen. Die Offiziere erhielten 1824 außer den blauen noch Nankinghosen, daneben weiße Beinkleider. 1827 erhielten die Achselklappen die Abzeichenfarbe. 1832 fielen die Suwarow-Stiefel der Offiziere fort. 1834 am Tschako statt der ledernen Sturmriemen Metallschuppenbänder (Abb. 30, e), bei der Garde schon 1819. Die Feldmützen seit 1836 mit Schirmen. 1842 kommt ein neues Epaulettenmodell für die Offiziere auf. Generale und Obersten mit festen Fransen, Oberstleutnants und Majore mit losen, Hauptmann eins mit Fransen auf der rechten, eins »ohne« auf der linken Schulter, Leutnants ohne Fransen. Futter überall rot, Halbmond und Feld silbern. In letzterem der Leutnant, der Major und Generalmajor einen, Oberleutnant, Oberstleutnant und Generalleutnant zwei, Hauptmann und Oberst keinen, General der Infanterie drei Sterne. 1846 erhielten die blauen Hosen Vorstöße von der Regimentsfarbe. 1849 fand eine Neuuniformierung statt. Die Uniform bestand nun aus einem dunkelblauen Waffenrock mit rotem Vorstoß. Aufschläge von der Grundfarbe mit spitzer Form gleichfalls rot vorgestoßen. Achselklappen rot, Knöpfe weiß, Beinkleider grau mit rotem Vorstoß. Weißes Lederzeug in Form der Gürtelrüstung. Helme nach preußischem Muster mit Messingbeschlag. Vorn am Kragen auf jeder Seite zwei weiße Litzen mit Knöpfen. Die Kragenfarben rot, hellblau und gelb wie früher. 1849 wandelte das 2. Regiment seine rosenroten Abzeichen in weiße um. 1850 statt der Ringkragen wieder Schärpen für die Offiziere. Letztere erhalten 1852 Korbsäbel statt der Degen, und zwar die berittenen mit Stahlscheiden, die andern in Lederscheiden. 1866 legten die Offiziere Feldachselstücke an. 1867 wurde

Abb. 30. Hessen-Darmstadt
a Infanterie-Offizier – b, c, d, e, f, g Infanterie – h Garde du Corps – i, k Chevaulegers – l Dragoner – m Artillerist

das Lederzeug schwarz (Abb. 24, f). 1872 Neuuniformie-rung nach preußischem Vorbilde.

Die wesentlichsten Unterscheidungsmerkmale waren 1914 außer Kokarde und dem Beschlag mit dem Löwen am Helm usw. die weißen Knöpfe und die farbigen Aufschlagspatten, welche mit den Achselklappen gleichfarbig waren. Kragen und Aufschläge wie in Preußen rot. Das Regiment Nr. 115 hatte rote Achselklappen und Aufschlagpatten, weiße Gardelitzen. Zur Parade schwarze Haarbüsche, Nr. 116 Achselklappen und Ärmelpatten weiß, ebenfalls schwarze Haarbüsche bei Paraden, 117 kaliblau, dazu bei Paraden schwarze Haarbüsche, 118 gelb, 168 rot, 115 bis 117 trugen Namenszüge auf den Achselklappen, die andern Nummern. Felduniform 1910 wie in Preußen mit weißen Knöpfen, ebenso M 1915, Achselklappenvorstoß bei 115, 168 rot, 116 weiß, 117 kaliblau, 118 gelb.

Von 1861 bis 1872 bestanden auch Jägertruppen. 1860 als provisorisches Scharfschützen-Korps aus den Scharfschützen aller Infanterie-Regimenter gebildet. Bis 1866 wurde die bisherige Regimentsuniform getragen. Ab 1866 Waffenrock der Infanterie mit grünem Kragen, darauf beim 1. Bataillon (Garde-Jäger-Bataillon) rote Patte, beim 2. (Leib-Jäger-Bataillon) weiße. Auf der Patte je eine weiße Litze. Auf der Schulternaht grüne Wülste. Tschakos ohne Hinterschirm (im Feldzug 1870 stets unter Wachstuchüberzug getragen) mit kompanieweise verschiedenen Stutzen.

Unter den *Reitertruppen* ist zunächst, und zwar unter dem Landgrafen Ludwig VI. 1661 bis 1678 die *Leibgardekompanie zu Pferd* zu erwähnen, die dunkelblaue Röcke mit Tressenbesatz, rotes Futter, karmesinrote Schärpen mit Fransen, rotsamtne Karabinerriemen und dunkelblaue Schabracken hatte. 1716 wurde eine Kompanie *Grenadiere zu Pferde* errichtet. Die Grenadiere waren in blaue Röcke gekleidet mit roten Aufschlägen und Westen, dazu Grenadiermützen und Achselbänder. Aus diesen Grenadieren bildete man 1731 das Regiment *Garde de Dragons*. Die Uniform war ebenfalls dunkelblau mit rot. 1739 erhielt das Regiment weiße Uniform mit roten Abzeichen. 1763 finden wir ein *Husarenkorps* mit grüner Uniform. Die Garde de Dragons wurde 1768 aufgelöst. Die damalige *Garde du Corps* trug paille Uniform mit roten Kragen, Aufschlägen und Westen und weißrotem Bortenbesatz. Dazu Pelzmützen mit weißmetallenem Schild, rotem Deckel, der Länge nach weiß und hellblau gestreiftem Stutz und Lederbeinkleider (Abb. 30, h). An Stelle der Pelzmützen traten bald Hüte. Die *Husaren* waren in derselben Zeit hellblau uniformiert. Eine zweite kleine Husarenabteilung hatte rote Uniformen. 1790 wurde ein *landgräflich hessisches Chevauleger-Regiment* errichtet. Der Rock war grün, der Kragen rot, vorn mit schwarzer Patte. Rabatten und Aufschläge schwarz. Alles mit weißem Litzenbesatz. Gelbliche Unterkleider, schwarze Halsbinden und Kasketts nach englischem Vorbilde. Die Schoßumschläge waren rot, die Schabracken grün mit schwarzem Zackenrand, weißem Vorstoß und Namenszug in den hinteren Ecken. Im allgemeinen, wenn man von den Wandlungen im Zeitgeschmack absieht, erhielt sich die Uniform bis 1872. 1809 wurde der Schnitt kollettartig, das Lederzeug schwarz (bisher von Fahlleder), die Beinkleider grün mit rotem Vorstoß, das Kaskett mehr in Form des bayerischen Raupenhelmes (Abb. 30, i). 1820 fallen die Rabatten fort, das Kollett wird mit einer Reihe weißer Knöpfe geschlossen, nur noch zwei weiße Litzen auf den schwarzen Patten des roten Kragens. Aufschläge von der Grundfarbe mit rotem Vorstoß in spitzer Form. Die grünen Beinkleider mit roten Seitenstreifen (Abb. 30, k). Weiße Achselschuppen. 1850 Waffenrock in gleicher Ausstattung mit nur einer Kragenlitze, graue Hosen mit rotem Vorstoß, Pickelhauben mit gelbem Beschlag. Zu Paraden schwarze Haarbüsche. Die Bandeliere der Offiziere für gewöhnlich in schwarzem Überzuge mit weißen Knöpfen. 1860 wurde das Regiment geteilt und ein zweites errichtet, mit weißen Abzeichen. Seit 1872 hatte die Uniform den Schnitt wie bei den preußischen Dragonern (Abb. 30, l). Die Grundfarbe war dunkelgrün; beim 1. Regiment – 1. großherzoglich-hessisches Dragoner-Regiment (Garde-Dragoner-Regiment) Nr. 23 – hatte der dunkelgrüne Waffenrock rote Kragen, Achselklappen und schwedische Aufschläge, weiße Knöpfe und Gardelitzen, auf den Achselklappen gekröntes weißes L. Helm mit weißen Beschlägen und zur Parade schwarzem Haarbusch. Schwarzes Lederzeug. Auf dem Koppel statt der Schnalle ein Schloß mit Krone. Das 2. großherzoglich-hessische Dragoner-Regiment (Leib-Dragoner-Regiment) Nr. 24 ebenso, nur weiße Abzeichen statt der roten und keine Litzen, auf den Achselklappen rotes N mit Zarenkrone. Die Schabracken bei beiden Regimentern grün mit weißer Krone in den hinteren Ecken und Besatz von der Regimentsfarbe. Beinbekleidung wie bei den preußischen Dragonern. Felduniform 1910 wie in Preußen, ebenso M 1915. Die kornblumenblauen Achselklappen hatten dunkelgrünen Innen- und abzeichenfarbigen Außenvorstoß.

Die *Artillerie* trug 1790 dunkelblaue Röcke mit schwarzen Kragen, Rabatten und Aufschlägen, rotem Schoßfutter und gelben Knöpfen. Weiße Unterkleider, schwarze Gamaschen. Hüte bei den Offizieren mit breiter gebogener Goldborte. Halsbinden schwarz. Die Ärmelpatten waren von der Grundfarbe des Rockes. 1803 wurden die Knöpfe weiß, dazu weißer Litzenbesatz (Abb. 30, m). Später Tschakos, rote Vorstöße um die schwarzen Abzeichen und dunkelblaue Beinkleider. Schnitt wie bei der Infanterieuniform, deren Wandlungen die Bekleidung nun folgte. 1850 Waffenröcke mit blauen polnischen Aufschlägen durch roten Vorstoß markiert. Weiße Litzen am schwarzen Kragen, rote Vorstöße, weiße Knöpfe, graue rot vorgestoßene Beinkleider. Helm wie in Preußen mit gelbem Löwenbeschlag und Spitze ohne Kugel. Die Bandeliere der Offiziere für gewöhnlich zur Schonung in schwarzem Überzug mit weißen Knöpfen wie bei den Chevaulegers. 1872 wurde die Uniform gänzlich nach preußischem Vorbilde geregelt. Auf der Helmspitze nunmehr eine Kugel. Das Lederzeug schwarz. Koppel-

schloß wie bei den Chevaulegers. Die blauen Ärmelpatten rot vorgestoßen, Knöpfe nunmehr gelb. Alles übrige vgl. unter Preußen. Feld-Artillerie-Regiment 25 gelbe Gardelitzen mit weißem Spiegel. Die Uniform der *Pioniere* folgte derjenigen der Infanterie. Die Abzeichen karmesinrot. Der *Train* war ebenfalls nach preußischer Norm bekleidet, aber mit schwarzem Lederzeug. Die Abzeichen der *Generale* waren früher bei blauer Uniform rot mit Silber.

Mecklenburg-Schwerin und Mecklenburg-Strelitz
(Kokarde blau-gelb-rot.)

Schwerin

Die ersten Uniformen waren sehr verschiedenfarbig, doch wurden bis zum Jahre 1705 vorwiegend graue Röcke getragen. 1715 traten an Stelle der Halstücher Halsbinden. Im allgemeinen richtete sich die Uniform nach dem preußischen Vorbild.

Unsere Abbildung 31 a zeigt einen Musketier von 1749, in dunkelblauem Rock. Hutpuschel, Halsbinde, Rabatten, Aufschläge und Schoßfutter rot. Hutborte, Knöpfe und Unterkleider gelb. Dieselbe Abb. b in gleichen Farben, nur weiße Hutborte, Knöpfe, Litzen und Unterkleider. Die Gamaschen sind schwarz. Figur c hat bei roten Abzeichen ebenfalls weiße Knöpfe und Unterkleider.

In der Rheinbundzeit zeigte die Bekleidung eine merkwürdige Mischung von preußischen und französischen Einflüssen. Das blaue Kollett mit roten Abzeichen glich im Schnitt fast dem preußischen, ebenso die grauen Beinkleider in schwarzen Gamaschen. Dagegen waren die Abzeichen der Grenadiere und Voltigeure ganz französischer Art. Sie bestanden aus roten Tschakobehängen, Stutz und Fransenepauletten für die Grenadiere, und grünen für die Voltigeure (Abb. 31, d). Die Füsiliere trugen keine Säbel; ebenso war ihnen der Schnurrbart verboten. Die Offiziere, welche die Säbel an weißem Gehänge über die Schulter anlegten, hatten silberne Epauletten bzw. Contreepauletten wieder nach französischem Muster. Um den Leib trugen sie die goldene Schärpe mit rot und blau durchzogen. 1813 wurde aus Freiwilligen ein Fußjäger- und ein reitendes Jäger-Regiment gebildet. Die Uniform bestand für beide aus dunkelgrünen Kolletts mit roten Kragen und Aufschlägen schwedischer Form mit goldenen Gardelitzen. Beinkleider grün. Tschakos mit gelbem Stern und weißmetallenem ovalem Wappen. Nach den Befreiungskriegen erhielt die Infanterie dunkelblaue Kolletts mit roten Kragen und Aufschlägen sowie Schoßbesatz. Weiße Knöpfe. Graue Beinkleider mit rotem Vorstoß, im Sommer weiße.

Das Grenadier-Bataillon hatte Pelzmützen mit weißen, bei den Offizieren goldenen Behängen. Links roter Stutz.

Abb. 31. Mecklenburg-Schwerin und Mecklenburg-Strelitz
Mecklenburg-Schwerin: a, b, c, d, e, f, g, h Infanterie – i, k Reiterei
Mecklenburg-Strelitz: l Husar – m, n Infanterie

Mannschaften rote Fransenepauletten. Auf den Kragen und den dunkelblauen Ärmelpatten weiße Litzen, Offiziere silberne. Bei den Linien-Bataillonen fehlte der Litzenbesatz auf den Kragen und den blauen Aufschlagspatten. Die Achselklappen waren beim 1. Bataillon weiß, beim 2. gelb. Tschakos ohne Behänge (Abb. 31, e). Das leichte Bataillon unterschied sich durch grüne Kragen, Aufschläge, roten Schoßbesatz, weiße Knöpfe, schwarzes Lederzeug und Tschakos mit grünen Behängen.
1848 Waffenröcke mit roten Kragen, Aufschlägen, Vorstößen. Weiße Knöpfe und Achselklappen mit roter Nummer. Pickelhaube mit gelbem Beschlag. Zu Paraden weiße Haarbüsche. Beinkleider wie früher (Abb. 31, f). In den sechziger Jahren statt der Helme dunkelblaue Mützen mit rotem Rand und schwarzem Haarbusch in russischer Form (Abb. 31, g). Nunmehr rote Ärmelpatten und schwarzes Lederzeug. Die Mütze mußte wieder der Pickelhaube weichen, welche aber außer dem Beschlag mit dem Landeswappen eine anfangs andersgeformte Spitze trug. Die Schwerinschen Truppen bestanden 1914 aus dem 1. und 3. Bataillon der Großherzoglich Mecklenburgischen Grenadier-Regiments Nr. 89 sowie dem Regiment Nr. 90.
Der dunkelblaue Waffenrock hatte rote Kragen und Aufschläge sowie Vorstöße. Die Ärmelpatten waren dunkelblau mit roter Biese. Auf Kragen und Aufschlägen weiße Litzen. Auf den weißen Achselklappen roter Namenszug.

Zur Parade schwarzer Haarbusch. Die Litzen der Offiziere waren eigenartig geformt. Halbmonde der Epauletten von Silber. Schärpe und Portepee in den mecklenburgischen Farben. Das Regiment Nr. 90 hatte weder Litzen noch Haarbüsche, dagegen rote, gelbvorgestoßene Ärmelpatten und weiße Knöpfe und Achselklappen. Letztere mit rotem Namenszug. Helmbeschlag gelb, Lederzeug schwarz.
Das leichte Infanterie-Bataillon, später Jäger-Bataillon (Nr. 14), behielt bis 1890, abgesehen von den modischen Änderungen und Wandlungen der Ärmelaufschläge, seine alte Uniform bei. 1890 erhielt es die preußische Jägeruniform mit weißen Knöpfen und 1899 hellgrüne rotvorgestoßene Abzeichen und weiße Gardelitzen. Felduniform 1910 und 1915 nach preußischem Vorbild.
Die Dragoner trugen wie die Infanterie anfangs weißgraue, seit 1705 blaue Röcke. Von 1719 bis 1782 bestand keine Reiterei. Die Garde-Reiter trugen 1809 gelbe Kolletts mit roten Abzeichen. 1819 wurde ein Chevauleger-Regiment aufgestellt. Die Uniform bestand aus hellblauen Kolletts mit roten Kragen, Aufschlägen, Schoßumschlägen und Epaulettefeldern. Hellblaue Ärmelpatten, gelbe Litzen, Knöpfe und Halbmonde um die Epauletten. Graue Hosen mit rotem Vorstoß. Helme ähnlich denjenigen der damaligen preußischen Kürassiere mit gelben Beschlägen (Abb. 31, i). Die Feldequipage nach österreichischem Vorbilde aus roter Unterlegedecke und schwarzer, rot gerandeter Lammfellüber-

decke bestehend. 1838 fielen die Epauletten fort und wurden durch rote Achselklappen ersetzt. An Stelle des Helmes trat ein Tschako, so daß die Uniform nunmehr fast derjenigen der preußischen Gardedragoner gleicht. 1847 Waffenröcke in denselben Farben wie früher und neusilberne Helme in Form der Pickelhaube. 1865 trat eine hellblaue, rot gerandete Mütze an die Stelle des Helmes (Abb. 31, k). Zu Paraden Haarbusch. 1868 Pickelhauben aus gebranntem Leder. 1867 wurde durch Teilung ein zweites Dragoner-Regiment errichtet (den Namen Dragoner führte das Stamm-Regiment schon seit 1837). Das zweite Regiment unterschied sich durch schwedische Aufschläge in der Grundfarbe des Rockes mit rotem Vorstoß. Das 1. Regiment schwarze, das 2. weiße Lammfellüberdecken. So viele Abweichungen in Einzelheiten auch vorkommen, hielt doch die Entwicklung der Uniform seither mit der entsprechenden preußischen gleichen Schritt. Das 2. Regiment, welches die Nummer 18 führte, änderte seine Abzeichenfarbe in schwarz mit weißen Knöpfen und silbernen Gardelitzen. Beide Regimenter erhielten Lanzen mit gelb-roten Flaggen und zählten als Nr. 17 und 18 in der Dragonerwaffe des Reichsheeres. Felduniform 1910 und 1915 nach preußischer Probe.

Die *Artillerieuniform* ist stets der entsprechenden preußischen sehr ähnlich gewesen, nur waren die Knöpfe weiß. Dieses Abzeichen unterschied noch bis 1918 die mecklenburgische Artillerie. Kragen auch unten herum roten Vorstoß. Die *Generalität* hatte als Abzeichenfarbe bei dunkelblauer Grundfarbe karmin, später rot mit Silber. Besondere Generalsstickerei nach russischem Vorbild.

Mecklenburg-Strelitz

Die Strelitzer Infanterie war während der Rheinbundzeit der Schwerinschen fast gleich uniformiert. Das hauptsächlichste Unterscheidungsmerkmal bilden die gelben Knöpfe. In den dreißiger Jahren dunkelblaues Kollett mit ebensolchen Ärmelpatten, roten Kragen, Aufschlägen, Achselklappen und Schoßumschlägen. Gelbe Knöpfe und Gardelitzen auf Kragen und Patten (Abb. 31, m). Tschakos mit gelbem Beschlag und grünen Behängen, graue Hosen mit roten Vorstößen, im Sommer weiße Beinkleider; bis auf die grüne Farbe der Behänge also fast genau nach preußischem Muster, das auch für die weitere Entwicklung maßgebend war. Strelitz stellte zum Regiment 89 das 2. Bataillon. Im allgemeinen war es wie das 1. und 3. Bataillon, die wir unter Schwerin besprochen haben, gekleidet, doch waren Knöpfe und Litzen gelb, die Achselklappen rot mit gelbem Namenszug. Bei den Offizieren die Ärmelpatten dreispitzig (Abb. 31, n). An Reiterei stellte Strelitz 1813 bis 1815 ein *Husaren-Regiment* (Abb. 31, l). Die Uniform bestand aus schwarzen Dolmans mit ebensolchen Kragen und Aufschlägen, schwarzen Pelzen, gelben Schnüren, hellblauer ungarischer Hose, schwarz und gelber Schärpe, schwarzen Säbeltaschen mit gelbem C, Tschakos mit gelbem wendischen Kreuze und gelben Behängen. Schwarze Schabraken mit hellblauem gelbbesetzten Zackenrand. Zur Scho-

nung der ungarischen Beinkleider für gewöhnlich graue Überknöpfhosen. Die freiwilligen Jäger des Regiments hatten dieselbe Uniform, nur grüne Grundfarbe für Pelz und Dolman, dabei aber schwarze Kragen und Aufschläge. Die Behänge waren grün.

Oldenburg
(Kokarde: Blaues Feld mit rotem Kreuz, weißer Rand, später blau mit rotem Ring.)

1775 wurde eine stehende Truppe in der Stärke von einer Kompanie errichtet. Die Uniform hatte den preußischen Schnitt (Abb. 32, a). Der Rock war dunkelblau mit roten Abzeichen und weißen Knöpfen. Weiße, blau und rot durchzogene Litzen mit Puscheln unter den Rabatten, über den Aufschlägen und in der Taille. Weiße Unterkleider, schwarze Gamaschen, weiße Hutborte, rot und blaue Hutpuschel. Als Oldenburg genötigt wurde, dem Rheinbund beizutreten, mußte es ein Bataillon Infanterie stellen, das aus einer Grenadier-, einer Schützen- und vier Füsilierkompanien bestand. Die dunkelblauen Kolletts hatten rote Abzeichen und Vorstöße, weiße Knöpfe, weiße, rot vorgestoßene Achselklappen, graue Hosen und schwarze Gamaschen. Die Kopfbedeckung der Grenadiere bildeten Bärenmützen mit weißen Behängen und rotem Deckel. Schützen und Füsiliere trugen Filzhüte mit links aufgeschlagener Krempe (Abb. 32, b), darüber Stutz, bei den Füsilieren weiß, den Schützen grün. Nach der Schlacht bei Leipzig wurden zwei Infanteriebataillone errichtet. Sie erhielten dunkelblaue Kolletts mit roten Abzeichen, weiße Knöpfe, dunkelblaue Beinkleider ohne Vorstöße; im Sommer weiße. Schulterklappen und Lederzeug weiß. Tschakos mit gelbem, bei den Offizieren silbernem Schild, darüber Krone. Weiße Schuppenketten und Behänge, schwarzer Stutz (Abb. 32, c). 1818 wurden die Unteroffiziersabzeichen, bisher nach französischer Art als Chevrons auf den Ärmeln, nach preußischer Art angelegt. Bis 1825 trugen die Offiziere den Ringkragen, der nun durch goldene Schärpe mit rot und blauen Streifen ersetzt wurde. In den dreißiger Jahren wurde die Infanterie vermehrt. Das 1. Regiment erhielt weiße Achselklappen und Knöpfe, das 2. gelbe. 1838 gelangte das Virchowsche Gepäck zur Einführung. Die Beinkleider erhielten 1841 einen roten Vorstoß. An Stelle des Kolletts trat 1843, zunächst versuchsweise, im folgenden Jahre endgültig der Waffenrock von blauer Grundfarbe mit ebensolchen spitz geschnittenen Aufschlägen, rotem Kragen und Vorstößen. Das Lederzeug blieb weiß. Als Kopfbedeckung eine Pickelhaube mit eigentümlich geformter Spitze (Abb. 32, e). Beinkleider wie vorher. 1849 bestanden vier Linien- und ein leichtes Bataillon. Dieses Bataillon bekam grüne Kragen und Achselklappen, erstere mit roten Vorstößen, letztere mit roter Nummer 5. Die übrigen Vorstöße grün, Lederzeug schwarz. Als Kopfbedeckung Käppis mit Roßschweif. 1855 erfolgte eine Formationsänderung. Die leichten Kompanien gingen ein. Die Ba-

Abb. 32. Oldenburg. Infanterie

taillone traten in Regimentsverband. 1858 wurden für die Offiziere Epauletten nach preußischer Probe eingeführt. Die bisher blauen Beinkleider wurden grau mit rotem Vorstoß. 1861 wurde beim dritten Bataillon und 1863 bei den beiden ersten Bataillonen das Lederzeug schwarz. Die bisher in Scheiden getragenen Bajonette wurden als Seitengewehre abgeschafft. 1864 blaue Tuchmützen nach russischem Schnitt mit roten Vorstößen an Stelle des Helmes (Abb. 32, f). Zu Paraden vorn ein weißes Schildchen und schwarzer Roßhaarbusch. 1867 wurde eine Militärkonvention mit Preußen geschlossen. Die Infanterie bildete nunmehr das Regiment Nr. 91. Seitdem preußische Linieninfanterieuniform mit hellblauen Vorstößen um die Aufschlagspatten und weiße Achselklappen mit rotem gekröntem P.

An *Reiterei* errichtete Oldenburg im Jahre 1849 ein Regiment. Die erste Uniform bestand aus schwarzgrünen Waffenröcken mit hellblauen Kragen, Achselklappen, spitzen Aufschlägen und weißen Knöpfen. Sämtliche Vorstöße auch um Kragen und Aufschläge weiß. Ebenso Knöpfe. Graue Reithosen mit hellblauen Vorstößen. Stahlhelme nach Art der preußischen Kürassiere mit gelbem Beschlag. Lederzeug weiß. Schon im Errichtungsjahre des Regiments wurden die weißen Vorstöße gegen hellblaue vertauscht und im folgenden Jahre Uniform- und Abzeichenfarbe gewechselt. Die Bekleidung bestand nunmehr aus hellblauen Waffenröcken mit schwarzen Kragen, weißen Achselklappen, hellblauen, schwarz vorgestoßenen schwedischen Aufschlägen, schwarzen Vorstößen und weißen Knöpfen. Beinkleider wie früher, aber mit roten Biesen. Die Offiziere hatten Interimsröcke von hellblauem Tuch mit schwarzem Schnurbesatz nach Husarenart. Gleichzeitig wie bei der Infanterie wurden 1864 die Helme abgeschafft und durch russische Mützen ersetzt. Die Grundfarbe der Mütze hellblau, Rand schwarz, Deckelvorstoß weiß. Zu Paraden silbernes Schildchen und weißer Haarbusch. 1867 Helme wie bei den preußischen Dragonern geformt, zur Parade mit schwarzen Büschen. Rock und Beinkleider wie vorher, nur wurden die schwedischen Aufschläge jetzt schwarz. Auf den weißen Achselklappen gekröntes rotes A. Alle übrigen Uniformänderungen wie bei den preußischen Dragonern. Lanzenflaggen rot und blau. Das Regiment führte in der Dragonerwaffe die Nummer 19.

Die *Oldenburgische Artillerie* trug seit ihrem Bestehen (1815) dunkelblaue Kolletts mit ebensolchen Aufschlagpatten und dunkelblaue Beinkleider ohne Vorstoß. Kragen und Aufschläge schwarz; Achselklappen, Schoßumschläge und Vorstöße rot, Knöpfe gelb, Tschakos mit roten Behängen. Lederzeug schwarz. Später Waffenröcke und Helme, seit 1858 graue, rot vorgestoßene Beinkleider. Im übrigen gleiche Entwicklung wie bei der Infanterie, z. B. 1864 russische Mützen, zur Parade mit Schildchen und schwarzen Haarbüschen. Die beiden Oldenburgischen Batterien wurden 1867 dem 10. Feldartillerie-Regiment zugeteilt.

Hansestädte
(Kokarde: früher schwarz, später weiß mit rotem Kreuz.)

Im 18. Jahrhundert scheint die rote Farbe für die Uniform vorherrschend gewesen zu sein.

Eine plastische farbig bemalte Darstellung eines *Grenadiers* im Museum für Kunst und Kulturgeschichte in Lübeck (Abb. 33, a) zeigt roten Rock, weiße Abzeichen, Knöpfe und Unterkleider, fahlledernes Bandelier mit gelbem Luntenberger, gelbes Mützenschild, in der Mitte ein orangefarbener Kreis, darin das Lübecker Wappen. Weiße Unterkleider, Abb. 33, b stellt einen *Hamburger Offizier* vor, der roten Rock mit ebensolchen Kragen trägt. Kragenpatten, Rabatten und Aufschläge hellblau. Gelbe Knöpfe und Epauletten. Silberner Ringkragen mit goldenem Hamburger Wappen. Einfacher Hut mit schwarzer Kokarde und goldener Agraffe.

In den Hansestädten bestanden neben dem besoldeten Militär noch Bürgergarden, bei deren Bekleidung, die übrigens nicht allgemein geregelt war, die rote Farbe, wenigstens bei den Offizieren, den Vorzug genossen zu haben scheint. Nachdem Tettenborn mit seinen Kosaken Hamburg befreit hatte, wurde eine neue *Bürgergarde* errichtet, deren Uniform, wie aus der Not des Augenblicks erklärlich, ziemlich einfach war. Die Bekleidung bestand für die Infanterie aus langen, bis über die Knie reichenden dunkelblauen Schoßröcken ohne Knöpfe, vorn durch Haften geschlossen. Kragen und Vorstoß um die dunkelblauen Aufschläge hellblau; Beinkleider und Schirmmütze dunkelblau mit hellblauem Besatz, vorn an der Mütze eine weiße Kokarde mit rotem Hansekreuz. Gekreuzte weiße Bandeliere. Die Artillerie trug dieselbe Uniform, nur waren alle Abzeichen statt hellblau hier rot. Die Jäger langschößige grüne Röcke, auf der Brust mit schwarzem Schnurbesatz; grüne Mützen mit hellgrünem Rand, Jägerhorn, darüber Kokarde und hellgrüner Stutz. Graue Beinkleider mit hellgrünen Streifen; Kartusche und Hirschfänger an schwarzem Leibkoppel. Die Bekleidung der Kavallerie glich derjenigen der Infanterie, nur war der Rock auf der Brust mit schwarzen Schnüren besetzt. Als Kopfbedeckung eine tschapkaartige Mütze von dunkelblauer Grundfarbe mit hellblauem Rand, gelben Behängen, weißem Stutz und Hansekokarde. Kartuschenbandelier schwarz. Bei der Wiederbesetzung Hamburgs durch die Franzosen wurde die Hamburger Bürgergarde aufgelöst, dagegen Ende 1813 eine *hanseatische Bürgergarde* errichtet. Diese erhielt dunkelblaue Beinkleider, graue Mäntel englischen Schnitts, englische Infanteriekaskets. Bei der Infanterie waren Mantelkragen und Hosenstreifen hellblau. Kaskettbehänge weiß, Stutz unten rot, oben weiß. Die Scharfschützen Beinkleider wie die Infanterie, die andern erwähnten Stücke grün. Die Artillerie dieselben Abzeichen, auch die Hosenstreifen in rot. Stutz oben weiß. Dazu noch rote Fransenepauletten. Die Jäger ähnlich wie bei der Hamburger Bürgergarde ohne Schnurbesatz; die Kavallerie dunkelblaue Dolmans und Beinkleider sowie Tellermützen mit hellblauen Abzeichen und schwarzen Schnüren. Außer-

dem Säbel, Lanzen mit weißer Flagge und rotem Hansekreuz. Das spätere *Hamburgische Bürgermilitär* hat im einzelnen die Uniform mehrmals gewechselt, doch blieben im allgemeinen die Abzeichen dieselben, also bei dunkelblauer Montur für Infanterie und Kavallerie hellblau, für die Artillerie rot, für die Jäger bei grüner Grundfarbe hellgrün. Die Kopfbedeckung bildete 1815 ein Tschako mit sehr großem Deckel, seit 1853 mehr käppiartig gestaltete Tschakos. 1868 wurden die Bürgergarden aufgelöst. Gleichzeitig mit der Hamburger Bürgergarde wurde während der Tettenbornschen Episode eine *Hanseatische Legion* errichtet, und zwar aus Freiwilligen. Die Uniform bestand aus langschößigen, vorn durch Haften geschlossenen Röcken, Beinkleidern. Tellermützen von grüner Grundfarbe. Kragen, Ärmelvorstöße, Hosenstreifen, Mützenbesatz und Deckelvorstoß hellblau. Auf dem Mützenrande die Hansekokarde. Lederzeug schwarz. Diese Uniform galt sowohl für Infanterie wie Artillerie und Kavallerie, nur hatten erstere beiden noch gelbe Litzen auf jeder Kragenseite. Die Reiterei führte Lanzen ohne Flaggen. 1814 wurden die Uniformen geändert. An Stelle der Mütze trat der Tschako, an Stelle des Rokkes das Kollett. Die Kavallerie schied sich in Ulanen und Kosaken. Bei beiden die Grundfarbe grün, die Ulanen mit karmesinroten Abzeichen, weißen Knöpfen, schwarzer Tschapka mit schwarzem Busch. Lanzenflagge oben rot, unten weiß. Die Kosaken hatten rote Abzeichen und Pelzmützen mit rotem Beutel. Lanzen ohne Flagge. Die *Lübecker Freiwilligen* 1813 grüne langschößige Röcke und Beinkleider, rote Vorstöße um die grünen Abzeichen, auch vorn herunter an der Haftenreihe. Hohe Schirmmütze von grüner Grundfarbe mit rotem Rand und Vorstoß, auf dem Rande gelbes Jagdhorn, oben Hansekokarde. 1815 Kolletts mit roten Kragen und Aufschlägen, graue Hosen mit roten Streifen, dieselbe Mütze mit schwarzem Busch. Die *Bremer freiwillige Infanterie* 1815 schwarze Kolletts mit roten Abzeichen und gelben Knöpfen. Tschako mit weißen Behängen, gelben Schuppenketten und rotweißem Stutz (Abb. 33, c). Die Jäger dunkelgrüne Kolletts mit hellgrünen Abzeichen; graue Hosen mit hellgrünen Streifen, Tirolerhüte mit raupenartig gelegtem hellgrünem Busch. Auf jeder Kragenseite eine gelbe Litze. Die Reiterei Litewken und Hosen von schwarzer Farbe mit roten Abzeichen und gelben Knöpfen. Gelbe Litze am Kragen. Schwarze Tschapkas, rotweiße Lanzenflaggen, Lederzeug durchgängig schwarz.

In der langen Friedensperiode, welche den Befreiungskriegen folgte, war die Uniform der *hanseatischen Truppen* für die Infanterie durchgängig grün, die Abzeichen rot, die Knöpfe gelb. Die unterscheidenden Merkmale in der Uniform zwischen Hamburg, Bremen und Lübeck bestanden in der abweichenden Gestalt des Pompons, Tschakobeschlages usw. Die Hamburgische Infanterie hatte weißes, die Bremer und Lübecker schwarzes Lederzeug. Die Tschakobehänge waren weiß, Beinkleider grau, im Sommer weiß (Abb. 33, d). Bei den Offizieren auf den grauen Beinkleidern rote Biese und Seitenstreifen. Die Hamburger Schützen grüne Kolletts mit ebensolchen Achselklappen und Ärmelpatten, schwarze Kragen und Aufschläge, rote Vorstöße,

Abb. 33. Hanseaten
a Lübecker Grenadier – b Hamburger Infanterie-Offizier – c Bremer Freiwilliger – d, e Hamburger Infanteristen

gelbe Knöpfe und Litzen am Kragen. Lederzeug und Tschakobehänge schwarz. Die Artillerie ganz blau mit schwarzen Abzeichen, roten Vorstößen, gelben Knöpfen und roten Tschakobehängen. Die Reiterei bestand aus Dragonern. Die Uniform war grün mit karmesinroten Abzeichen, weißen Litzen und Epauletten, sowie Knöpfen. Graue Beinkleider mit rotem Vorstoß. Helm mit Bügel und schwarzer Raupe. Daneben hatte Hamburg noch eine Ulanenabteilung, welche fast die gleiche Uniform trug, nur als Kopfbedekkung Ulanentschapka mit karmesinrotem Oberteil, weißen Beschlägen und dünnem hohen Stutz. Karmesinroter Paßgürtel mit weißen Vorstößen, Lanzenflagge oben rot, unten weiß. Ende der vierziger, Anfang der fünfziger Jahre änderte sich der Typus der hanseatischen Uniform durch Einführung der Pickelhaube und des Waffenrocks. Die Kavallerie behielt die gleiche Grundfarbe bei und trug nunmehr einen Helm nach Art der preußischen Kürassiere. Die Infanterie,

die auch das Virchowsche Gepäck annahm, vertauschte die Pickelhaube später mit Käppis (Abb. 33, e), deren Form bei den Kontingenten verschieden war. Seit der Militärkonvention von 1866 stellten die Hansestädte die Regimenter 75 und 76, deren Abzeichen unter Preußen zu finden sind.

Braunschweig
(Kokarde: früher schwarz, dann hellblau-gelb.)

Im 18. Jahrhundert war die Uniformierung der braunschweigischen Truppen in Form und Schnitt ganz nach preußischer Norm geregelt, wie ja auch aus den engen Beziehungen des braunschweigischen Herrscherhauses zur

Abzeichen 1756

Regiment	Aufschläge usw.	Knöpfe	Besonderes
Leib-Regiment	rot	gelb	keine Rabatten weiße Litzen
Behr	rot	weiß	
Imhoff	weiß	gelb	
Zastrow	gelb	weiß	

1809. 1809. 1815 1815. 1835. 1835. 1809 1809 1835. 1880. 1866. 1835.

a   b   c   d   e   f   g   h   i   k   l   m

Abb. 34. Braunschweig
a, c, e, f, g Infanterie – b Scharfschütze – d Gelernter Jäger – h Ulan – i, k, l Husaren – m Artillerie

preußischen Armee leicht erklärlich. Bereits 1697 erhielt die Infanterie blaue Röcke mit roten, gelben und weißen Abzeichen; diese drücken sich anfänglich durch Weste und Strümpfe aus, seit etwa 1730 durch Rabatten. Abzeichen 1756 siehe Tabelle 89.

1806 bestanden zwei Infanterie-Regimenter. Sie unterschieden sich folgendermaßen: Warmstedt hatte rote Abzeichen und weiße Litzen, Griesheim rote Abzeichen, Rabatten mit einer weißen blaudurchzogenen Borte eingefaßt. 1. Regiment gelbe, 2. weiße Knöpfe. Grenadiere Pelzmützen mit Blech und Beutel, sonst alles nach preußischer Probe. Eigenartig in bezug auf Uniform war das »Schwarze Korps« ausgestattet, welches Herzog Friedrich Wilhelm von Braunschweig-Oels 1809 in Böhmen warb und das durch seinen Zug zur Wesermündung hinreichend bekannt ist. Die Infanterie (Abb. 34, a) trug einen schwarzen langschößigen sogenannten Polrock mit hellblauem Kragen und schwarzen Brustschnüren mit sechs schwarzen Schnüren zwischen drei Reihen von schwarzen Knebelknöpfen. Beinkleider und Lederzeug ebenfalls schwarz. Der mit schwarzem herabfallenden Haarbusch geschmückte Tschako zeigte vorn einen weißmetallenen Totenkopf und gekreuzte Knochen. Die Husaren (Abb. 34, i) waren ähnlich gekleidet, nur statt des Polrocks ein schwarzer Dolman mit hellblauen Kragen und Aufschlägen. Schärpen hellblau und gelb. Die Ulanen (Abb. 34, h) grüne Kolletts, Paßgürtel, Beinkleider und Schabracken, rote Abzeichen und Besätze, gelbe Knöpfe, Tschapka mit gelbem Oberteil und gelben Fangschnüren

und weißmetallenem Totenkopf. Die Artillerie wie die Infanterie, aber statt der Polröcke Kolletts mit schwarzen Schnüren und hellblauen Schoßumschlägen, Aufschlägen und Achselklappen. Beim schwarzen Korps bestand auch eine Scharfschützen-Kompanie (Abb. 34, b), die grüne Kolletts mit roten Abzeichen und gelben Knöpfen trug. Hüte mit grünem Band und Vorstoß. Das Korps trat bekanntlich in englische Dienste und focht in Spanien, Portugal und teilweise in Italien. Während dieser englischen Periode legten die Offiziere und Unteroffiziere die englischen Dienstauszeichnungen an. Besonders ist die karmesinrote Schärpe der Offiziere zu bemerken. Bei den Sergeanten ebenfalls karmesinrote Schärpe, in der Mitte von einem Streifen in der Kragenfarbe durchzogen. Bei der Rückkehr des Herzogs in sein Land 1814 wurden die braunschweigischen Truppen neu organisiert. Die Infanterie bestand 1815 aus einer leichten Infanteriebrigade und einer Linienbrigade. Zur leichten Brigade gehörte das Leibbataillon, welches eine der früheren ähnliche Uniform behielt, nämlich schwarze Jacken mit schwarzen Schnüren, hellblaue Kragen und Achselklappen, schwarze Beinkleider, Tschakos mit ziemlich breitem Dekkel, mit Totenkopf und schwarzem Busch geschmückt. Die übrigen leichten Bataillone hatten dieselbe Uniform, nur verschiedenfarbige Kragen und Achselklappen. Als Tschakobeschlag ein weißes Jägerhorn, Stutz in Birnenform, oben gelb, unten hellblau. Die Abzeichen waren beim 1. Bataillon anfänglich hellblau, dann hellorange, darauf rosenrot; beim 2. gelb, beim 3. orange. Die Linienbataillone (Abb.

34, c) trugen die gleiche Uniform, nur als Tschakobeschlag ein weißes Schildchen mit dem springenden Roß und Stutz, oben hellblau, unten gelb. Abzeichen beim 1. Bataillon rot, beim 2. grün, beim 3. weiß. Die *Husaren* ganz ähnlich wie früher, Aufschläge dagegen schwarz. Die *Ulanen* schwarze Kolletts und Hosen, hellblaue Abzeichen und Tschapkas. An Schützentruppen das *Avantgarde-Bataillon* mit hechtgrauer Bekleidung und grünen Abzeichen, grünem Stutz und Hutbesatz; weiße Knöpfe (Abb. 34, d). Die *Artillerie* schwarze Kolletts mit gelben Vorstößen, Tschakos mit Totenkopf und schwarzem Busch für die reitende Artillerie, dagegen mit Granate und gelbem Birnenpompon für die Fußartillerie. Im Jahre 1823 wurde eine Uniform nach preußischem Muster eingeführt, nur das Leibbataillon behielt die schwarz und hellblaue Uniform bei. Im Jahr 1830 trug die *Infanterie* (Abb. 34, f) dunkelblaue Kolletts mit roten Kragen, Aufschlägen und Stoßbesatz. Weiße Knöpfe und Gardelitzen. Graue Beinkleider mit roter Biese – im Sommer weiße. Tschakos mit weißen Behängen und weißem, unten hellblauem Stutz. Das *Grenadierbataillon* (Abb. 34, e) hatte Pelzmützen nach österreichischem Muster mit rot und weißem Futter, Schild und Schuppenketten weiß. Der Tornister wurde an sehr schmalen Riemen getragen. Um den Druck auf die Schultern zu vermindern, trug man lederne Laschen mit zwei Schlaufen (Abb. 34, f). 1848 erhielt die Infanterie zur Erinnerung an die alte Uniform durchgehend einen schnurbesetzten Waffenrock, gleich den Beinkleidern von schwarzer Farbe. Kragen und Aufschläge hellblau. Die Knöpfe der Montierung von schwarzem Glase. Als Kopfbedeckung Tschako mit gerade abstehendem Schirm und schwarzem Haarbusch (Abb. 34, g). 1872 wurde die Form der Kopfbedeckung dem Käppi der preußischen Jäger ähnlicher. Am 18. März 1886 wurde preußische Bekleidung eingeführt, indessen die alten Bestände aufgetragen, die endgültig erst am 11. April 1892 abgelegt wurden. Seitdem unterschied sich das braunschweigische Infanterie-Regiment Nr. 92 durch den Stern bzw. den Totenkopf auf dem Helmadler, weiße Achselklappen mit gekröntem W und hellblaue Vorstöße um die Ärmelpatten. Die *Husaren* (Abb. 34, k) trugen in den dreißiger Jahren ganz blaue Uniformen mit gelber Beschnürung und Behängen, rotem Mützenbeutel und Hosenvorstoß. 1850 wurde die Grundfarbe schwarz. Noch 1914 hatte das Regiment im Vergleich zu den preußischen Husaren verschiedene Eigentümlichkeiten aufzuweisen. An der Pelzmütze seit 1883 Totenkopf, schwarzes Bandelier, weißhellblaue Schärpen, Säbeltaschen rot mit gelbem gekrönten W. Das Regiment führte die Nummer 17. Lanzenflaggen wie in Preußen, später blau-gelb. Die *Artillerie* trug in den dreißiger Jahren (Abb. 34, m) Uniform wie die Infanterie, aber mit gelben Litzen und Knöpfen. Als Kopfbedeckung Raupenhelme, später Waffenröcke, deren Grundfarbe 1850, gleichzeitig mit der Infanterie, schwarz wurde. Zur Erinnerung an die Artillerie des ehemaligen schwarzen Korps gelbe Vorstöße. 1863 wurde der Raupenhelm mit dem Infanterie-Tschako vertauscht. Die braunschweigische Artillerie legte noch früher als die Infanterie die entsprechende preußische Uniform an.

Waldeck*
(Kokarde schwarz-rot-gelb.)

Das Fürstentum Waldeck mußte im April 1807 dem Rheinbunde beitreten und als Kontingent drei Kompanien Infanterie stellen, die für den Feldzug in Spanien bestimmt waren. Eine Kompanie war dem sogenannten Fürstenbataillon (Schwarzburg-Rudolstadt, Lippe, Reuß) zugeteilt worden. Als diese im Felde furchtbare Verluste erlitten hatte, kamen die Reste zum 6. Rheinbundregiment, welchem die andern beiden Waldeckschen Kompanien einverleibt waren. Die Uniform (Abb. 35, a) bestand aus weißen Kolletts mit dunkelblauen Kragen, Rabatten und Aufschlägen, gelben Knöpfen und Tschakos mit weißen Behängen ohne Stutz sowie weißem Lederzeuge (nach Weiland, Ausgabe 1812, gelbe Behänge und gelbes Doppelpompon). Nach den Befreiungskriegen mußte Waldeck zum deutschen Bundesheere drei Infanterie- und eine Jägerkompanie stellen. Die Infanterie erhielt dunkelgrüne Kolletts mit roten Kragen, Aufschlägen, Schulterklappen und Schoßumschlägen. Gelbe Knöpfe, graue Hosen und schwarze Gamaschen, Tschakos mit weißen Behängen. Die Jäger hatten hellgrüne Abzeichen und Behänge. Lederzeug für Infanterie und Jäger schwarz (Abb. 35, b). Die Jäger gingen später ein. In den vierziger Jahren wurde der Waffenrock eingeführt. Dazu Helm nach preußischem Muster. Der Kragen war hinten von der grünen Grundfarbe. Kragenpatten, Achselklappen, schwedische Aufschläge und Vorstöße rot. Knöpfe und Helmbeschlag gelb. Schärpen, Portepees usw. silbern mit schwarz, rot und gelb durchzogen. Die Aufschläge des Waffenrocks anfangs von brandenburgischer, später von schwedischer Form (Abb. 35, c). Seit der Konvention vom 6. August 1867 wurde das Waldecksche Kontingent dem 83. Regiment eingereiht. An der Kopfbedeckung die preußische und waldecksche Kokarde.

Lippe-Detmold
(Kokarde rot-gelb.)

Gleichzeitig mit Waldeck trat Lippe dem Rheinbund bei. Die beiden Lippeschen Staaten hatten zusammen ein Bataillon als Kontingent zu stellen. Die Uniform bestand 1808 aus weißem Rock mit grünem Kragen und Aufschlägen, langen grauen Hosen und niedrigen Hüten mit seitlich aufgeschlagener Krempe, grünem Stutz und weißem Lederzeug. 1812 weiße Kolletts mit ebensolchen Rabatten, Ärmelpatten und Achselklappen. Grüne Kragen, Aufschläge und Vorstöße, weiße Beinkleider, Lederzeug, Tschakobeschläge, Behänge und Knöpfe (Abb. 35, d). Nach den Befreiungs-

---

* *Die kleineren nord- und mitteldeutschen Staaten sind nach der Folge ihrer Regimentsnummern im alten Heere geordnet.*

a   b   c   d   e   f   g   h   i   k   l

Abb. 35. Waldeck. – Lippe-Detmold. – Schaumburg-Lippe
Waldeck: a, c Infanterie – b Jäger   Lippe-Detmold: d, e, f, g Infanterie   Schaumburg-Lippe: h, i Karabiniers – k, l Infanterie

kriegen hatte Detmold ein Bataillon Infanterie zum Bundes-heere zu stellen. Die Uniform war dunkelgrün. Kragen, schwedische Aufschläge, Achselklappen und Schoßum-schläge rot. Knöpfe gelb, graue Beinkleider mit rotem Vor-stoß (Abb. 35, e). In den vierziger Jahren Waffenröcke und Pickelhauben. Grundfarbe grün, ebenso der Kragen. Die Kragenpatten, Achselklappen, Aufschläge und Ärmelpat-ten rot. Vorstöße um diese Abzeichen gelb, dagegen der Vorstoß vorn herunter und um die Schoßtaschenleisten rot, Knöpfe gelb, Lederzeug weiß. Helmbeschläge gelb. Bein-kleider wie früher (Abb. 35, f). 1861 wurde das Bataillon zu Füsilieren umgewandelt. Die Grundfarbe des Rockes blieb grün, die Kragen (nunmehr vollfarbig), die schwedischen Aufschläge und die Achselklappen schwarz mit roten Vor-stößen. Auch die übrigen Vorstöße rot, die Knöpfe weiß. Das Lederzeug wurde schwarz. Als Kopfbedeckung ein Tschako wie bei den preußischen Jägern. Vorn ein weißer Stern mit der Lippeschen Rose. Nationale rot, außen gelb (Abb. 35, g). In dieser Uniform focht das fürstlich Lippesche Füsilierbataillon 1866 auf preußischer Seite bei Kissingen. Laut Konvention vom 26. Juni 1867 ging das Kontingent in der preußischen Armee auf. Die Militärpflichtigen traten in das 55. (6. Westfälische) Infanterie-Regiment und trugen an der Kopfbedeckung die Landeskokarde sowie die preußi-sche.

Schaumburg-Lippe
(Kokarde blau-rot-weiß, später rot-weiß.)

Der berühmte Graf Wilhelm von Schaumburg-Lippe-Bük-keburg errichtete 1753 ein *Karabinierkorps,* anfänglich 75 Reiter und 50 Fußgänger stark, welches er in eine sehr merk-würdige Uniform eigener Erfindung kleidete (Abb. 35, h). Als Kopfbedeckung diente ein Eisenhelm mit Bärenfell ver-brämt. Vorn war auf einem grünen Schilde die Inschrift an-gebracht: Pulchrum mori succurrit in extremis. Über dem schwarzledernen Kollett, welches rot aufgeschlagen war, wurde ein schwarzer Brust- und Rückenharnisch getragen. Anfänglich auch schwarze eiserne Oberarmschienen. Die Beinkleider waren von gelbem Leder. Das Korps war vor-zugsweise mit schwarzen spanischen Hengsten beritten. Es zeichnete sich während des Siebenjährigen Krieges als Par-teigängerkorps aus und wurde mit wenig veränderter Uni-form, allerdings bei gänzlich geänderter Bestimmung beibe-halten. Es tat in der Folge Gendarmeriedienst. Während der Rheinbundzeit hatte das Schaumburgische Kontingent mit den Detmoldern gleiche Uniform. Seit 1815 stellte Schaum-burg zwei Kompanien *Infanterie*. Die besten Leute wurden zu einer Jägerabteilung vereinigt. Abzeichenfarbe wie bei Detmold. Die Jäger unterschieden sich durch grüne Kragen

Abb. 36. Anhalt
a, d Anhalt-Dessauer Jäger – b Anhaltisches Rheinbundkontingent – c Anhalt-Köthener Infanterie – d Anhalt-Dessauer Infanterie –
e, f Anhalt-Bernburger Scharfschütze und Jäger – g Gesamthaus Anhalt, Infanterie

und Aufschläge sowie schwarzes Lederzeug. Ende der dreißiger Jahre wurde das ganze Kontingent zu Jägern umgeformt. Die Uniform wurde dunkelgrün mit schwarzem Kragen, schwarzen Aufschlägen, Achselklappen und Schoßbesatz, roten Vorstößen und gelben Knöpfen. Graue Hosen
mit roten Vorstößen. Schwarzes Lederzeug, Tschakos mit
gelben Beschlägen, weißen Behängen und schwarzen hängenden Federbüschen. In den vierziger Jahren unter Beibehaltung der bisherigen Farben Waffenröcke nach preußischem Muster. Als Kopfbedeckung Raupenhelme in bayerischer Form mit Schuppenketten und Stern von Messing
(Abb. 35, l). Auf dem Stern neusilbernes Schild mit dem
Nesselblattwappen. Der Kragen war vollständig schwarz. In
gleicher Farbe Aufschläge und Achselklappen, alles rot vorgestoßen. Auf den Achselklappen ein messinger Namenszug G A mit Krone. Lederzeug schwarz. 1866 gehörte
das Kontingent zur Besatzung von Mainz. Seit der Konvention vom 30. Juni 1867 wurden die Militärpflichtigen in das
Westfälische Jägerbataillon Nr. 7 eingestellt.

Anhalt
(Kokarde grün.)

In den Jahren 1684 bis 1689 stellte Anhalt ein Kontingent
zum Reichsheer, welches gegen die Türken aufgeboten wurde. Die Uniform war blau mit roten Umschlägen. Kamisöler
und Hosen rot, Strümpfe weiß. Als Kopfbedeckung Hut mit
grüner Bandschleife. Ähnlich waren die Reiter gekleidet,
die außerdem einen blauen, rotgefütterten Mantel hatten.
Während des 18. Jahrhunderts trug die *Anhalt-Zerbster* Infanterie weiße Röcke mit roten Abzeichen und gelben
Knöpfen. Die Unterkleider weiß. Musketiere Hüte, Grenadiere Pelzmützen.
Die erste stehende Truppe wurde 1795 in Dessau errichtet,
und zwar das *Dessauische Jägerkorps* (Abb. 36, a). Die Uniform bestand aus einem dunkelgrünen Rock mit weißen
Knöpfen, Schoßumschlägen und Epauletten. Aufschläge
von der Grundfarbe, Kragen rot, Unterkleider weiß, ebenso
das Lederzeug. Hut mit grünem Busch. Während der Rheinbundzeit stellten die Anhaltischen Staaten *zusammen ein
Kontingent,* welches grüne einreihige Kolletts mit weißen
Knöpfen trug. Aufschläge von der Grundfarbe. Kragen,
Achselklappen und Vorstöße rosenrot, Lederzeug schwarz.
Graue Beinkleider in schwarzen Gamaschen (Abb. 36, b).

93

Die Grenadiere und Voltigeure waren durch rote bzw. grüne Fransenepauletten, Tschakobehänge und Pompons ausgezeichnet. Die Tschakobeschläge von weißem Metall. 1813 verlangte Napoleon auch die Gestellung eines reitenden Jäger-Regiments, dessen Uniform ähnlich war, nur waren die Aufschläge von der Kragenfarbe und spitz geschnitten. Graue Reithosen mit Besatzstreifen von der Kragenfarbe, weiße Tschakobehänge und Achselschuppen. 1818 stellte *Anhalt-Dessau* (Abb. 36, d) zum Bundesheere ein Kontingent in der Stärke eines Bataillons. Die Grundfarbe des Kolletts sowie der schwedischen Aufschläge blieb dunkelgrün, die Abzeichen rosa, die Knöpfe weiß. Die Beinkleider anfangs dunkelgrün, später grau mit rosa Streifen. Die Tschakos hatten Pompons in der Kompaniefarbe (rot, weiß, grün, gelb), später National.

Anhalt-Köthen (Abb. 36, c) stellte seit 1818 ebenfalls ein Bataillon. Die Uniform bestand in dunkelgrünen Kolletts mit ebensolchen Aufschlagpatten und Schoßumschlägen, gelben Kragen, Achselklappen und Aufschlägen, alles rot vorgestoßen. Knöpfe und Tschakobeschläge weiß. Beinkleider grau mit doppelten roten Seitenstreifen. Lederzeug schwarz.

Anhalt-Bernburg stellte 1818 eine Grenadierkompanie und drei Jägerkompanien. Die Grenadiere hatten dunkelgrüne Kolletts, rote Kragen, Aufschläge und Vorstöße, weiße Gardelitzen und Knöpfe. Tschakos mit weißen Beschlägen und Behängen; weißes Lederzeug, graue Hosen mit rotem Vorstoß. Die Jäger (Abb. 36, e), ebenfalls dunkelgrüne Kolletts, Aufschlagpatten von der Grundfarbe, Kragen, Achselklappen und Aufschläge hellgrün mit roten Vorstößen. Beinkleider wie die Grenadiere, Lederzeug schwarz. Tschako mit weißen Beschlägen und grünen, später weißen Fangschnüren. Grüner Stutz. 1846 erhielten die Jäger dunkelgrüne Waffenröcke preußischen Schnitts (Abb. 36, f). Abzeichen hellgrün, Vorstöße rot, Knöpfe weiß wie bisher auf den Kolletts. Pickelhauben mit weißen Beschlägen und schwarzen Haarbüschen. Auf den Patronentaschen ein weißes Schützenhorn, als Seitengewehr Hirschfänger mit Bügel. Die übrigen Anhaltischen Staaten führten ebenfalls Waffenröcke unter Beibehaltung der bisherigen Farben ein. Dazu Pickelhauben mit weißen Beschlägen. 1854 übernahm Dessau das Köthener Kontingent. 1863 erfolgte auch die Einverleibung des Bernburger Kontingents. Es bestand nunmehr ein *Regiment Anhalt* (Abb. 36, g) mit zwei Kompanien Scharfschützen. Der dunkelgrüne Waffenrock dieser Truppe hatte völlig den preußischen Schnitt, nur waren die Schoßtaschenleisten nur je mit zwei Knöpfen besetzt. Die schwedischen Aufschläge zeigten die dunkelgrüne Grundfarbe. Kragen, Vorstöße und Achselklappen rosenfarben, um letztere weißer Vorstoß. Graue Beinkleider mit rosenfarbiger Biese. Knöpfe, Koppelschloß usw. weiß. Helme mit weißen Beschlägen. Das gerade Seitengewehr hatte gelbmetallenen Bügel und ebensolches Ortband. Die Scharfschützen Hirschfänger und grüne Säbeltroddel; sonst gleiche Uniform. Laut Konvention vom 28. Juni 1867 trat das Regiment als Infanterie-Regiment Nr. 93 in den preußischen Heeresverband.

Sachsen-Weimar
(Kokarde schwarz-grün-gelb.)

Die Weimarischen Truppen waren im 18. Jahrhundert ganz nach preußischem Muster gekleidet. Ende der achtziger Jahre erhielten die Grenadiere Pelzmützen. 1788 wurde vom Herzog Karl August ein *Jägerbataillon,* später *Scharfschützenbataillon* genannt, errichtet. Die Uniform (Abb. 37, a) bestand 1790 aus einem grünen Kollett mit ebensolchen brandenburgischen Aufschlägen und Kragen, gelben Kragenpatten und Schoßumschlägen, gelben Knöpfen und roter Halsbinde. Hut mit roter Schnur links aufgeschlagen; grüner Stutz. Weiße Beinkleider, kurze schwarze Gamaschen, gelbliche Bandeliere. 1796 wurde das Lederzeug schwarz, Kartusche am Koppel um den Leib. Die Beinkleider bei gleichem Schnitt wie früher grün. 1806 statt der Kartusche wieder eine Patronentasche an Schulterbandelier. Als Kopfbedeckung eine Art Grenadiermütze (Abb. 37, b), ähnlich der damaligen preußischen, vorn mit gelbmetallenem Reife, links grüner Stutz. 1807 neues Modell für den Hut (Abb. 37, c). Er erhält vorn ein gelbes Schildchen und gelbe Einfassung. Stutz wie früher. Das Lederzeug wird gelb, aber 1809 wieder schwarz. Auch werden jetzt lange graue Pantalons, über die Gamaschen gehend, getragen. 1812 Tschakos mit weißen Behängen und gelbem Horn (Abb. 37, d). Die Behänge fielen später wieder fort. Die grauen Beinkleider erhielten gelbe Vorstöße; im Sommer weiße Hosen. In dieser Ausstattung erhielt sich die Uniform bis zur Einführung des Waffenrocks. Die Farben blieben dieselben. Kragen und Aufschläge grün mit gelben Vorstößen. An Stelle des Tschakos trat die Pickelhaube mit gelben Beschlägen, Offiziere gelbe Schärpen (Abb. 37, e). Seit dem 26. Juni 1867 bildete das Weimarische Kontingent das Infanterie-Regiment Nr. 94. Abzeichen siehe unter Preußen. An Kavallerie bestand 1914 noch eine kleine Husarenabteilung, deren Ursprung tief in das 18. Jahrhundert hinein reicht. Die Uniform glich fast genau derjenigen des preußischen Zieten-Husaren-Regiments. Rote Dolmans mit weißen Schnüren, blaue Pelze, blaue Schabracken mit rotem Zackenrand. Kragen waren rot, Aufschläge blau. Als Kopfbedeckung Pelzmützen mit rotem Beutel, später schwarze Flügelmützen, dann Tschakos, später wieder Pelzmützen. Die Abzeichenfarben blieben die gleichen.

Ende 1813 wurde ein *freiwilliges Jägerkorps* errichtet. Die Fußjäger trugen dunkelgrüne Litewken mit gelben Kragen und Aufschlägen, zwei Reihen gelber Knöpfe; graue Beinkleider in ebensolchen Gamaschen, rote Achselklappen, Tschakos mit Vorder- und Hinterschirm, gelbe Schuppenketten und Kreuz, darüber schwarz-gelb-grünes National. Die reitenden Jäger schwarze Litewken, vorn ohne Knöpfe, aber mit gelben Borten besetzt. Beinkleider schwarz mit gelben Streifen. Gelbe Achselschuppen, Tschako wie die Fußjäger, dazu schwarze Büsche. Schwarze Stulphandschuhe und Lederzeug.

1790. 1806. 1807. 1812. 1860.

a   b   c   d   e

Abb. 37. Weimar.
a, b, c, d Scharfschützen – e Infanterie-Offizier

Sachsen-Koburg, Sachsen-Koburg-Gotha seit 1826

(Kokarde grün-weiß.)

Koburg stellte während der Rheinbundzeit ein Kontingent zum 4. Rheinbund-Regiment, dem Regiment der Herzöge von Sachsen. Die Uniform (Abb. 38, a) bestand aus dunkelgrünen Kolletts mit ebensolchen Ärmelpatten, gelben Kragen und Aufschlägen, weißen Knöpfen und Litzen auf den Patten. Die Schoßumschläge waren rot. Hellblaue ungarische Hosen mit gelber Beschnürung, kurze schwarze Gamaschen, auch lange leinene Pantalons. Lederzeug weiß, Tschako mit weißen Behängen und gelbem Schild, darauf ein Jägerhorn. Die Grenadiere trugen Pelzmützen und rotwollene Fransenepauletten. Die Offiziere anfangs Hüte, später Tschakos.
Die *freiwilligen Jäger,* die Koburg 1813 mit Meiningen und Hildburghausen ins Feld stellte, hatten grüne Röcke mit roten Aufschlägen und gelben Borten. Graue, grün vorgestoßene Hosen, Tschakos mit grünen Behängen. Es war ferner gestattet, Stulpstiefel mit glanzledernen Schäften zu tragen. Die Landwehr hatte grüne Litewken und schwedische, seitlich aufgeschlagene Hüte.

1826 starb das Haus Sachsen-Gotha aus. Das Koburgische und Gothaische Kontingent wurde nun zu einem *Sachsen-Koburg-Gothaischen Infanterie-Regiment* vereinigt. Die Uniform (Abb. 38, b) bestand aus dunkelgrünen Kolletts mit schwarzen, rot vorgestoßenen Kragen und Aufschlägen – erstere mit gelben Litzen –, roten Schoßumschlägen. Achselklappen erst schwarz mit roten Vorstößen, dann rot mit gelben. Beinkleider zuerst grün, dann grau; im Sommer weiß. Tschakobehänge weiß. Das Kontingent war 1846 nur noch 6 Kompanien stark nebst einer Jägerabteilung. Als Bekleidung jetzt ein Waffenrock in den früheren Farben. Achselklappen und spitz geschnittene Ärmelpatten rot, Beinkleider grau. Raupenhelme mit gelben Beschlägen und weißem Stutz (Abb. 38, c). Lederzeug weiß, für die Jäger schwarz. 1861 schloß Koburg-Gotha mit Preußen eine Militärkonvention ab. Bis 1867 bestand die Uniform (Abb. 38, d) aus einem dunkelgrünen Waffenrock mit schwarzen, ringsherum rot vorgestoßenen Kragen, roten Achselklappen und Ärmelpatten, schwarzen Aufschlägen und roten Vorstößen. Knöpfe gelb. Rote Biese an den Beinkleidern, Lederzeug schwarz. Helme mit eigenartig gestalteter Spitze, oben mit kleiner Kugel. Zu Paraden I. Batl. weiße, II. Batl. schwarze Haarbüsche, welche von der erwähnten Kugel überragt wurden (Abb. 38, e). 1866 fochten die Koburg-Gothaer bei Langensalza und weiter bei verschiedenen Kämpfen der Mainarmee. Seit 1867 mit den Meiningern vereint führte das Regiment die Nummer 95. Uniform unter Preußen.

1809. 1835. 1849. 1865. 1865. 1835. 1862. 1866. 1866.

a   b   c   d   e   f   g   h   i

Abb. 38. Koburg-Gotha. – Meiningen
Koburg-Gotha: a, b, c, d, e Infanterie
Sachsen-Meiningen: f Schütze – g, h Füsilier – i Füsilier-Offizier

Sachsen-Meiningen-Hildburghausen

(Kokarde grün-weiß.)

Bis 1807 bestand das Meiningische Militär aus Jägern. Die Uniform war grün mit roten Abzeichen. Als Kopfbedeckung Kasketts. 1807 zu *Musketieren* umgeformt, gleiche Uniform wie unter Sachsen-Gotha-Altenburg beschrieben. Hildburghausener gleiche Uniform wie die Weimarischen Truppen. Die 1814 errichteten Freiwilligen Jäger vergleiche unter Koburg. 1821 neue Uniformierung: Grüner Rock mit blauen Kragen und Aufschlägen, Schöße rot vorgestoßen. Tschako mit weißen Fangschnüren. 1826, nach dem Aussterben des Stammhauses, ergriff die Meininger Linie Besitz von Hildburghausen, während die Hildburghausener Linie Altenburg erhielt und sich nun Sachsen-Altenburg nannte. Das Kontingent war jetzt als Bataillon formiert nebst einer Schützenabteilung. Die Uniform bestand seit 1827 aus dunkelgrünen Kolletts mit schwarzem Kragen, spitzen Aufschlägen, Achselklappen und Achselwülsten. Auf der Brust zwei Reihen gelber Knöpfe, die sich unten einander näherten. Beinkleider anfangs dunkelgrün, später

grau, im Sommer von weißem Leinen. Tschakos mit schwarzen, bei den Schützen hellgrünen Behängen und Roßhaarbusch. 1827 wurde das Bataillon zu Schützen umgewandelt (Abb. 38, f). 1846 dunkelgrüne Waffenröcke mit schwarzen Kragen und Aufschlägen, roten Achselklappen und Ärmelpatten. Rote Vorstöße (beim Kragen ringsherumlaufend), gelbe Knöpfe, graue Hosen mit roter Biese. Auf den Achselklappen gelbe Bataillonsnummer. Lederzeug schwarz (später Gürtelrüstung). Helme mit gelben Beschlägen und weißem Stern (Abb. 38, g). 1864 begann eine Neuuniformierung. Die Bekleidung bestand aus einem dunkelgrünen Rock mit schwarzen Brustschnüren und Knöpfen (Abb. 38, h). Kragen, Achselklappen und spitze Ärmelaufschläge schwarz, Vorstöße rings um den Kragen, um die Aufschläge und Achselklappen rot. Dazu sollte ein Käppi mit schwarzem Roßhaarbusch eingeführt werden, es scheint aber, wenigstens für die Mannschaften, kaum zur Ausgabe gelangt zu sein. Die Uniform der Offiziere hatte keine roten Vorstöße, dagegen schwarzen Band- und Schnurbesatz. Gradabzeichen und Tragweise der silbernen, grün durchzogenen Schärpe wie in Österreich (Abb. 38, i). 1867 wurde mit Preußen eine Militärkonvention abgeschlossen, nach welcher Koburg-Gotha und Meiningen das 95. Regiment stellten.

Abb. 39. Gotha-Altenburg. – Reuß. – Schwarzburg
Gotha-Altenburg: a, b, c, d Infanterie – Reuß: e, f, g, h Infanterie
Schwarzburg: i, k, l, m Infanterie

Sachsen-Gotha-Altenburg, Sachsen-Altenburg seit 1826

(Kokarde grün-weiß)

Zur Zeit des Siebenjährigen Krieges trug das Gothaische Militär weiße Röcke mit roten Kragen und Aufschlägen, rote Westen und Halsbinden, weiße Beinkleider und weiß bortierte Hüte. Um 1780 werden die Röcke blau, die Unterkleider weiß, Abzeichen rot, Knöpfe gelb. Am 18. April 1807 trat Sachsen-Gotha dem Rheinbunde bei und mußte in Gemeinschaft mit Sachsen-Meiningen zwei Bataillone zum Regiment der Herzöge von Sachsen stellen. Infolge Vertrags zwischen beiden Häusern bestand die Uniform aus blauen Röcken mit roten Kragen, Aufschlägen und Rabatten, weißen Unterkleidern, schwarzen kurzen Gamaschen und dreieckigem Hut mit Pompon. Weiße Hutborte. Kokarde von schwarzem Leder mit Gold (Abb. 39, a). Die Grenadiere und leichte Infanterie waren durch einen roten bzw. gelben Wollstutz ausgezeichnet. 1809 wurden neben den weißen Beinkleidern dunkelblaue Pantalons mit roten Streifen getragen. Zwischen den Gothaern und Meiningern zeigten sich immerhin einige Abweichungen in der Beklei-

dung, da erstere den französischen Schnitt angenommen hatten und weißes Lederzeug trugen, während letztere noch Uniformen nach altem preußischen Muster und schwarzes Lederzeug hatten. 1812 war die Gleichförmigkeit nach französischem Vorbilde völlig hergestellt (Abb. 39, b). Nach der Katastrophe von 1812 mußten die Herzöge ein neues Bataillon stellen, welches den Namen »Thüringisches Marschbataillon« erhielt. Es trat in Altenburg am 20. April 1813 zu den Verbündeten über und focht noch in seiner alten Uniform an der Katzbach gegen die Franzosen. Die Bekleidung bestand aus sehr breitschößigen dunkelblauen Fracks mit roten Kragen und hellblauen Aufschlägen. Hosen hellgrau, ebenso der Mantel, der einen kleinen Überfallkragen hatte. Als Kopfbedeckung der Weimarische Tschako. Offiziere Wachstuchmützen. Im Verlauf des Feldzuges erhielt das Batl. dunkelblaue englische Uniformen mit hellblauen Abzeichen. Um den Ausfall des übergetretenen Bataillons zu decken, verlangte Napoleon nunmehr ein ganzes Regiment. Die Uniform war dieselbe wie 1812. Nach dem zweiten Pariser Frieden wurde die Uniform gänzlich umgestaltet. Grüne Kolletts mit einer Reihe gelber Knöpfe, schwarze Kragen und Aufschläge mit gelben Litzen, rote Vorstöße. Musketiere rote, Jäger schwarze Achselklappen. Graue, im Sommer weiße Beinkleider. Tschako mit gelbem Stern und Schuppenketten, weißen Behängen und grün-weißem National (Abb. 39, c). Musketiere weißes, Jäger schwarzes Lederzeug. Offiziere goldene Litzen, silberne Behänge, goldene Epauletten. Ringkragen bis 1850.

Bis 1825 bestand auch eine Garde du Corps von 70 bis 75 Köpfen. Als Bekleidung gelbe Kolletts mit rotem Kragen und Aufschlägen, weißlederne Hosen. Stulpstiefel mit Sporen (die Truppe war unberitten), weiße Mäntel, Pallasche und Karabiner.

Die Uniform der Infanterie erlitt 1845 eine Änderung durch Einführung des Waffenrocks nach preußischem Schnitt und des Helmes. Kragen und Aufschläge blieben unverändert. Vorn eine Reihe von acht gelben Knöpfen, hinten nur zwei in der Taille. Die Achselklappen erhielten gelbe Kompanienummern. Der Helm hatte einen gelben Stern. Der obere Teil der Spitze war als sogenannte Irmensäule gestaltet (Helmzier des sächsischen Rautenkranzwappens). Zur Parade für die Musketiere weiße, Jäger schwarze, Spielleute rote Haarbüsche. 1850 wurde das Kontingent Füsilierbataillon. Die Uniform blieb dieselbe, nur wurde das Lederzeug durchgängig schwarz und nicht mehr gekreuzt getragen (Abb. 39, d). Seit 1867 bildete das Altenburgische Kontingent das erste Bataillon des 96. Infanterie-Regiments.

Reuß
(Kokarde schwarz-rot-gelb.)

Die älteste Uniform war weiß mit rot (vgl. unter Schwarzburg). 1750 wurde die Grundfarbe blau. Die Bekleidung bestand nunmehr aus blauen Röcken mit roten Kragen, Aufschlägen und Futter. Knöpfe gelb, Unterkleider weiß. Die Greiz-Lobensteiner Kompanie erhielt 1778 rote Rabatten (die Ebersdorfer weißes Futter) und wurde 1780 in eine Grenadierkompanie verwandelt. Sie bekam als solche Bärenmützen mit gelbem Wappenschild, nur das Lobensteiner Kontingent statt der bisherigen Hüte Kasketts. 1807 erhielt das Rheinbundkontingent (Abb. 39, e) (ein Bataillon zu drei Kompanien) weiße Röcke mit gelben Knöpfen, hellblaue Kragen, Aufschläge und Schoßumschläge, schwarze, weiß vorgestoßene Halsbinden, ungarische hellblaue Beinkleider mit schwarz-rot-gelber Schnur besetzt. Schwarze Gamaschen. Tschako mit ovalem Schild, worauf ein R. Behänge von schwarz-rot-gelber Schnur, roter Stutz, weißes Lederzeug. Nach dem zweiten Pariser Frieden blieb die Uniform ähnlich, wie sie vorher gewesen. Nach verschiedenen kleineren Änderungen bestand sie 1822 in einem weißen Rock mit acht gelben Knöpfen geschlossen. Abzeichen hellblau, Achselklappen weiß, hellblau vorgestoßen. Zum kleinen Dienst graue Ärmelwesten mit hellblauen Abzeichen. Im Sommer weiße, im Winter graue Pantalons. Der Tschako verlor die Behänge (Abb. 39, f). Die Feldmütze preußischen Schnitts schwarz mit hellblauem Besatz. 1845 wurde die weiße Uniform abgeschafft, dafür schwarze Waffenröcke (Abb. 39, g), mit hellblauen Kragenpatten, Aufschlagspat-

ten und Vorstößen. Schwarze Hosen mit hellblauer Biese, im Sommer weißleinene Beinkleider, Pickelhauben mit gelbem Beschlag, auf dem Stern ein neusilbernes Wappen. Zu Paraden schwarze, bei den Spielleuten rote Haarbüsche. 1850 erhielten die Offiziere unterzuschnallende Schleppsäbel. An Stelle des gekreuzten Lederzeuges Gürtelrüstung, anfänglich für Musketiere weiß, für Füsiliere schwarz. 1861 durchgängig schwarz. Die Kragen wurden 1854 vollfarbig (Abb. 39, h). Seit 1867 bildete das Reußische Kontingent das 2. Bataillon des 96. Regiments.

Schwarzburg

Schwarzburg-Rudolstadt –
Schwarzburg-Sondershausen
(Kokarde weiß-blau.)

Zum Spanischen Erbfolgekriege stellte Schwarzburg im Verein mit Reuß ein Infanterie-Regiment. Die Bekleidung bestand aus weißen Röcken ohne Kragen und Rabatten, dagegen mit roten Aufschlägen geschmückt. 1733, als der Polnische Erbfolgekrieg ausbrach, erging erneut die Aufforderung zur Reichshilfe. Die Schwarzburgischen und Reußischen Häuser stellten wiederum gemeinsam ein Regiment. Eine förmliche Auflösung dieser Truppe fand nie statt, doch kam auch keine derartige Verbindung mehr zwischen den schwarzburgischen und reußischen Kontingenten zustande.

In einem Bericht von 1791* werden auch Schwarzburgische Gardes du Corps erwähnt. Der Rock war blau mit roten Kragen und Aufschlägen, die Westen paille mit rot und blauen Borten besetzt. Zur Parade paille Kolletts mit roten Aufschlägen und Borten, Hüte mit weißer Feder. Nach demselben Berichte hatten die Grenadiere neben den Bärenmützen auch weiß eingefaßte Hüte. Zur Parade weiße, sonst schwarze Gamaschen. Auch Husaren werden erwähnt. Die Uniform bestand aus grünen Dolmans mit roten Aufschlägen. Rote, schwarz verbrämte Pelze, weiße Schnüre, gelbe Lederhosen. Pelzmütze mit rotem Beutel und weiß und schwarzem Stutz. Rote Schabracken mit grünem, weiß besetztem Zackenrande, darauf wie auf der gleichfarbigen Säbeltasche Namenszug C F, gelbe Bandeliere.

Zum ersten Koalitionskriege gegen Frankreich stellte Schwarzburg 1792 ein Kontingent mit folgender Uniform: blauer Rock mit ebensolchen Rabatten – letztere rot vorgestoßen –, rotes Futter, Kragen und Aufschläge, gelbe Knöpfe, weiße Unterkleider. Als Kopfbedeckung Hut mit weißer Borte und farbigen Puscheln, je nach der Kompanie verschieden; daneben noch Tuchmützen.

Die beiden Kompanien, die Schwarzburg 1808 zum Für-

---

* Abgedruckt bei von Döring, »Geschichte des 96. Infanterie-Regiments«.

stenbataillon (Bataillon des princes)* zu stellen hatte, trugen dunkelgrüne Kolletts und Beinkleider, rote Kragen, Aufschläge und Hosenstreifen. Tschakos mit weißen Fangschnüren und rotem Stutz. Schwarzes Lederzeug. Da die Gradabzeichen bei den Kontingenten des Bataillons sehr verschieden waren, wurden durchgehend französische Offiziersepauletten angelegt. Statt der grünen, rot besetzten Beinkleider finden sich auf Abbildungen auch graue in kurzen Gamaschen (Abb. 39, i). Nach den Befreiungskriegen gestaltete sich die Uniform folgendermaßen: Grundfarbe russisch-grün mit roten Kragen, Aufschlägen und Schoßbesatz und grünen, rot vorgestoßenen Achselklappen. Vorn eine Reihe von neun gelben Knöpfen. Graue lange Hosen mit roter Biese, im Sommer weißleinene. Tschako mit gelbem Doppeladler und Schuppenketten, blauweißem National und weißen Behängen (Abb. 39, k). Grüne Mütze, rot vorgestoßen, ohne Kokarde (letztere erst seit 1845). Schwarzes Lederzeug. Auf der Patronentasche gelbes ovales Schild mit Doppeladler. Die Offiziere trugen goldene Epauletten mit weißen, den Rang kennzeichnenden Sternchen. Stabsoffiziere Fransen. 1845 wurde ein grüner Waffenrock mit ebensolchen Aufschlägen und roten Kragen und Vorstößen eingeführt, vorn durch eine Reihe von neun gelben Knöpfen geschlossen. Als Kopfbedeckung der bayerische Raupenhelm mit Doppeladler (Abb. 39, l), später ebenso verzierte Pickelhauben. Das Lederzeug blieb schwarz. In den fünfziger Jahren wurde die Gürtelrüstung eingeführt (Abb. 39, m). Die Offiziere erhielten statt des Degens leichte Schleppsäbel. 1866 zum 2. Reserve-Armeekorps bei der Mainarmee gehörig, ließen die Schwarzburger die Helme zurück, da das ganze Korps der Gleichmäßigkeit halber nur Mützen trug (die dazugehörigen Mecklenburger hatten keine andere Kopfbedeckung). Seit 1867 stellten die Schwarzburger das 3. Bataillon zum 96. Infanterie-Regiment.

---

* 1. Kompagnie *Schwarzburg-Sondershausen.*
  2.   "   *Schwarzburg-Rudolstadt.*
  3.   "   *Lippe-Detmold.*
  4.   "   *Lippe-Bückeburg.*
  5.   "   *Reuß.*
  6.   "   *Waldeck.*

Ehemals souveräne Staaten

Hannover

(Kokarde bis 1803 schwarz. Nach den Befreiungskriegen
schwarz-gelb-weiß.)

I. Infanterie

Die Grundfarbe der Uniformierung war bis 1837 vorwiegend rot. Die Abzeichenfarben der Regimenter waren verschieden. Der Rock wurde anfänglich mit einer Reihe von Knöpfen geschlossen (Abb. 40, a). 1727 kamen sogenannte halbe Rabatten auf der oberen Hälfte der Brust auf (Abb. 40, b). 1730 erhielten auch die Aufschläge die Farbe der Westen, welche bisher das Regiments-Unterscheidungszeichen waren. 1761 wurden die Westen und Schoßumschläge hellfarbig. 1763 waren bei roten Röcken die Abzeichen folgende:

1766 lange Rabatten (Abb. 40, c). 1790 erhält der Rock frackartigen Schnitt. Bald darauf fallen bei den Mannschaften die Rabatten ganz weg. Der Rock nunmehr mit einer Knopfreihe geschlossen, dazu weißer Litzenbesatz auf der Brust. 1793 bekommt die Infanterie Mäntel, lange Hosen und Halbgamaschen. In demselben Jahre wurde die Form des Hutes, der mit Borte eingefaßt war, geändert. 1800 erhielten die Röcke hohe Stehkragen. Die Grenadiere, welche seit 1701 spitze Grenadiermützen trugen, hatten 1787 Bärenmützen erhalten. Das Lederzeug war erst gelb, seit 1785

Regiment	Aufschläge u. Rabatten	Knöpfe, Litzen u. Hutborten	Schoßumschläge u. Westen
Garde	dunkelblau	gelb	hellgelb
v. Scheither	grün	gelb	hellgelb
v. Otten	weiß	gelb	weiß
v. Spörcken	mattgelb	gelb	mattgelb
v. Schele	strohgelb	weiß	strohgelb
v. Reden	schwarz	weiß	weiß
v. d. Schulenburg	schwarz	gelb	hellgelb
v. Bock	dunkelblau	weiß	weiß
v. Craushaar	schwarz	weiß	hellgelb
v. Laffert	gelb	weiß	weiß
v. Behr	orange	gelb	hellgelb
v. Hardenberg	orange	weiß	weiß
v. Linsingen	gelb	weiß	weiß
v. Wangenheim	strohgelb	weiß	strohgelb
v. Plessen	hellocker	gelb	hellocker
v. Rhoeden	weiß	weiß	weiß
v. Block	weiß	weiß	weiß
v. Wurmb	grün	weiß	weiß
v. Zastrow	grün	weiß	weiß
Pr. v. Mecklenb. Strelitz	grün	weiß	weiß
1. neues Bataillon	rot	weiß	weiß
v. Goldacker	gelb	gelb	mattgelb
de la Chevallerie	gelb	gelb	mattgelb
v. Kielmannsegg	grasgrün	weiß	weiß
v. Estorff	grasgrün	weiß	weiß
v. Ahlefeld	blau	weiß	weiß
2. neues Bataillon	rot	weiß	weiß

1687   1759   1775.   1812.   1835.1843.1849.   1866   1812.   1835.   1866   1743.   1835.   1860.

a   b   c   d   e   f   g   h   i   k   l   m   n   o

Abb. 40. Hannover. Infanterie, Jäger, Artillerie
a Infanterie-Korporal – b, c, d, e, f, g, h Infanterie – i, k, l Leichte Infanterie und Jäger – m, n, o Artillerie

weiß. Die Offiziere trugen seit 1705 gelbe Schärpe über die rechte Schulter, 1773 aber die Schärpe um den Leib, auf der rechten Schulter gestickte Epauletten, Stabsoffiziere (seit 1785 alle Offiziere) auf beiden Schultern. Hutkokarden, nur von den Offizieren getragen, schwarz.

Nach der Besetzung des Landes durch die Franzosen im Jahre 1803 sammelten sich zum großen Teil die alten Regimenter in englischem Solde in der sogenannten englisch-deutschen Legion (The Kings German Legion). Die Uniform wurde nunmehr ganz und gar nach englischem Vorbilde geregelt. Sie bestand, wie in England, aus einem roten Kollett mit einer Reihe von weißen Knöpfen, blauen Kragen*, Aufschlägen und Achselklappen; dazu Besatz von weißen, blau durchzogenen Litzen. Die Schoßumschläge blau, Beinkleider grau, Gamaschen schwarz. Als Kopfbedeckung das in England damals gebräuchliche Kaskett (Abb. 40, d). Die Zentrumskompanien hatten an den Achselklappen weiße kurze Wollfransen. Die sogenannten Flankkompanien schmale dunkelblaue Schwalbennester mit weißem Besatz und weißen kurzen Fransen. Als Feldflasche ein hellblau gestrichenes hölzernes Tönnchen, welches übrigens für die Hannoversche Armee bis zu ihrer Auflösung charakteristisch blieb. Nach den Befreiungskriegen

änderte sich einiges in der Bekleidung. Die Aufschläge erhielten dunkelblaue Patten, der Kragen zwei Litzen, die Beinkleider wurden hellblau. Als Kopfbedeckung Tschakos mit gelbem Beschlag und weißen Behängen. Schwarz-gelb-weißes National (Abb. 40, e). Das Garde-Grenadier-Bataillon hatte Pelzmützen. 1837 wurde die Uniform nach preußischem Muster geändert. Die Kolletts nunmehr dunkelblau mit gleichfarbigen Ärmelpatten (Abb. 40, f). Nur das Garde-Rgt. hatte keine Ärmelpatten, sondern schwedische Aufschläge. Kragen und Aufschläge sowie Schoßumschläge rot, die Achselklappen beim Garde-Regiment weiß, 2. und 3. Infanterie-Regiment rot, 4. und 5. gelb, 6. und 7. hellblau. Beim Garde-Regiment weiße Gardelitzen, bei den andern gelbe. Beinkleider grau mit roten Vorstößen. Die Knöpfe hatten die Farbe der Litzen. 1849 (Abb. 40, g) Waffenröcke in denselben Farben und Pickelhauben. Auf letzteren die Garde den Georgs-Stern, die andern Regimenter das springende weiße Roß. Zu Paraden bei der Garde weißer Haarbusch. 1858 wurden Käppis in Form des österreichischen Tschakos eingeführt. Die Tragriemen an der inzwischen zur Aufnahme gekommenen Gürtelrüstung waren eigenartig gestaltet. 1866 wurden lederne Wadenstücke getragen; zum gewöhnlichen Dienst und im Felde Tschako im Überzuge (Abb. 40, h). Die Tellermütze war einer Mütze von österreichischer Form gewichen. Die Offiziere legten beim Ausmarsch 1866 die Epauletten ab.

---

* In England trugen die Infanterieregimenter, welche den Namen des Königs führten, blaue Abzeichen.

II. Leichte Infanterie. Jäger

Das 14. leichte Inf.-Rgt. hatte 1791 graue Röcke mit grünen Abzeichen, die Jäger ganz grüne Uniformen. Beide Formationen Korsenhüte mit rot-weiß-grünem Stutz. Zur englisch-deutschen Legion gehörten zwei leichte Bataillone, deren Uniform an die englischen Scharfschützen (Rifles) erinnert. Das 1. leichte Bataillon trug dunkelgrüne Kolletts mit einer Reihe von weißen Knöpfen, schwarze Kragen, Aufschläge, Achselklappen und Achselwülste. Tschakos in Form eines abgestumpften Kegels mit kurzem schwarzem Stutz und Behängen sowie weißem Jägerhorn. Lederzeug schwarz. Hirschfänger mit einfachem Bügel. Beinkleider wie bei der Linie. Die Offiziere hatten zwei Reihen von weißen Knöpfen und silberne Achselraupen, schwarze Kartuschbandeliere, rote Husarenschärpe und Schleppsäbel. Das 2. leichte Bataillon unterschied sich vom 1. durch drei Reihen weißer Knöpfe, schwarze lose Wollfransen an den Achselklappen an Stelle der Achselwülste und durch schwarzes Kugelpompon an Stelle des Stutzes (Abb. 40, i). Die Offiziere, ähnlich ausgestattet wie diejenigen des 1. Bataillons, hatten schwarze Husarenschnüre zwischen drei Knopfreihen und keine Achselwülste. Nach den Befreiungskriegen hellblaue Beinkleider und ebenso geformte Tschakos wie die Linie. Die Grundfarbe des Kolletts blieb grün, Abzeichen schwarz, Knöpfe weiß, Tschakobehänge schwarz. Die Gardejäger hatten auf den Kolletts eine Knopfreihe und auf beiden Seiten der Brust eine Tasche mit je einem Knopf. Auf den Schultern Achselwülste. Bei gekreuztem Lederzeug schmaler Leibriemen mit kleiner Kartusche vorn. Hirschfänger mit daran befestigter Bajonettscheide. Die beiden anderen Bataillone zwei Knopfreihen, schwarze Ärmelpatten, schwarze Contreepauletten mit grüner Einfassung (Abb. 40, k), an Stelle des Hirschfängers Bajonettscheide. 1837 erhielten die Gardejäger rote Vorstöße um die schwarzen Abzeichen. Die Beinkleider nunmehr grau wie bei der Linieninfanterie. Bei der Einführung der Waffenröcke 1849 blieb ebenfalls die Farbenzusammenstellung schwarz mit grün, Knöpfe weiß, bei den Gardejägern rote Vorstöße. Als Kopfbedeckung Käppis mit schwarzem Haarbusch, welcher stets getragen wurde (Abb. 40, l).

III. Reiterei

Die schwere Reiterei legte 1683 die Kürasse ab. Die Uniformfarben waren beim Leibreuter-Regiment 1698 rot mit dunkelblau, dazu gelbe Knöpfe. Vorher trug das Regiment weiß mit gelb. Die übrigen Reiter-Regimenter hatten meistens weiße Röcke. Die Abzeichen waren regimentsweise verschieden. Im Anfang des 18. Jahrhunderts waren die Hüte von weißem Filz (Abb. 41, a), später von schwarzem. Im Siebenjährigen Kriege wurden mehrfach Freikorps errichtet. Unter diesen sind zu erwähnen die *Luckner-Husaren* (erst grüne, dann weiße Dolmans, grüne bzw. rote Pelze, gelbe Schnüre, anfangs Flügelmützen, dann Pelzmützen), ferner die *Freytagschen reitenden Jäger* (ganz grüne Uniform

mit weißen Knöpfen, Hüte) und die *Scheitherschen Karabiniers* (strohgelbe Kolletts mit grünen Abzeichen, Hüte). Die weiße Grundfarbe der Uniform wich in den Jahren 1761 bis 1768 der dunkelblauen, nur die reitende Leibgarde behielt bis 1799 die rote Farbe bei, vertauschte sie aber im genannten Jahre ebenfalls gegen dunkelblau. Die leichten Dragoner erhielten nach dem Siebenjährigen Kriege Bügelhelme mit roten Roßhaarschweifen nach Art der englischen Dragoner (Abb. 41, c). Bei der Auflösung der Armee im Jahre 1803 waren die Abzeichen folgende:

Regiment	Abzeichen	Knöpfe
Leibgarde	rot	gelb
1. Kavallerie-Regiment	rot	weiß
2. „ „	weiß	gelb
3. „ „	gelb	weiß
4. „ „	weiß	weiß
5. (Dragoner-Regiment)	weiß	weiß
6. „ „	gelb	weiß
7. „ „	gelb	weiß
8. „ „	weiß	gelb
9. (Leichtes Dragoner-Rgt.)	rot	gelb
10. „ „ „	rot	weiß

In der englisch-deutschen Legion bestanden zwei *Dragoner-Regimenter,* die von 1808 bis 1812 schwere Regimenter waren, dann leichte wurden. Als Uniform ein rotes Kollett mit ebensolchen Achselklappen und Schulterwülsten, gelbe Vorstöße und Brustlitzen. Das 1. Regiment hatte dunkelblaue, das 2. schwarze Abzeichen. Beinkleider und Lederzeug weiß. Als Kopfbedeckung Hüte mit rotweißem Federstutz (Abb. 41, d). 1814 wurde die Uniform geändert und beiden Regimentern die Bekleidung der englischen leichten Dragoner gegeben (Abb. 41, e). Sie bestand aus dunkelblauen Kolletts, weißen Beinkleidern, roten Kragen, Rabatten, Aufschlägen und Schoßumschlägen, rotblauem Paßgürtel. Gelbe Knöpfe, Epauletten und Tschakogarnitur beim 1. Regiment, beim 2. diese Stücke in weiß. Sowohl zu der Uniform der schweren wie der leichten Dragoner zur Schonung der weißen, in den Stiefeln getragenen Beinkleider graue Überhosen. Ferner gehörten zur Legion *drei Husaren-Regimenter,* deren Bekleidung ebenfalls nach englischem Muster geregelt war (Abb. 41, f). Dolmans und Pelze dunkelblau, Paradehosen weiß in Husarenstiefeln, im Felde graue Überhosen. Kragen und Aufschläge waren beim 1. Regiment rot, beim 2. weiß, beim 3. gelb. Die Schnüre beim 1. und 2. gelb, beim 3. weiß. Das 1. Regiment hatte Pelzmützen von sehr breiter Form, das 2. und 3. schmälere mit ledernen Augenschirmen. Alle drei rote Beutel und rot-weißen Stutz.

1813 wurden drei neue Husarenregimenter errichtet (nicht zur Legion gehörig). Das *Lüneburgische Regiment* trug dunkelblaue Dolmans und rote Pelze; Kragen und Aufschläge rot, Schnüre weiß. Beinkleider grau mit roten, bei den Offizieren silbernen Streifen. Graue Pelzmützen mit hellblauem Beutel. Das Husaren-Regiment *Bremen und Verden* grüne Dolmans mit roten Abzeichen; rote Pelze,

1760
1700.
1805. 1813.
1825.
1800.
1813.
1825.
1825.
1835.
1866.
1866.
1866.

a   b   c   d   e   f   g   h   i   k   l   m   n

Abb. 41. Hannover. Reiterei
a Reiter – b, k, m Dragoner – c Offizier der leichten Dragoner – d Schwerer Dragoner – e Leichter Dragoner – f, i, l Husaren –
g Ulan – h Leib-Kürassier – n Garde du Corps

weiße Schnüre, die 1. Schwadron Tschakos mit schwarzem, die 4. mit rotem Besatz, die 2. und 3. graue Pelzmützen mit rotem Beutel, Beinkleider wie oben. Das *freiwillige Husaren-Regiment Herzog von Cumberland* grüne Dolmans und Pelze, rote Kragen und Aufschläge, Tschakos mit gelbem Besatz, graue Hosen mit gelben Streifen. 1816 folgte eine Neuformation der Kavallerie. Das *Garde-Kürassier-Regiment* (später Garde du Corps) weiße Kolletts mit roten Abzeichen und gelbem Besatz, gelbe Kürasse, hohe Bügelhelme mit Raupe. Das *Leib-Kürassier-Regiment* weiße Kolletts mit blauen Abzeichen und gelbem Besatz, schwarze Kürasse und Bügelhelme mit Raupe (Abb. 41, h), das *Garde-Husaren-Regiment* die Uniform des 1. Husaren-Regiments der Legion, das 2. und 3. ebenfalls die ehemalige Uniform der entsprechenden Regimenter der Legion, nur jetzt ebenfalls breitere Pelzmützen ohne Augenschirm. Das *4. Husaren-Regiment* dunkelblaue Pelze und Dolmans mit roten Abzeichen und weißen Schnüren. Pelzmützen wie die übrigen Husaren-Regimenter. Das *1. Ulanen-Regiment* grüne Kolletts und Beinkleider, rote Abzeichen, gelbe Knöpfe, weiß-gelbe Paßgürtel, rote Tschapkas (Abb. 41, g). Das *2. Ulanen-Regiment* ebenso, aber schwarze Tschapkas. 1833 wurde die ganze Kavallerie zu Dragonern umgeformt. Die Garde du Corps legte die Harnische ab. Die Uniform wurde durchgängig dunkelblau, Beinkleider hellblau. Als Kopfbedek-

kung ein schwarzer Helm mit Bügel und schwarzer Raupe (Abb. 41, k).

Regiment	Abzeichen	Knöpfe u. Litzen
Garde du Corps	rot	gelb
Königs-Dragoner	rot	gelb
Königin-Dragoner	weiß	gelb
Cambridge-Dragoner	gelb	weiß

Die neue Formation wurde indessen bald aufgehoben. 1838 trug die *Garde du Corps* weiße Kolletts mit roten Abzeichen und weißen Litzen, Helme wie preußische Kürassiere. Das *Gardeküirassier-Regiment* weiße Kolletts mit kornblumblau und gelben Litzen. Beide Regimenter legten die Kürasse wieder an. Das *Garde-Husaren-Regiment* blaue Pelze und Dolmans, gelbe Schnüre, rote Tschakos. Das *Königin-Husaren-Regiment* ebenfalls blaue Dolmans und Pelze, aber weiße Schnüre und karmesinrote Tschakos. Die *Cambridge-Dragoner* dunkelblau mit lichtblauen Abzeichen und weißen Knöpfen. *Kronprinz-Dragoner* dunkelblau mit weißen Abzeichen und gelben Knöpfen. *Königs-Dragoner* dunkelblau mit roten Abzeichen, gelben Knöpfen; *Leib-Dragoner* dunkelblau mit gelben Abzeichen und weißen Knöpfen. Alle Dragoner-Regimenter trugen schwarze Tschakos.

1849 wurde der Waffenrock bzw. Koller eingeführt. Die *Garde du Corps* in denselben Farben wie vorher, dazu Stahlhelme mit gelben Beschlägen. Zur Parade weißen Roßhaarbusch. Die Farbe des Kürasses war, wie schon früher, gelb, weißmetallene Sonne als Dekoration (Abb. 41, n). Das *Garde-Kürassier-Regiment* gleichfalls die alten Uniformfarben, dieselben Helme wie die Garde du Corps, schwarze Harnische mit gelbem Stern. *Garde-Husaren* und *Königin-Husaren* auch die früheren Farben. Seit 1847 Pelzmützen mit rotem bzw. karmesinrotem Beutel (Abb. 41, i), *Cambridge-Dragoner* hellblaue Waffenröcke mit karmesinroten Abzeichen und weißen Knöpfen und Litzen. Als Kopfbedeckung schwarze Pickelhauben, aber nicht aus Leder, sondern aus lackiertem Blech gefertigt, mit springendem Roß (Abb. 41, m). Zu Paraden weiße Haarbüsche. *Kronprinz-Dragoner* hellblaue Waffenröcke mit weißen Abzeichen, ebenfalls Pickelhauben. Bei der gesamten Kavallerie graue Beinkleider wie in Preußen. Seit 1840 bestand eine Sektion *Königs-Gensdarmerie,* eine Art Ordonnanztruppe. Rote Dolmans, blaue Pelze, gelbe Schnüre und graue Beinkleider. Tschakos nach Art der ungarischen Husaren, anfangs rot, seit 1859 schwarz.

IV. Artillerie, Geniekorps

Die *Artillerie* trug im 18. Jahrhundert hellblaue Röcke im Schnitt wie bei der Infanterie. 1743 bestanden die Abzeichen aus halben roten Rabatten und Westen sowie Schoßumschlägen, schwarzen Ärmelpatten, gelben Vorstößen und Knöpfen und ausgenähten Knopflöchern. Gelbe Beinkleider. Der Hut war mit gelber Borte eingefaßt. Die Pulverflasche an rotem, gelb vorgestoßenem Bandelier (Abb. 40, m). Später wurden die Unterkleider weiß; die Uniformfarben erhielten sich bei wechselndem Schnitt bis zur Auflösung der Armee im Jahre 1803. Die Uniform der Artillerie in der englisch-deutschen Legion, von dunkelblauer Grundfarbe mit roten Abzeichen und gelben Besätzen, völlig wie in England. Fußartillerie Infanterie-Kasketts, gelbe Brustlitzen und graue Hosen, reitende Artillerie Raupenhelm, gelbe Brustverschnürung, Hosen wie die Reiterei. Nach den Befreiungskriegen war die Artillerie in dunkelblaue Kolletts mit roten Abzeichen gekleidet. Knöpfe und Litzen am Kragen sowie Epauletten gelb. Der Tschako hatte gelbe Behänge (Abb. 40, n). 1838 waren die Abzeichen schwarz, Achselstücke und Vorstöße rot. 1849 Waffenröcke in gleicher Farbenzusammenstellung, Pickelhauben mit gelbem Beschlag und weißem springendem Roß. Auf der Spitze eine Kugel. Die reitende Artillerie dazu noch schwarze Haarbüsche. 1859 wurden Tschakos österreichischen Modells eingeführt (Abb. 40, o). 1862 erhält die reitende Artillerie Helme in ähnlicher Form, wie solche die reitende Artillerie der Legion trug.

Die *Ingenieure* hatten bis 1803 dieselbe Uniform wie die Artillerie. Bei der englisch-deutschen Legion bestand seit 1808 ein Ingenieurkorps, aber nur aus 10 Offizieren. Als Uniform dunkelrote Fracks mit schwarzen Kragen und Aufschlägen,

gelben Knöpfen und grauen Hosen. Hüte mit gelber Agraffe und weiß-rotem Federbusch. Nach den Befreiungskriegen war die Grundfarbe der Uniform blau, Abzeichen schwarz, die Knöpfe gelb. Als Kopfbedeckung Tschakos, 1838 wie die Artillerie, aber weiße Knöpfe, 1849 Waffenröcke, Helme mit Kugel, wie solche die Artillerie bekam, aber mit weißem Beschlag. 1859 Käppis mit schwarzem Haarbusch, schwarzes Lederzeug.

Hessen-Kassel
(Kokarde rot-weiß.)

I. Infanterie

Bis zum Jahre 1806 war die Infanterie im allgemeinen nach preußischem Muster gekleidet. Die Grenadiere trugen im 18. Jahrhundert Grenadiermützen ähnlich den preußischen. Musketiere bortierten Hut, Füsiliere Füsiliermützen preußischen Modells. Die Grundfarbe der Uniform war blau, Abzeichen verschiedenfarbig. Bis etwa 1750 waren die Hosen blau, die Halsbinden blieben bis zum Ende des 7jährigen Krieges für Offiziere weiß, für Mannschaften rot. Abzeichen 1759 siehe Tabelle rechts.

In den folgenden Jahren war die Uniform häufigen Änderungen unterworfen. 1784 erhielten die Grenadiere Pelzmützen.

1806 erfolgte bekanntlich die Auflösung der Armee oder, wie man es nannte, die Beurlaubung. Nach der Vertreibung des Königs Jérôme aus Kassel wurde Ende 1813 die Armee neu gebildet. Die Infanterie (Abb. 42, a) erhielt dunkelblaue Kolletts mit roten Schoßumschlägen und zwei Knopfreihen vorn. Die Beinkleider waren weiß, dazu schwarze Gamaschen bis unter die Kniescheibe reichend. Die Einführung dieser Bekleidung hat sich dann aber aufgrund der Finanzlage des Staates und der voraufgegangenen Kriegsereignisse bis zum Jahre 1817 verzögert.

Die *Leib-Grenadier-Garde* hatte rote Kragen, Achselklappen und schwedische Aufschläge, weiße Knöpfe und Gardelitzen. Pelzmützen mit weißem Blech und Behängen, Stutz weiß mit roter Spitze. Das *Garde-Grenadier-Regiment* die gleiche Uniform, aber Tschakos vorn mit weißer Granate geschmückt. Dazu weiße Schuppenbänder und Behänge, karmesinweißes National und Stutz wie die Leibgrenadiergarde. Die *Linien-Infanterie* hatte dunkelblaue Ärmelpatten und Tschakos vorn ohne Beschlag, nur mit Schuppenketten, weißen Behängen und Stutz geschmückt. Die Abzeichen waren beim Regiment »Kurfürst« gelb, die Knöpfe weiß; »Kurprinz« weiß, Knöpfe gelb; »Landgraf Karl« rot, Knöpfe gelb; »Solms-Braunfels« karmesinrot, Knöpfe weiß. Das Lederzeug war wie in Preußen angeordnet. Diese Uniformen wurden bis zum Jahre 1821 getragen. Dabei muß noch bemerkt werden, daß von 1813 bis zum genannten Jahre der Zopf wieder vorschriftsmäßig war, allerdings

Regimentsabzeichen 1759

Regiment	Rabatten	Litzen	Rabatten- und Ärmel-Einfassung	Knöpfe
Garde	rot	weiß mit roten Streifen	weiß	weiß
Leib-Grenadiere	rot	weiß	weiß	weiß
Leib-Regiment	—	gelb		gelb
Erbprinz	gelb	weiß	weiß	weiß
Prinz Ferdinand	rot		gelb	weiß
Prinz Karl	rot			gelb
Prinz Ysenburg	hellgelb	weiß		gelb
Mansbach	weiß			gelb
Gilsa	rot			gelb
Canitz	gelb			weiß
Toll	orange			gelb
Prinz Wilhelm (Hanau)	karmin	weiß		weiß

nur in sehr kleiner Form bis zum unteren Kragenrande reichend, und zwar wurde er von allen Waffengattungen getragen.

1813/14 wurde auch *Landwehr-Infanterie* ins Feld gestellt. Die Uniform war der entsprechenden preußischen sehr ähnlich. Als Abzeichenfarbe trug das 1. Landwehr-Regiment karmesinrot, das 2. schwarz, das 3. rot. Die Knöpfe waren weiß. Als Kopfbedeckung Tschakos im Überzug, vorn mit Landwehrkreuz. 1821 erhielt die *Schweizer Leibgarde* dunkelblaue Kolletts mit ebensolchen Ärmelpatten, roten Kragen, Rabatten, Aufschlägen und Schoßfutter. Achselklappen weiß mit gelber Granate. Kragen, Rabatten und Ärmelpatten mit weißen Puschellitzen versehen. Als Kopfbedeckung Pelzmützen mit weißen Behängen und Schild sowie Schuppenketten. Mützendeckel rot mit weißer Granate. Das *Leibgarde-Regiment* Kolletts fast genau denen des preußischen 1. Garde-Regiments entsprechend. Auf den weißen Achselklappen bis 1832 eine gelbe Krone. Beinkleider, Tschako und Lederzeug wie in Preußen, natürlich mit National von der Landesfarbe. Behänge für die Chargierten rot durchflochten. Die *Linien-Infanterie-Regimenter* trugen gleichfalls Kolletts wie in Preußen, beim 1. Regiment Achselklappen weiß, Ärmelpatten gelb, beim 2. beide Stücke weiß, beim 3. Achselklappen rot, Ärmelpatten hellblau. Der Tschako hatte außer dem National eine Kokarde mit Agraffe, darunter den kurfürstlichen Namenszug. Ferner Schuppenketten und Behänge. 1832 führten die Regimenter Nummern auf den Achselklappen. 1832 wurden Ärmelpatten und Achselklappen gleichfarbig (Abb. 42,b), beim 1. Regiment gelb, 2. weiß, 3. rot. 1846 Waffenröcke und Pickelhauben nach preußischem Muster. Die Schweizer Leibgarde und das Garde-Regiment hatten weiße Helmbeschläge, die übrigen gelbe. Zu Paraden für die beiden Garde-Regimenter Haarbüsche, und zwar für die Schweizer Leibgarde weiße, für das Garde-Regiment schwarze. Der Waffenrock unterschied sich von dem preußischen besonders dadurch, daß er nicht rote Kragenpatten, sondern ganz roten Kragen hatte (Abb. 42,c). Rote Ärmelpatten, beim 1. Regiment mit gelbem Vorstoß, 2. Regiment mit weißem Vorstoß und 3. Regiment ohne Vorstoß. Später wurde die Gürtelrüstung eingeführt.

II. Jäger und Schützen

1813 wurde ein *Jägerbataillon* errichtet. Die Uniform glich im Schnitt derjenigen der Infanterie. Die Farbe des Kolletts war dunkelgrün, die Abzeichen karmesinrot, Knöpfe weiß, Hosen hellgrau. Als Kopfbedeckung Tschakos. Die freiwilligen Jäger 1814 trugen dunkelgrüne Kolletts mit gelben Knöpfen, hellblaue Abzeichen, graue Hosen, schwarzes Lederzeug. Tschakos mit National, gelbem Jägerhorn, grünen Behängen und Busch. 1821 wurde das bisherige Jägerbataillon zu einem *Garde-Jägerbataillon* formiert. Die dunkelgrünen Kolletts, ganz wie in Preußen geschnitten, hatten rote Kragen und Aufschläge, weiße Knöpfe und Litzen. Die Achselklappen weiß mit gelber Krone. Am Tschako weißer Stern, grüner Stutz und Behänge. 1832 wurden Knöpfe, Litzen und Tschakosterne gelb, die Achselklappen rot, der Stutz schwarz. Das Bataillon wurde von 1832 bis 1834 *1. Schützenbataillon* ohne Uniformänderung. 1834 in Jägerbataillon umbenannt. 1832 wurde das *2. Schützenbataillon* errichtet, ab 1834 nur noch Schützenbataillon benannt. Die Uniform bestand aus grünen Kolletts mit ebensolchen Ärmelpatten und Schoßumschlägen, hellblauen Abzeichen, gelben Kragenlitzen und Knöpfen, roten Vorstößen und Achselklappen. Tschako mit weißen Behängen und Stutz. Dekoration wie bei der Infanterie. Lederzeug schwarz. 1846 erhielt es grüne Waffenröcke, dazu Helme mit gelbem Beschlag. Zu Paraden schwarze Haarbüsche. Das Jägerbataillon im gleichen Jahre grüne Waffenröcke ohne Litzen und Helme wie die Schützen. 1858 Tschako, in Hessen-Kassel Käppi genannt, mit gekröntem gelben Namenszug und schwarze Haarbüsche. 1851 wurde das Schützenbataillon zu Füsilieren (also blaue Uniform) umgewandelt, 1856 dagegen wurde es wieder Schützenbataillon und erhielt als sol-

Abb. 42. Hessen-Kassel
a, b, c Infanterie – d, e, g Dragoner – f, h Husaren – i Reitende Artillerie

ches grüne Waffenröcke mit schwarzen Kragen und Aufschlägen, roten Achselklappen und gelben Knöpfen. Helme mit schwarzen Haarbüschen, 1858 Käppis wie die Jäger.

III. Reiterei

Im 18. Jahrhundert war die Reiterei ebenfalls entsprechend der preußischen Uniform, sogar zum Verwechseln ähnlich. In den achtziger Jahren machte sich aber teilweise englischer Einfluß geltend, so sehen wir z. B. die Dragoner mit englischen Dragonerhelmen ausgerüstet (Abb. 42, d). Im allgemeinen blieb aber der preußische Einfluß vorherrschend, bis zur Auflösung der Armee im Jahre 1806. 1813 bis 1821 bestanden folgende Truppenteile:
Garde du Corps: Uniform fast genau wie die damalige preußische, nur bayerischer Raupenhelm.
Garde-Husaren: Pelz und Dolman dunkelblau, Kragen, Aufschläge und Säbeltaschen sowie Beutel der Pelzmütze rot, Schnüre weiß. Lederhosen in Husarenstiefeln.
Leib-Dragoner-Regiment (Abb. 42, e): hellblaue Kolletts mit zwei Reihen gelber Knöpfe, rote Abzeichen, Tschakos, Beinbekleidung wie die Husaren.
Husaren-Regiment: Uniformfarben wie bei den Garde-Husaren. Als Kopfbedeckung Tschakos.
Für die Garde du Corps ist für die Folgezeit zu bemerken, daß sich die Uniform in gleicher Weise entwickelte wie bei

der entsprechenden preußischen Truppe. 1821 Lederhelme mit Bügel und schwarzem Roßhaarkamm, gelbem Beschlag mit weißem Stern. Abzeichen rot mit weißen Gardelitzen; Beinbekleidung, Schabracken wie in Preußen, nur waren die Harnische weiß. Seit 1846 weiße Koller und Kürassierhelme preußischen Modells.
1821 bis 1832 bestanden zwei *Husaren-Regimenter* (Abb. 42, f). Das 1. trug dunkelblaue Dolmans, Pelze und Schabracken, rote Kragen, Aufschläge und Zackenrand auf der Schabracke. Die Schnüre waren weiß, das Lederzeug schwarz. Schärpe weiß und rot. Das 2. Regiment Pelze und Dolman dunkelbraun, ebenso die Schabracken, deren Zackenrand gleich den Kragen und Aufschlägen hellblau war. Säbeltasche rot, Schnüre gelb, Schärpe hellblau und gelb. Beiden gemeinsam war der Tschako mit National, Kokarde, Agraffe und weißen Behängen. Graue Beinkleider mit roter Biese. Zu erwähnen ist, daß Pelz und Dolman mit Achselklappen in der Kragenfarbe versehen waren. Um die Achselklappen herum ein kleiner Kettenbesatz. Auf der Achselklappe Regimentsnummer in der Farbe der Beschnürung. Von 1832 bis 1845 waren beide Regimenter in ein einziges Regiment formiert, das den Namen »*Leib-Dragoner-Regiment*« (Abb. 42, g) führte. Kolletts hellblau mit zwei Reihen gelber Knöpfe, rote Kragen, Achselklappen und schwedische Aufschläge, Vorstoß um die Schoßumschläge ebenfalls rot. Lederzeug weiß. Helme wie die damaligen preußischen Kürassiere. Hosen grau mit roter Biese. Das 1840 errichtete

2. Dragoner-Regiment erhielt die gleiche Uniform, nur mit weißen Abzeichen und gelben Knöpfen, und hatte keinen Litzenbesatz.

Von 1845 bis 1866 waren die Regimenter wieder in *zwei Husaren-Regimenter* umgewandelt worden (Abb. 42, h), von denen das 1. hellblaue, das 2. dunkelblaue Uniform trug. Die Beschnürung war weiß, Mützenbeutel und Säbeltasche rot. Diese Uniformfarben haben auch die beiden Regimenter 13 und 14 als preußische Regimenter beibehalten, nur wurde die Säbeltasche blankledern.

IV. Artillerie, Pioniere und Train

Die frühere Uniform der *Artillerie* war blau mit karmesinrot. Dieselben Farben wurden auch bei der Neubildung der Armee im Jahre 1813 beibehalten, und zwar erhielt der Kragen Gardelitzen, die Knöpfe waren gelb. Als Kopfbedeckung Tschakos. Fußartillerie weiße Beinkleider, reitende dunkelblaue mit karmesinroter Biese. 1821 wurde die Grundfarbe der Kolletts dunkelgrün, die Abzeichen schwarz; gelbe Gardelitzen und Knöpfe, rote Schulterklappen. Die reitende Artillerie hatte Schöße nach Kavallerieart, d. h. Umschläge von der Grundfarbe und Besatz von der Kragenfarbe, dazu rote Vorstöße; Fußartillerie rot umgeschlagene Schöße. Am Tschako, auf der Patronentasche bzw. Kartusche gelbe Granate. Gelbe Schuppenketten, rote Behänge. Für die reitende Artillerie dunkelgrüne Roßhaarstutze, Lederzeug weiß, bei der Fußartillerie schwarz. 1832 erhielten Kragen und Aufschläge einen roten Vorstoß (Abb. 42, i), die Fußartillerie ebenfalls weißes Lederzeug. Die Roßhaarstutze, die jetzt auch die Fußartillerie erhielt, wurden schwarz. 1846 dunkelblaue Waffenröcke nach preußischer Probe, Helme mit gelbem Beschlag. Zur Parade schwarze Haarbüsche.

Die *Pioniere,* seit 1842 erst von der Artillerie getrennt, trugen bis 1846 die Uniform der Fußartillerie, nur weiße Litzen, Knöpfe, Tschakobehänge und Beschlag, schwarze Stutze und Lederzeug. 1846 Waffenröcke wie in Preußen ohne Litzen, Helme mit weißen Beschlägen. Zu Paraden schwarzer Haarbusch.

Der *Train* wurde 1854 zu einer Trainabteilung formiert. Dunkelblaue Waffenröcke, karmesinrote Abzeichen, gelbe Knöpfe. Als Kopfbedeckung dunkelblaue Schirmmützen mit karmesinroten Streifen und Vorstoß. Säbel an schwarzem Koppel.

Nassau

(Kokarde schwarz, National blau und orange.)

Ein Regiment, welches Nassau-Weilburg zum oberrheinischen Kreise stellte, trug seit den fünfziger Jahren des 18. Jahrhunderts blaue Uniformen mit weißen Abzeichen und Unterkleidern, wie überhaupt die Truppen des oberrheinischen Kreises. 1803 wurde ein *Leibbataillon von Todenwarth* errichtet. Die Kolletts waren von dunkelgrüner Grundfarbe, vorn mit einer Reihe gelber Knöpfe geschlossen. Kragen, Aufschläge, Schoßumschläge und Achselklappen rot, gelber Borten- und Litzenbesatz. Unterkleider weiß, Lederzeug gelb. Als Kopfbedeckung Raupenhelme mit schwarzem Stutz (Abb. 43, a). 1808 ging dieses Bataillon in dem damals errichteten *1. nassauischen Infanterie-Regiment* auf. Zu gleicher Zeit wurde ein *2. Regiment* gebildet. Beide Regimenter trugen dunkelgrüne Kolletts mit ebensolchen Schoßumschlägen und einer Reihe von gelben Knöpfen. Kragen und Aufschläge schwarz, mit orange Bortenbesatz. Lederzeug wie früher, weiße Westen, hellgraue Beinkleider mit schwarzen Verschnürungen am Latze, schwarze Gamaschen. Als Kopfbedeckung Tschakos, die Offiziere den Hut, bald darauf ebenfalls Tschakos. Als Dienstgradabzeichen goldene Epauletten nach französischem Muster, als Dienstzeichen Ringkragen. Degen an gelbem Schulterbandelier, vorn ein Schildchen mit dem nassauischen Wappen. Die Grenadiere und Voltigeure Epauletten und Stutz wie in der französischen Armee. Als Kopfbedeckung sollten die Grenadiere die alten Helme des ehemaligen Bataillons von Todenwarth tragen (Abb. 43, b). Die 2. Grenadierkompanie des 1. Regiments rückte jedoch 1809 in Tschakos nach Spanien aus. 1810 wurden die Raupenhelme ganz abgeschafft und durch Pelzmützen mit rotem Beutel, Stutz und Behängen ersetzt (Abb. 43, d). Statt der orangefarbenen Litzen und Besätze wurden um 1809 die Kragen und Aufschläge mit einem einfachen gelben Vorstoß geschmückt. Ebenso die Achselklappen (Abb. 43, c). 1814 erhielten die Grenadiere und Flanqueure (Voltigeure) statt der Fransenepauletten rote bzw. gelbe Achselwülste. Bei den Zentrumskompanien waren auf den Tschakos je nach den Kompanien verschiedenfarbige Pompons angebracht. In dieser Ausstattung erhielt sich die Uniform bis 1833. Die Unterscheidung in Grenadiere und Flanqueure fiel jetzt weg, nur wurden die 3. Bataillone sogenannte leichte Bataillone, und als solche durch ein Jägerhorn an Stelle der gelbmetallenen Sonne am Tschako äußerlich gekennzeichnet. Kollett und Beinkleider waren jetzt dunkelgrün, bei den Offizieren letztere grau. Kragen und Aufschläge schwarz. Tschakobehänge, Achselklappen, Achselwülste, Schoßumschläge und Vorstöße rot. Lederzeug und Knöpfe gelb. Am Tschako blaues National mit orange Rand (Abb. 43, e). 1849 wurde der Regimentsverband aufgehoben. Die Infanterie zerfiel in sechs selbständige Bataillone. Gleichzeitig wurde der Waffenrock eingeführt, und zwar von dunkelgrüner Grundfarbe mit schwarzen Kragen und Aufschlägen, roten Achselklappen und Vorstößen. Graue Hosen mit roter Biese. Als Kopfbedeckung Pickelhauben mit eigentümlich gestalteter Spitze, Beschläge gelb. Knöpfe, Lederzeug und Bataillonsnummer auf den Achselklappen ebenfalls gelb (Abb. 43, f). 1855 wurde der Regimentsverband wieder eingeführt. 1862/63 erfolgte eine Uniformänderung, und zwar mit Anlehnung an das österreichische Vorbild. Die Uniform behielt die gleichen Farben wie vorher, doch wurden jetzt vorn zwei Knopfreihen angebracht. Der Vorstoß lief rings um den Rock. Als Kopfbedeckung Käppis nach dem Modell der österreichi-

1806. 1809. 1810. 1810. 1833. 1849. 1862. 1857. 1864. 1833.

a   b   c   d   e   f   g   h   i   k

Abb. 43. Nassau
a, b, c, d, e, f, g Infanteristen – h, i Jäger – k Artillerist

schen Artillerie, linksseits befestigten schwarzen Roßhaarbusch (Abb. 43, g). Die Schützen unterschieden sich durch
eine gelbe Einfassung der Achselklappen und das Fehlen
des Bügels am Seitengewehr. Der Tschako wurde gewöhnlich im Überzuge getragen. Beim Ausmarsch in den Feldzug 1866 schwärzte man das gelbe Lederzeug. 1857 wurde
ein *Jägerbataillon* errichtet. Es erhielt dunkelgrüne Waffenröcke preußischen Schnitts, schwarzen Kragen und Aufschläge, weiße Achselklappen, Vorstöße und Knöpfe.
Schwarzes Lederzeug, graue Hosen mit weißer Biese. Käppis mit schwarzem, linksseits befestigten Roßhaarbusch
und weißem Wappenstern (Abb. 43, h). 1864 wurden Rock
und Hosen ganz schwarz, Brustschnüre und Schnitt wie bei
den Braunschweigern. Kragen und Aufschläge von der
schwarzen Grundfarbe (Abb. 43, i). Die Kopfbedeckung
blieb dieselbe. Die orange Schärpe, welche die Offiziere trugen, erhielt 1864 bei den Jägeroffizieren die Form der Husarenschärpe. Die Gradabzeichen seit 1862 nach österreichischem Muster. Reiterei besaß Nassau nur während der
Rheinbundzeit, und zwar ein Regiment Jäger zu Pferd. Die
Uniform war ganz grün mit weißen Husarenschnüren,
schwarzem Lederzeug und ebensolcher Säbeltasche mit
Namenszug F. M. und Krone aus weißem Metall. Als Kopfbedeckung anfangs bayerische Raupenhelme, später Pelzmützen mit rotem Beutel. Die nassauische Artillerie war
1833 ganz ähnlich wie die Infanterie uniformiert, nur waren
alle Stücke, die dort rot waren, hier karmesinrot, die Bein-

kleider grau mit karmesinroten Streifen (Abb. 43, k). Dieser
Unterschied kennzeichnete auch bei den späteren Ände-
rungen der Uniform, die entsprechend denjenigen bei der
Infanterie waren, die Bekleidung der Artillerie.

Frankfurt am Main
(Kokarde schwarz, später rot und weiß.)

1806 mußte Frankfurt am Main unter dem Fürsten Primas
von Dalberg ein *Rheinbunds-Kontingent* stellen. Die Uniform bestand für die Füsiliere (Abb. 44, a) aus weißen Rök-
ken österreichischen Schnitts mit roten Abzeichen und weißen Knöpfen. Lederzeug und Hosen weiß, schwarze Gamaschen. Hut mit schwarzer Kokarde. Die Jäger (Abb. 44, b)
trugen eine Art von französischem Surtout, gleich den Beinkleidern von grüner Grundfarbe. Um die ebenfalls grünen
Abzeichen rote Vorstöße. Knöpfe weiß, Weste gelb, Lederzeug und Gamaschen schwarz. Grüner Tschako mit schwarzem Stutz und weißroten Behängen. 1808 bis 1809 wurde
die Bekleidung ganz nach französischer Norm geregelt.
Dunkelblaue Röcke (im Schnitte des Surtout) mit ebensolchen Kragen. Die spitzgeschnittenen Rabatten und Aufschläge sowie das Schoßfutter rot. Vorstöße und Knöpfe
weiß. Tschako mit weißem Schildchen und Kokarde. Die

Abb. 44. Frankfurt am Main. Infanteristen

Abzeichen der Füsiliere, Grenadiere und Voltigeure wie in Frankreich. Beinkleider blau in schwarzen Gamaschen (Abb. 44, c), für gewöhnlich blautuchene oder weißleinene Überhosen.

Das spätere *Kontingent,* das Frankfurt *zum deutschen Bundesheere* stellte, trug dunkelblaue Kolletts und Beinkleider, rote Abzeichen und Vorstöße, Knöpfe, Lederzeug und Tschakobehänge weiß, Tschakobeschlag gelb, weißes Pompon mit roter Puschel (Abb. 44, d). Die Schützen hatten grüne Kragen, Aufschläge, Achselklappen mit roten Vorstößen. Tschakobehänge und Pompon ebenfalls grün. Vorn am Tschako gelbes Jägerhorn mit Kreuz im Rund der Schallröhre. Lederzeug schwarz. Später Waffenröcke und Helme nach preußischem Muster (Abb. 44, e). Grundfarbe des Rockes blau, Abzeichen rot, Knöpfe weiß, Beinkleider wie in Preußen. Helmbeschläge gelb.

Hessen-Homburg

Das landgräflich Hessen-Homburgische Bundeskontingent trug eine Uniform, welche fast genau der des damaligen Hessen-Darmstädtischen Regiments »Erbprinz« entsprach. 1839 Uniform wie preußisches Garde-Schützen-Bataillon mit weißen Knöpfen. Seit 1849 Helm, grüne Waffenröcke mit karminroten Abzeichen, weiße Knöpfe. 1863 Jäger-Tschakos.

Hohenzollern-Hechingen – Hohenzollern-Sigmaringen

Die beiden Hohenzollernschen Fürstentümer traten 1849 ihre Souveränität an Preußen ab. Das Kontingent, das beide bis dahin zum deutschen Bundesheere stellten, trug dunkelblaue Kolletts und Beinkleider, rote Kragen, Aufschläge und Schoßumschläge. Die Ärmelpatten waren bei der 1. Kompanie von weißem, bei der 2. gelbem, bei der 3. dunkelblauem Tuche, bei den Schützen, die von Liechtenstein gestellt wurden, von grünem Tuche. Die 1. Reservekompanie hellblaue, die 2. orange Patten. Die Tschakos hatten ein weißmetallenes Schild und rote Doppelpompons. Das Lederzeug war weiß, für die Schützen schwarz. In den vierziger Jahren wurden die Kragen, Aufschläge und Achselklappen durchgängig hellgrün, dazu weiße Gardelitzen. Auf den Tschakos schwarze, Spielleute weiße Haarbüsche. Lederzeug schwarz. 1845 dunkelblaue Waffenröcke mit zwei Reihen weißer Knöpfe. Hellgrüne Abzeichen. Die nunmehr dunkelblauen Achselklappen bekamen roten Vorstoß.

109

Abb. 45. Würzburg
a, b Infanteristen – c, d Dragoner (Chevaulegers)

Schleswig-Holstein

Die Schleswig-Holsteinische Infanterie der Jahre 1848 bis 1850 trug eine fast genau der damaligen preußischen entsprechende Uniform, nur ging die rote Farbe beim Kragen ganz herum. Die Achselklappen waren weiß mit roter Bataillonsnummer, Knöpfe und Lederzeug weiß. Dänische hellblaue Beinkleider mit rotem Vorstoß. Pickelhauben vorn mit gelbem Doppeladler geschmückt, darauf das Schleswig-Holsteinische Wappen. Die *Jäger* dieselben Waffenröcke, nur in grüner Grundfarbe mit roten Abzeichen und Achselklappen. Knöpfe weiß. Beinkleider grau mit roten Vorstößen. Lederzeug schwarz. Käppis mit Vorder- und Hinterschirm, gelbem Doppeladler und tief herabhängendem schwarzen Roßhaarbusch. Bei den *Dragonern* Waffenrock und Beinkleider hellblau; Kragen, spitze Aufschläge und Vorstöße rosa. Achselklappen weiß mit roter Nummer. Knöpfe und Lederzeug weiß, Helme wie die preußischen Kürassiere von weißem Metall mit gelben Beschlägen. *Artillerie* dunkelblaue Waffenröcke und hellblaue Hosen. Abzeichen und Vorstöße karmesinrot. Knöpfe und Helmbeschlag gelb. Auf dem Helm eine Kugel. Lederzeug weiß. *Pioniere* dieselben Helme wie die Artillerie, also mit Kugel. Waffenröcke dunkelblau mit ebensolchen Aufschlägen, schwarze Kragen und Achselklappen, erstere mit roten, letztere mit weißen Vorstößen. Die übrigen Vorstöße rot, Knöpfe gelb, Lederzeug schwarz. Hosen wie die Infanterie.

Würzburg

Die Würzburgischen Truppen des 18. Jahrhunderts trugen weiße Uniformen, und zwar das eine der Regimenter mit roten, das andere mit blauen Abzeichen. 1795 wurde ein Würzburgisches *Kreiskontingents-Bataillon* errichtet. Die Bekleidung bestand aus einem blauen Rock mit weißen Knöpfen, roten Kragen und Aufschlägen, weißen Unterkleidern und schwarzem Hut mit ebensolcher Borte. 1801 wurden die Röcke weiß und die Bataillone durch rote, blaue und grüne Abzeichen unterschieden. Die Grenadiere trugen Mützen, die Füsiliere Kasketts. In dem Werke von Weiland, Ausgabe von 1807, trägt die Würzburgische *Infanterie* (Abb. 45, a) weiße Röcke nach österreichischem Muster mit roten Abzeichen und gelben Knöpfen. Hosen und Lederzeug weiß, Gamaschen schwarz. Als Kopfbedeckung österreichische Helme, bei den Grenadieren roter, den Voltigeuren grüner Stutz. Außerdem die Voltigeure noch grüne Epauletten. Etwas später wurde der Tschako eingeführt. Die Farben der Uniform blieben dieselben, doch änderte sich der Schnitt nach französischer Probe. Nunmehr rote Rabatten und weiße Ärmelpatten. Die weißen Abzeichen mit roten, die roten mit weißen Vorstößen. Die Unterkleider blieben weiß. Grenadiere und Voltigeure durch Epauletten, Stutz in roter bzw. grün-gelber Farbe ausgezeichnet (Abb. 45, b). *Artillerie*-Uniform gleichen Schnitts, nur war die Grundfarbe für Rock, Weste und Beinkleider hellgrau-

a   b   c   d   e   f   g   h   i

Abb. 46. Königreich Westphalen
a Garde-Grenadier – b Garde-Jäger – c Linien-Infanterie – d Offizier der leichten Infanterie – e Garde du Corps – f Garde-Chevauleger – g Kürassier – h Husar – i Artillerie-Offizier

braun. Auf den Schultern gelbe Achselschuppen. Tschako mit roter Einfassung; Schärpen und Stutz. Keine Vorstöße um die roten Abzeichen. Die *Dragoner* (Chevaulegers) grüne einreihige Kolletts mit gelben Knöpfen und roten Abzeichen. Lederzeug und Unterkleider weiß. Bügelhelme mit gelbem Beschlag und schwarzem, oben rotem Stutz (Abb. 45, c). Die Uniform blieb auch später noch, nur wurden rote Fransenepauletten und Tschako mit roten Behängen eingeführt. Stutz wie früher (Abb. 45, d). Nach den Beschlüssen des Wiener Kongresses fiel Würzburg bekanntlich 1815 endgültig an Bayern.

Königreich Westphalen
(Kokarde blau und weiß.)

Das Königreich Westfalen stellte unter Jérôme, dem Bruder des Usurpators, eine stattliche Armee ins Feld. Schon vor Ablauf des Jahres 1808 waren fünfzehn Bataillone, acht Kompanien Infanterie, vierzehn Eskadrons Kavallerie und zehn Kompanien Artillerie vorhanden. Die *Linien-Infanterie,* anfänglich aus acht Regimentern bestehend, war weiß uniformiert, und zwar trugen das 1. und 2. Regiment dunkelblaue Kragen, Aufschläge, Rabatten und Vorstöße. Das

3. und 4. Regiment hatte als Abzeichenfarbe hellblau, das 5. und 6. gelb. Ferner unterschieden sich die Regimenter durch vollfarbige bzw. durch weiße farbig vorgestoßene Rabatten und Schöße in den obengenannten Farben. Die Grenadiere waren wie in der französischen Armee durch rote Tschakobehänge und Stutz sowie rote Fransenepauletten ausgezeichnet. Die Voltigeure hatten grüne Tschakobehänge, grünen, oben gelben Stutz und grüne Epauletten mit gelben Halbmonden. Die Zentrumskompanien (Füsiliere) trugen Achselklappen von der weißen Grundfarbe, mit Vorstößen von der Abzeichenfarbe. Die Behänge waren weiß. Den Tschako schmückte ein kreisförmiges Pompon mit gelber Kompanienummer und Rand in der Kompaniefarbe, wie in der französischen Armee. In gleicher Weise hatte man auch die französischen Chargenabzeichen übernommen. Um 1810 wurde die Uniform vereinfacht, dergestalt, daß die verschiedenen Regimentsfarben wegfielen und dafür allgemein dunkelblaue Kragen, Rabatten usw. üblich wurden. Die Knöpfe waren gelb (Abb. 46, c). Im Jahre 1812 wurde ein Infanterie-Regiment »Königin« errichtet, welches dieselbe Uniform wie die Linien-Infanterie trug, also weiß mit dunkelblau. Nur waren Kragen, Rabatten und Aufschlagspatten mit weißen Litzen besetzt, die Knöpfe waren weiß. Die *leichte Infanterie* trug zuerst kornblumblau mit orange, später grüne einreihige Uniform mit hellblauen Abzeichen und weißen Knöpfen. Die Carabiniers, welche wie in Frankreich bei der leichten Infanterie die Stelle der Grena-

111

dierkompanien einnahmen, waren durch die bekannten roten Grenadierabzeichen kenntlich. Außer diesen Infanterietruppen gab es auch noch Garde-Regimenter. Die *Garde-Grenadiere* (Abb. 46, a) hatten weiße langschößige Fracks mit roten Kragen, Aufschlägen, Rabatten, Schoßumschlägen und Epauletten. Erstere drei Stücke mit goldenen Litzen besetzt. Die Unterkleider waren weiß. Als Kopfbedeckung diente eine Pelzmütze ohne Schild mit roten Behängen, Stutz und Deckel; letzterer mit gelber Granate. Gelbe Schuppenketten. Bei den Offizieren war der Stutz weiß, die Behänge golden. Die *Garde-Jäger* (Abb. 46, b) hatten grüne Fracks, Hosen und Epauletten, Rabatten von der Grundfarbe, Kragen, Aufschläge und Vorstöße gelb. Auf Kragen und Aufschlägen sowie auf den Rabatten weiße Litzen. Knöpfe und Schnurverschlingung auf den Beinkleidern, Besatz der Gamaschen weiß, Tschako mit weißen Behängen und grünem, oben gelbem Stutz. Beschläge von weißem Metall. Die *Voltigeur-Carabiniers* hatten ganz grüne Uniform. Litzen auf den Kragen, Vorstöße und Besätze rot, ebenso die Halbmonde der grünen Epauletten, Knöpfe gelb, Lederzeug schwarz. Tschako mit gelben Beschlägen und grünem, oben rotem Stutz. Die *Garde du Corps* hatte doppelte Uniform. Die Paradeuniform (Abb. 46, e) bestand aus dunkelblauem Kollett, roten Abzeichen, gelben Litzen und Fangschnüren, Brustharnisch von Stahl mit gelber Sonne, Stahlhelm mit gelben Beschlägen, schwarzer Raupe und weißem Stutz; schwarzes gelbgerandetes Lederzeug mit gelben Beschlägen. Die weißen Beinkleider wurden in hohen Stiefeln getragen. Zum Gala-Wachtdienst war ein weißes Kollett vorschriftsmäßig, mit blauen Kragen, Rabatten und Aufschlägen; alles rot vorgestoßen und mit goldenen Litzen besetzt. Dazu gelbe Schuppenepauletten. Kurze Bajonettgewehre. Helm, Lederzeug und Beinbekleidung wie vorhin beschrieben. Die Trompeter hatten rote Fracks mit blauen Abzeichen und Goldbesatz. Der Helm zeigte eine weiße Raupe und roten Stutz. *Chevauleger-Lanciers der Garde* (Abb. 46, f): grüne Kolletts und Hosen, rote Kragen, Aufschläge und Schoßfutter, gelbe Litzen und kleeblattförmige Epauletten. Fahlledernes Bandelier, schwarzer Helm mit ebensolcher Raupe, gelben Beschlägen und Stutz. 1808 wurde ein *Linien-Chevauleger-Lanciers-Regiment* errichtet, das ähnliche Uniform erhielt. Die Abzeichen waren orange, die Knöpfe weiß. Der Litzenbesatz fehlte. Im Oktober 1812 wurde die Errichtung eines zweiten Regiments befohlen. 1811 sollten die Chevauleger-Lanciers Lanzen erhalten. Das *1. Kürassier-Regiment* wurde 1308 gebildet. Es erhielt weiße Fracks mit karmesinroten Kragen, Rabatten, Aufschlägen und Schoßfutter, weißen Vorstößen und Knöpfen; weiße Beinkleider, rote Grenadierepauletten, später blaue Uniformen. Stahlhelm mit gelben Beschlägen, schwarzer Raupe und brauner Pelzverbrämung. Anfangs keine, später weiße Brustharnische (Abb. 46, g). Das *2. Kürassier-Regiment* bekam blaue Kolletts mit orange Abzeichen, französische Harnische und Helm wie das 1. Regiment, aber mit schwarzer Verbrämung. Das *1. Husaren-Regiment* (Abb.

46, h) hatte ganz grüne Uniform mit weißer Beschnürung und rot und weißer Schärpe, schwarze Säbeltaschen mit weißer Nummer, schwarzes Lederzeug, Tschako mit weißen Beschlägen und grünem Stutz. Das *2. Husaren-Regiment* ganz hellblau mit rosaroten Kragen und Aufschlägen. Im übrigen wie das 1. Stutz weiß. Das 1813 errichtete *Husaren-Regiment Jérôme-Napoléon* hieß wegen seiner roten Uniform im Volksmunde »die Krebse«. Die Beschnürung war gelb. Pelze und Hosen blau, Tschakos rot. Die *Fußartillerie* (Abb. 46, i) hatte blauen Frack mit ebensolchen Rabatten, rote Kragen, Aufschläge, Ärmelpatten, Schöße und Vorstöße. Blaue Hosen, gelbe Knöpfe und Tschakogarnitur, Grenadierepauletten. Der *Train* trug grauen Surtout mit ebensolchen Rabatten, rote Kragen, Aufschläge und Vorstöße, weiße Knöpfe, rote weißbeschnürte Weste, graue Hosen mit weißer Besetzung. Fahllederne Bandeliere, Tschakos mit weißen Beschlägen und Behängen, rotes Flammenpompon. Die *Generalität* war ganz nach französischem Muster uniformiert — blau mit Gold. *Flügeladjutanten:* blauer einreihiger Frack mit gelben Abzeichen, goldene Epauletten und Achselschnüre, gelb und blaue Schärpe um den Leib geschlungen, weiße Beinkleider in hohen Stiefeln getragen. Hut mit gelbem Stutz. Die *Ordonnanzoffiziere des Königs* hatten einen grünen Frack mit ebensolchen Rabatten, roten Kragen und spitzen Aufschlägen. Die reiche Stikkerei sowie Epauletten und Achselschnüre in Silber, weiße Unterkleider. Weiße Plümage im Hute.

Großherzogtum Cleve-Berg
(Kokarde blau-weiß.)

Die Schicksale dieses Großherzogtums während der Rheinbundzeit fallen ziemlich mit denen des Königreichs Westfalen zusammen. Die *Infanterie* trug weiße Spenzer mit hellblauem Kragen, Rabatten, Aufschlägen und Schoßumschlägen. Die Knöpfe gelb, Unterkleider weiß. Als Kopfbedeckung ein Tschako, die Grenadiere anfänglich Pelzmütze mit rotem Stutz, später ebenfalls Tschakos, Grenadier- und Voltigeurabzeichen wie in Frankreich. Die Offiziere Fracks mit eckig geschnittenen Rabatten. Das Chevaulegers-Regiment trug bei seiner Errichtung 1807 zur großen Uniform weiße Kurtkas, zur kleinen graue Westen, beide mit rosaroten Abzeichen, weiße Epauletten und weiße Knöpfe, dazu Tschapkas; 1809, als Chaseurs à cheval, eine der französischen ähnliche grüne Uniform mit rosenroten Abzeichen und gleichfarbigen Tschakos, 1810 als Lancier-Regiment dazu Lanzen, nach seiner Teilung in zwei Regimenter Chevaulegers-Lanciers Tschapkas. Die Artillerie blaue Spenzer mit ebensolchen Rabatten und gleichfarbige Beinkleider. Kragen, Aufschläge, Schoßfutter und Vorstöße rot, Ärmelpatten blau, Knöpfe gelb. Tschako mit roten Behängen.

Abb 47. Österreich-Ungarn. Hofgarden
a, b, c, d Arcieren-Leibgarde (Hartschiere) – e, f, g Trabanten-Leibgarde – h Hofburgwache – i Leibgarde-Reiter – k Leibgarde-Infanterie – l Ungarische Leibgarde – m Ungarische Kronwache

Österreich

Österreich-Ungarn

(Kokarde von Österreich schwarz-gelb,
von Ungarn grün-weiß-rot.)

I. Garden

Garden im Sinne des preußischen Gardekorps oder der ehemaligen französischen Kaisergarden besaß dieser Staat nicht, sondern nur Hof- und Palastgarden. Die älteste von diesen Truppen ist die *Erste Arcieren-Leibgarde.* Sie wurde von Ferdinand II. errichtet und zur Begleitung des Kaisers auf Reisen sowie zum Wachtdienst bestimmt. Im Jahre 1700 (Abb. 47 a) bestand die Uniform aus einem goldbortierten Hut mit weißen Federn, schwarzem goldbesetzten Rock, ebensolchem Kamisol und Unterkleidern. Rote Ärmel mit gelben Aufschlägen und grün und rot gestreifte hängende Überärmel; alles reich mit Gold besetzt. Als Waffen dienten Degen und Couse. Später fielen die Überärmel sowie der Federbesatz am Hute weg, die Unterkleider wur-

den weiß. 1817 roter Frack mit schwarzen Kragen und Aufschlägen, reichem Goldbesatz und goldenen Epauletten. Schwarzes Bandelier mit Goldeinfassung, weiße Beinkleider, hohe Stiefel, goldbortierter Hut mit schwarzem Federbusch. Bis zur Aufhebung der Monarchie bestand die Uniform (Abb. 47, d) aus einem weißmetallenen Helm mit gelben Beschlägen und weißem Haarbusch. Roter Waffenrock, reich mit goldenen Litzen besetzt, goldene Epauletten und Bandeliere. Unterkleider wie früher. Unter Leopold I. entstand eine *Trabanten-Leibgarde,* welche schwarz-gelbes gepufftes, sogenanntes Alt-Schweizerkostüm (Abb. 47, e) trug und mit der Hellebarde bewaffnet war. *1767* waren Rock, Weste und Beinkleider rot; ersterer mit schwarzen Aufschlägen und Kragen. Auf Rock und Weste goldener Litzenbesatz. Hut, Bandelier und Koppel schwarz mit Goldbesatz, weiße Gamaschen. Als Waffen Degen und Hellebarde. Um *1800* (Abb. 47, f) wurde ein Helm mit Bügel und Raupe eingeführt. Die Uniform erhielt schwarze goldbesetzte Rabatten und goldene Epauletten, Kniestiefel. Später wurde der Helm wieder durch den Hut ersetzt. Zuletzt war die Uniform ähnlich derjenigen der Arcieren-Leibgarde,

1670 1720 1748. 1756. 1767. 1767. 1805. 1813. 1860. 1890.

a   b   c   d   e   f   g   h   i   k

Abb. 48. Österreich-Ungarn. Deutsche Infanterie
a, b, d, e, g-k Deutsche Infanteristen – c, f Offiziere

nur zeigte der rote Rock schwarze Rabatten und Aufschläge mit Goldbesatz. Die *Leibgarde-Infanterie-Kompanie* ist aus der Hofburg-Wache entstanden. 1802, in welchem Jahre diese Truppe aus der von Maria Theresia errichteten Hofgarde bildet wurde, bestand das Kostüm aus einem einfachen schwarzen Hut mit kleinem ebensolchem Stutz, grauem Rock mit einer Reihe von gelben Knöpfen, schwarzen Kragen, Aufschlägen, Achselklappen und Schulterwülsten. Weiße Unterkleider und Bandeliere, Kniestiefel. Als Waffen Säbel und Gewehr. *1844* (Abb. 47, h) zeigte der Hut goldene Einfassung und Agraffe, schwarzen Federbusch. Der graue Rock hatte goldene Epauletten, schwarzsamtene Kragen und Aufschläge mit Goldbesatz. Blaue Hosen mit weißen Streifen, schwarze Bandeliere. *1890* (Abb. 47, k) bestand die Uniform aus einem grünen zweireihigen Rock mit rotem Kragen, Aufschlägen und Vorstößen, gelben Schuppenepauletten, Knöpfen und Achselschnüren, grauen Hosen mit rotem Vorstoß, schwarzem Helm mit ebensolchem Haarbusch und gelben Beschlägen. Schwarzes Koppel mit gelbem Schlosse, Säbel und Bajonett in Scheide. Gewehre mit schwarzen Riemen. Ganz ähnlich war die *Leib-Garde-Reiter-Eskadron* (Abb. 47, i) gekleidet, nur weißes Bandelier und Stulphandschuhe, weiße Beinkleider und hohe Stiefel. Die *1760* errichtete *Königl. ungarische adelige Leibgarde* trug ein ganz rotes Nationalkostüm mit reicher Silberver-

schnürung, Pantherfell mit silbernem Schilde auf der Brust, Kalpaks mit grünem Beutel und weißem Stutz. Die Uniform blieb im wesentlichen unverändert (Abb. 47, l). Die *1782* errichtete, aber schon *1791* wieder aufgelöste *polnische Leibgarde* hatte ein reiches Nationalkostüm, nämlich weiße, pelzverbrämte Konföderatka mit goldenen Besätzen und Behängen, rotes Unterkleid, von dem nur die Ärmel, die mit Goldbesatz und blauen Aufschlägen geschmückt waren, sichtbar blieben. Darüber ein blaues Oberkleid mit roten kleinen Rabatten; alles reich mit Gold besetzt. Bandelier und Schärpe rot mit Gold, rote Stiefel, Lanzen mit schwarzgelber Flagge. *1812* wurde eine *böhmische Adelsgarde* errichtet. Sie begleitete den Monarchen *1813* und *1814* und wurde dann aufgelöst. Weiße einreihige Montur mit roten Kragen, Aufschlägen und Schoßumschlägen, Goldbesatz um die ersteren, goldene Epauletten und Schärpe, weiße Beinkleider und hohe Stiefel, Hut mit goldener Borte und Agraffe, schwarzer Federbusch, schwarze Bandeliere mit gelben Beschlägen.
1838 errichtete Kaiser Ferdinand I. eine *lombardisch-venetianische Leibgarde,* die *1848* aufgelöst wurde. Die Uniform bestand aus einem roten goldbesetzten Frack mit himmelblauen Kragen und Aufschlägen, weißen goldbesetzten Hosen; anfänglich ein Hut, wie ihn die böhmische Leibgarde trug; seit *1840* weißmetallener Bügelhelm mit gelben Be-

Abb. 49. Österreich-Ungarn. Ungarische Infanterie
a, c, d, f, h, i Ungarische Infanteristen – b, e Offiziere – g Hornist

schlägen. Die jüngste der Garden ist die *königlich ungarische Kronwache* (Abb. 47, m). Die Uniform besteht in einem versilberten Helm mit gelben Beschlägen und aufrecht stehender Feder, krapproter Attila mit Silberbesatz, ebensolchen Beinkleidern und gelben Stiefeln. Schwarze Halsbinde mit Silberfransen. Als Waffen ungarischer Säbel und Couse mit sensenartig geschweiftem Eisen. Darunter rote Fransen.

II. Infanterie

Die Grundfarbe der Infanterieuniform war bis zum ersten Viertel des 18. Jahrhunderts vorherrschend perlgrau, dann weiß. Die *Musketiere* (Abb. 48 a) führten z. T. bis gegen *1670* die Gabelmuskete, die dann von dem Steinschloßgewehr verdrängt wurde. Um *1700* erschienen die Bajonette mit Dille, welche nunmehr auch beim Schießen aufgesteckt bleiben konnten. Damit gleichzeitig wurde die Waffengattung der *Pickeniere* überflüssig. Ihren Bestand hatte Montecuccoli schon seit *1670* immer mehr verringert. Die ersten *Grenadiere* kommen in der kaiserlichen Armee *1664* vor. Ihre Offiziere führten Flinten, die des übrigen Fußvolks Partisanen. Abgesehen von den 8 niederländischen Nationalregimentern, die grün mit kirschroten Abzeichen uniformiert waren, gab es 1718 keine farbigen Röcke mehr. Die perl-

graue Farbe war 1708 vorgeschrieben worden. Die Regimenter unterschieden sich durch die Farben der Aufschläge, des Futters, der Westen, der Hosen und der Strümpfe. Sehr häufig kamen tuchbezogene Knöpfe vor. Alle Chargen sowie die Spielleute trugen vorwiegend gewechselte Farben. Die Offiziere legten erst sehr spät (gegen 1718) Uniformen an. Scheinbar waren diese anfangs ebenfalls in gewechselten Farben. Die Schärpen waren schwarz-gelb, für Stabsoffiziere schwarz-gold. Eine Art Rangabzeichen bildeten die verschieden reich ausgestatteten Partisanen der Offiziere. Der Rock war ursprünglich sehr weit und lang und die Aufschläge sehr groß. 1710 beginnt man die Schöße aufzuschlagen, die Gesamtform wird knapper, die Ärmelaufschläge kleiner. Im Felde wurde grünes Laub, im Winter ein Strohwisch oder ein anderes Zeichen an den Hut gesteckt. In einer Vorschrift aus dem Jahre 1720 werden für den Mann folgende Stücke verlangt: »Ein von dauerhaftem, gutem Tuch gemachter und mit Boy oder Futtertuch wohlgefutterter Rock mit einem dergleichen Kamisol, ein Paar gute lederne Hosen, ein Paar wollene starke Socken, ein Paar juchtene mit Pfundsohlen gemachte starke Schuhe, ein dauerhafter guter Hut, zwei Hemden, zwei Halstücher oder Flor, ein guter Ranzen, eine Patronentasche mit zugehörigen Riemen, ein Ober- und Untergewehr nebst Bajonett.« Die Offiziere trugen Tressen auf den Hüten, Röcken und

115

Linien-Infanterie 1740 – 1780

1769 wurde die Numerierung der Regimenter durchgeführt:

Nr.	Regiments-Name bzw. Inhaber	errichtet	Abzeichen-Farben Knöpfe
1.	I.R. Erbprinz v. Lothringen 1726, 1729 Herzog, 1745 Kaiser Franz I., Joseph II. 1765	1716	rot, 1767 pompadourrot, g. Kn.
2.	I.R. Ujváryi 1741, Erzherzog Karl 1749, Ferdinand 1761	1741	kaisergelb, g. Kn.
3.	I.R. Karl v. Lothringen 1736, Erzherzog Karl 1780	1715	1757 rot, 1767 saphirblau, w. Kn.
4.	I.R. Hoch- und Deutschmeister	1696	saphirblau, g. Kn.
5.	1. Garnisons-Regiment (1807 i. d. 1. und 2. Garn.-Btl. umgeschaffen)	1766	dunkelblau, w. Kn.
6.	2. Garnisons-Regiment (1807 i. d. 3. und und 4. Garn.-Btl. umgeschaffen)	1775	schwarz, w. Kn.
7.	I.R. Neipperg 1717, Harrach 1774	1691	1743 rot, 1748 blau, 1767 dunkelblau, w. Kn.
8.	I.R. Sachsen-Hildburghausen 1732	1647	rot, g. Kn.
9.	Niederländ. I.R. Los-Rios 1725, Clerfayt 1775	1725	apfelgrün, g. Kn.
10.	I.R. Braunschweig-Wolfenbüttel 1740	1715	1757 rot, 1767 paperlgrün, w. Kn.
11.	I.R. Wallis, Franz Wenz. Graf v. 1739, Wallis, Mich. Joh. Graf v. 1774	1662	1743 blau, 1748 rot 1767 rosenrot, w. Kn.
12.	I.R. Botta d'Adorno 1739, Khevenhüller-Metsch 1775	1702	1757 blau, 1767 dunkelbraun, g. Kn.
13.	I.R. Moltke 1737, Zettwitz 1780 (1809 reduziert)	1630	1740 rot, 1743 blau, 1767 grasgrün, g. Kn.
14.	I.R. Salm-Salm 1733, Ferraris 1770, Tillier 1775	1733	1740 lichtblau, 1748 schwarz, g. Kn.
15.	I.R. Pallavicini 1736, Fabris 1773	1701	1740 blau, 1757 rot, 1778 krapprot, g. Kn.
16.	I.R. Livingstein 1722, Königsegg-Rothenfels 1741, Terzy 1778	1703	1740 blau, 1767 violett, g. Kn.
17.	I.R. Kollowrat-Krakovsky 1737, Koch 1773	1675	1740 rot, 1767 schwefelgelb, 1770 lichtbraun, w. Kn.
18.	I.R. Seckendorff 1719, Marschall v. Biberstein 1742, Brinken 1773	1683	1740 rot, 1767 pompadourrot, w. Kn.
19.	Ungar. I.R. Palfy 1734, d'Alton 1773	1734	1740 blau, 1767 saphirblau, w. Kn.
20.	I.R. Diesbach 1719, Colloredo-Waldsee 1744	1682	1740 blau, 1743 rot, 1757 blau, 1760 gelb, 1767 krebsrot, w. Kn.
21.	I.R. Schulenburg 1734, Arenberg 1754, Gemmingen 1778	1733	1740 blau, 1767 meergrün, w. Kn., 1778 g. Kn.
22.	I.R. Suckow 1734, Roth 1741, Hagenbach 1748, Sprecher v. Bernegg 1756, Lacy 1758	1708	1740 rot, 1767 kaisergelb, w. Kn.
23.	I.R. Baden-Baden, Ludw. Gg. 1707 u. Aug. Gg. 1761, Ried 1771, Erzherz. Ferdinand 1779 (1809 reduziert)	1672	1740 blau, 1767 rot, w. Kn.
24.	I.R. Starhemberg, Max Adam Gr. 1703, Starhemberg, Em. Mich. Gr. 1741, Preiß 1771	1632	1740 blau, 1767 dunkelblau, w. Kn.
25.	I.R. Wachtendonk 1731, Piccolomini 1741, Thürheim 1757	1672	1740 rot, 1742 blau, 1751 rot, 1767 meergrün, w. Kn.
26.	I.R. Grünne 1737, Puebla 1751, Riese 1776	1717	1740 blau, 1743 rot, 1767 paperlgrün, g. Kn.
27.	I.R. Hessen-Cassel, Max. Prinz 1732, Baaden-Durlach, Chrph. Prinz 1753	1682	1740 blau, w. Kn. 1767 kaisergelb, g. Kn.
28.	I.R. Arenberg 1716, Scherzen 1754, Wied-Runkel 1754, Wartensleben 1779	1698	1740 grün, 1743 rot, 1748 grün, g. Kn., 1767 grasgrün, w. Kn.
29.	I.R. Braunschweig-Wolfenbüttel 1736, Loudon 1760	1709	1740 rot, 1748 blau, 1767 hellblau, w. Kn.
30.	Niederländ. I.R. Prié-Turinetti 1725, Sachsen-Gotha 1753, Ligne 1771	1725	1740 blau, 1767 hechtgrau, g. Kn.
31.	Ungar. I.R. Haller v. Hallerstein 1741, Esterhazy 1777, Orosz 1780	1741	1741 blau, 1767 kaisergelb, w. Kn.
32.	Ungar. I.R. Forgáts, Ign. Graf 1741, Giulay 1773	1741	1741 blau, 1767 himmelblau, g. Kn.

Nr.	Regiments-Name bzw. Inhaber	errichtet	Abzeichen-Farben Knöpfe
33.	Ungar. I.R. Andrassy 1744, Esterhazy, Nic. Fürst 1753	1741	1748 gelb, 1762 dunkelblau, w. Kn.
34.	Ungar. I.R. Kökemesdy de Vetés 1734, Bathyany 1756, Esterhazy, Ant. 1780	1734	1748 gelb, 1767 krapprot, w. Kn.
35.	I.R. Waldeck 1739, Marquire 1763, Hessen-Darmstadt 1767, Wallis 1774	1682	1738 blau, 1743 rot, 1767 krebsrot, g. Kn.
36.	I.R. Browne, Ulysses 1737, Browne, Jos. 1757, Tillier 1759, Kinsky 1761	1675	1738 lichtblau, 1767 gris de lin (graulila), w. Kn.
37.	Ungar. I.R. Szirmay 1741, Esterhazy, Jos. Gr. 1744, Siskovics 1762	1741	rot, g. Kn.
38.	Niederländ. I.R. Ligne 1725, d'Aynse 1766, Kaunitz 1774 (1809 reduziert)	1725	rosenrot, g. Kn.
39.	Ungar. I.R. Palffy 1756, Preysach 1758	1756	rot, w. Kn.
40.	I.R. Damnitz 1734, Colloredo Carl Gr. 1754	1734	1740 blau, 1743 rot, 1748 blau, g. Kn., 1767 karminrot, w. Kn.
41.	I.R. Bayreuth, Friedr. Pr. 1734, Plunquet 1763, Fürstenberg, Carl Eg. 1770, Belgiojoso 1777, Bender 1778	1701	1740 lichtblau, 1743 rot, 1767 himmelblau, 1770 schwefelgelb, w. Kn.
42.	I.R. O'Nelly 1734, Gaisruck 1743, Gemmingen 1769, Mathesen 1775	1683	1740 blau, 1743 rot, 1757 blau, 1767 orangegelb, w. Kn
43.	I.R. Platz 1737, Buttler 1767, Thurn 1775 (1809 reduziert)	1715	1740 blau, 1743 rot, 1767 schwefelgelb, g. Kn.
44.	Ital. I.R. Clerici 1744, Gaisruck 1769, Belgiojoso 1779	1744	1744 krapprot, g. Kn.
45.	I.R. Daun, Heinr. 1711, O'Kelly 1761, Bülow, Baron Ferd. 1767, Lattermann 1776 (1809 reduziert)	1682	1740 rot, 1767 karminrot, g. Kn.
46.	Tyroler Land- u. Feld-Rgt. Spauer 1745, Ogiloy 1748, Sincere 1751, Marquire 1752, Migazzy 1764 (1809 reduziert)	1745	1745 rot, 1767 dunkelblau, g. Kn.
47.	I.R. Harrach, Jos. Gr. 1704, Bayreuth, Fr. Chr Markgr. 1764, Elrichshausen 1769, Kinsky 1779	1682	1740 blau, 1743 rot, 1757 blau, 1767 stahlgrün, w. Kn.
48.	Ital. I.R. Vasquez de Binas 1734, Luzan 1755, Ried 1765, Caprara 1773 (1796 reduziert)	1721	1740 grün, 1767 lichtbraun, g. Kn.
49.	I.R. Walsegg 1724, Bärnklau 1743, Kheul 1747, Angern 1758, Pellegrini 1767	1715	1740 rot, 1767 hechtgrau, w. Kn.
50.	I.R. Wurmbrand 1727, Harsch 1749, Poniatowsky 1766, Stain 1773 (1809 reduziert)	1642	1740 rot, 1767 violett, w. Kn.
51.	Ungar. I.R. Gyulay, Steph. Gr. 1735, Gyulay, Franz, Gr. 1759	1702	1757 blau, 1767 dunkelblau, g. Kn.
52.	Ungar. I.R. Bethlen 1741, Karoly 1763	1741	1743 rot, 1748 blau, 1757 lichtgrün, 1767 rot, g. Kn.
53.	Ungar. I.R. Simbschen 1756, Beck 1763, Palfy 1768	1756	1756 rot, 1767 dunkelrot, w. Kn.
54.	I.R. Königsegg-Rothenfels 1720, Sincere 1751, Callenberg 1769	1661	1740 rot, 1767 apfelgrün, w. Kn.
55.	I.R. Arberg 1742, Murray 1768 (1809 reduziert)	1742	1743 rot, 1767 lichtblau, g. Kn.
56.	I.R. Daun, Phil. 1690, Merci-Argenteau 1741, Nugent 1767	1684	1741 blau, 1767 stahlgrün, g. Kn.
57.	I.R. Thüngen 1735, Andlau 1745, Colloredo-Waldsee, Jos. Gr. 1769	1689	1740 rot, 1767 karminrot, g. Kn.
58.	Niederländ. I.R. Vierset 1763	1763	1763 blau, g. Kn., 1767 schwarz, w. Kn.
59.	I.R. Daun, Leop. Jos. Mar. 1740, Daun, Franz 1766, Langlois 1771	1682	1741 rot, 1767 orangegelb, g. Kn.

1720. 1748. 1760. 1767. 1813. 1813. 1840. 1853.

a b c d e f g h

Abb. 50. Österreich-Ungarn. Grenadiere
a, b, c, e, g deutsche Grenadiere – d, h ungarische Grenadiere – f ungarischer Grenadier-Offizier

Westen. Später wurden die Unterkleider weiß. 1735 wird der Rock wiederum enger, jedoch ohne die preußische Knappheit zu erreichen; die linke Schulter erhält Achseldragoner. Vom 18. Oktober 1743 bis 4. Oktober 1745 war die Offiziersschärpe grasgrün mit Gold und Silber durchwirkt. 1755 wurden statt der Leinenranzen die teilweise schon vor dem getragenen Felltornister vorschriftsmäßig. Die *ungarische Infanterie* (Abb. 49, a) hatte im Anfange des Jahrhunderts Nationaltracht, die sehr willkürlich ausgestattet war. Im Siebenjährigen Kriege bestand die Uniform der *deutschen Infanterie* (Abb. 48, d) aus einem weißen Rock, ebensolcher Weste, letztere teils mit einer Knopfreihe, teils mit zwei solchen versehen. Die Beinkleider waren weiß, die Gamaschen weiß oder schwarz, letztere waren 1753 offiziell eingeführt worden, doch kamen bis 1767 vereinzelt noch Strümpfe vor. Der Rock hatte Rabatten und Aufschläge, die nach den Regimentern verschiedenfarbig waren. Die umgeschlagenen Schöße waren entweder von der Grundfarbe oder von derjenigen der Abzeichen. Die kleinen Tuchriegel, durch welche die Schöße zusammengehalten wurden, waren in Form und Farbe sehr verschiedenartig. Als Kopfbedeckung diente ein Hut, mit weißer oder gelber Borte eingefaßt. Die Grenadiere (Abb. 50, c) hatten Pelzmützen mit farbigem Beutel; am Bandeliere metallene Luntenberger. Sie trugen ferner Säbel, während die übrige Mannschaft nur das Bajonett in der Scheide führte. Die Halsbinden wa-

ren für die deutsche Infanterie fast durchgängig rot, für die ungarische Infanterie schwarz. Letztere (Abb. 49, c) trug einen Rock ohne Rabatten, aber mit farbigen Litzen verziert. Die Westen von abstechender Farbe zeigten Husarenbeschnürung; die anliegenden Beinkleider, in der Farbe mit der Weste übereinstimmend, wurden in Schnürschuhen getragen. Über der Weste eine Husarenschärpe. Einige Regimenter hatten auch Säbeltaschen. Hüte wie bei der deutschen Infanterie.

Tief eingreifende Veränderungen brachte das Jahr *1767*. Die gesamte Infanterie erhielt nämlich einreihige Röcke, welche vorn herunter ganz zugeknöpft wurden (Abb. 48, e, 49, d). Die Rabatten fielen daher weg. Es wurde allgemein ein liegender Kragen eingeführt, welcher mit den Aufschlägen und Schoßumschlägen zugleich mit der Knopffarbe das Unterscheidungszeichen des Regiments bildete. Von nun an waren die Abzeichenfarben beständiger. Viele Regimenter behielten ihre Farben bis zum Weltkriege bei. Die Kompanien unterschieden sich durch farbige Gewehrpfropfen. Die Mannschaften erhielten lederne Kasketts, vorn mit einem aufrechtstehenden schwarzen Schilde mit Messingbeschlag. Bei den Grenadiermützen fiel der herabhängende Beutel weg (Abb. 50, d). Die Offiziere hatten Hüte, farbige Westen und Kniestiefel. Die ungarische Infanterie behielt die farbigen anliegenden Beinkleider in Schnürschuhen, während die deutsche Infanterie weiße Hosen in schwarzen hohen Gamaschen trug. Die Bajonettflinte der Grenadieroffiziere war schon *1760* abgeschafft worden. 1798 erhielt der Rock Stehkragen. Im Jahre *1800* wird ein lederner Helm mit Bügel, gelben Beschlägen und schwarzgelber Raupe eingeführt (Abb. 48, g), der jedoch 1808 dem Tschako mit Vorder- und Hinterschirm, Pompon und Kokarde weichen mußte. Im gleichen Jahre wurde der Rockkragen höher. 1804 war der Zopf abgelegt worden. Die ungarische Infanterie unterschied sich durch die nunmehr durchgängig hellblauen Beinkleider mit schwarzgelber Beschnürung sowie durch den weißen Litzenbesatz (Bärentatzen genannt) an den Aufschlägen. In den dreißiger Jahren erhielt auch die deutsche Infanterie hellblaue Beinkleider in Form von Pantalons mit weißen Vorstößen. *1840* wurde ein neues Tschakomodell ausgegeben (Abb. 49, f). Gleichzeitig fiel der große Messingbeschlag auf der Grenadiermütze weg und wurde durch eine gelbe Granate ersetzt (Abb. 50, g). In das Jahr *1849* fällt die Einführung des Waffenrockes. Er hatte zwei Knopfreihen, Kragen, Aufschläge, Achselklappen, Vorstöße in der Regimentsfarbe (Abb. 49, g). Die ungarische Infanterie blieb wie früher durch die anliegenden ungarischen Beinkleider und die Bärentatzen unterschieden. Die Pelzmütze der Grenadiere wurde kurze Zeit darauf abgeschafft; sie blieben nur noch durch die Granaten auf dem Riemenzeuge sowie durch die Säbel ausgezeichnet (Abb. 50, h). Nach dem italienischen Feldzuge von *1859* führte man liegende Kragen ein. Der Waffenrock erhielt nunmehr eine Knopfreihe (Abb. 48, i). Die Offiziere legten die Schärpe, die bisher um den Leib getragen wurde, über die Schulter an. Eine neue Uniformierung brachte das Jahr *1868,* in welchem der weiße durch den dunkelblauen Waffenrock ersetzt wurde. Im allgemeinen ist diese Uniformierung trotz verschiedener Änderungen bis zum Weltkriege maßgebend geblieben. Sie bestand aus einem einreihigen Rock mit andersfarbigem stehenden Kragen, Aufschlägen, Achselklappen und Schulterwülsten (Abb. 49, i). Als Interimsbekleidungsstück blaue Bluse mit farbigen Kragenpatten (Abb. 48, k). Der Mantel war grau mit zwei Knopfreihen, liegendem Kragen und farbigen Kragenpatten. Die Beinkleider hellblau, bei den ungarischen Regimentern anliegend und mit schwarzgelber Verschnürung. Als Kopfbedeckung Tschako mit gelbem Doppeladler und Nationale. Die Offiziere hatten keine Schulterstücke, wie denn überhaupt das Epaulette nie recht heimisch in der österreichischen Armee geworden ist. Die Offiziersschärpe wurde sei *1868* wieder um den Leib angelegt.

1909 wurde eine Felduniform von hechtgrauer Farbe eingeführt. Die Feldbluse behielt ähnlichen Schnitt wie bei der bisherigen blauen Bluse, mit aufgesetzten Brustfaltentaschen. Die Regimentsfarben der Kragenpatte blieben die alten, nur bei aschgrauen Abzeichen wurde die Patte durch einen dunkelbraunen Vorstoß vom Kragen abgesetzt. Die Hosen wurden ebenfalls hechtgrau, die ungarischen Hosen behielten ihren Schnitt und den früheren Besatz. Das Lederzeug wurde braun. Der dunkle Mantel erhielt ebenfalls hechtgraue Farbe (Abb. 56, a, d).

Bereits ab 1915 wird aus deutschen Tuchbeständen die Felduniform unter Beibehaltung des bisherigen Schnittes aus feldgrauem Tuch hergestellt. 1918 erhält die Feldbluse einen sehr breiten liegenden Kragen mit schmalen senkrechten abzeichenfarbigen Tuchstreifen. Die Rangsterne werden davor befestigt. Die Achselklappen erhalten quer über das untere Ende eine Wachstuchpatte mit aufgemalter Regimentsnummer (Abb. 56, f). Deutscher Stahlhelm.

1914 waren die Abzeichenfarben in folgender Weise verteilt:

Egalisierungs-farben	Deutsche Regimenter Knöpfe		Ungar. Regimenter Knöpfe		Egalisierungs-farben	Deutsche Regimenter Knöpfe		Ungar. Regimenter Knöpfe	
	gelb	weiß	gelb	weiß		gelb	weiß	gelb	weiß
schwarz	14	58	26	38	meergrün	21	87	70	25
weiß	94	92	–	–	papageigrün	91	10	46	50
rotbraun	55	17	68	78	apfelgrün	9	54	85	79
dunkelbraun	93	7	12	83	grasgrün	8	28	61	62
dunkelrot	1	18	52	53	meergrasgrün	102	–	–	–
bordeauxrot	89	88	–	–	stahlgrün	56	47	48	60
amarantrot	90	95	86	–	hechtgrau	30	49	76	69
krapprot	15	74	44	34	aschgrau	11	24	51	33
kirschrot	73	77	43	23	orangegelb	59	42	64	63
karminrot	84	81	96	82	kaisergelb	27	22	2	31
scharlachrot	45	80	37	39	schwefelgelb	99	41	16	101
krebsrot	35	20	71	67	lichtdrap	100	98	–	–
blaßrot	57	36	65	66	lichtblau	40	75	72	29
rosenrot	13	97	5	6	himmelblau	4	3	32	19

1742. 1742. 1760. 1768. 1815. 1853. 1760 1800 1821. 1853. 1890.

a b c d e f g h i k l

Abb. 51. Österreich-Ungarn. Grenztruppen, Jäger
a, b, c, d, e, f Grenz-Infanterie – g, h, i, k, l Jäger

III. National-Grenz-Infanterie, Freitruppen, Landwehr- und Honved-Infanterie, Bosnisch-Herzegowinische Infanterie

Zum Schutze gegen die Einfälle der Türken hatte man in den Grenzländern Kolonisten angesiedelt, welche gegen Zusage der Religions- und Abgabenfreiheit zur Bewachung der Grenze verpflichtet wurden. Das Gebiet war in Generalate eingeteilt. *1699* entstand das *Karlstädter-, Warasdiner-* und *Banal-Grenzgeneralat, 1702* das *slawonische*. Später ka-

men noch folgende hinzu: *1747* die *Banater Grenze, 1764* die *Szekler* und *1766* die *Wallachische* Grenze. Bis kurz vor dem Siebenjährigen Kriege trugen diese Truppen sehr verschiedenartige Nationaltrachten (Abb. 51, a, b). Während jenes Krieges erscheinen sie in schwarzen Tschakos ohne Schirm, in beschnürten Jacken und Westen und anliegenden ungarischen Beinkleidern. Dazu kamen noch eine Husarenschärpe und ein meist roter Mantel (Abb. 51, c). Bei einigen hatte der Rock den Schnitt der ungarischen Infanterie-Uniform.

1762:

Bezeichnung	Rock	Auf-schläge	Weste	Schnüre	Hosen	Bemerkungen
Licaner	rot	grün	grün	gelb	rot	
Oguliner	blau	gelb	blau	gelb	rot	
Ottochaner	rot	hellblau	hellblau	gelb	hellblau	
Creutzer	weiß	grün	grün	weiß	weiß	Rock ungar. Schnittes m. grünen Litzen
Brooder	schwarz-braun	gelb	hellblau	gelb	hellblau	Rock ungar. Schnittes ohne Litzen
Szluiner	hellblau	rot	rot	gelb	hellblau	
St. Georger	weiß	grün	grün	weiß	weiß	Rock ungar. Schnittes m. grünen Litzen

120

1812:

Regiment	Rock	Kragen und Aufschläge	Knöpfe
5. (Warasd.) Creutzer	weiß	krebsrot	gelb
6. (Warasd.) St. Georger	dunkelbraun	krebsrot	weiß
7. (Slav.) Brooder	weiß	bleichrot	weiß
8. (Slav.) Gradiskaner	weiß	bleichrot	gelb
9. (Slav.) Peterwardeiner	weiß	lichthechtgrau	gelb
12. (Banat.) Deutschbanatisches	dunkelbraun	himmelblau	weiß
13. (Banat.) Wallachisch-Illyrisches	weiß	lichthechtgrau	weiß
14. (Siebenbürg.) Erstes Szekler	weiß	rosenrot	gelb
15. (Siebenbürg.) Zweites Szekler	dunkelbraun	rosenrot	weiß
16. (Siebenbürg.) Erstes Wallachisches	weiß	paperlgrün	gelb
17. (Siebenbürg.) Zweites Wallachisches	weiß	paperlgrün	weiß

Bei der Neuformierung der Armee im Jahre *1767* erhielt die Grenz-Infanterie graue einreihige Röcke im Schnitte wie die Linie, mit farbigen liegenden Kragen und Aufschlägen, weiße ungarische Beinkleider in Schnürschuhen und weißes Lederzeug. Als Kopfbedeckung schirmloser Tschako (Abb. 51,d).

Die Carlstädter (Rgtr. 1–4) und Banal-Militär-Grenze (Rgtr. 10 und 11) waren 1809 dem Kaiserreich Frankreich einverleibt worden.
1871 wurde die Grenz-Infanterie der Linie einverleibt. Von *1815* (Abb. 51, e) bis zum genannten Jahre trug der Grenzer eine Uniform, die völlig der ungarischen Infanterie-Uniform entsprach; nur war die Grundfarbe des kurzschößigen Fracks und später des Waffenrocks dunkelbraun, das Lederzeug schwarz. Die Abzeichen waren kaisergelb, krebsrot, bleichrot, karminrot, scharlachrot, himmelblau oder lichthechtgrau, die Knöpfe weiß oder gelb. Eine besondere Uniform hatte das *Titler-Grenzbataillon,* früher unter dem Namen *Tschaikisten* bekannt. Die Uniform war von jeher lichtblau mit roten Abzeichen und weißen Knöpfen. Unter den Freikorps sind besonders die *Panduren* bekannt, die aber eine eigentliche Uniform nicht trugen. Im Siebenjährigen Kriege finden wir ein *Loudonsches Freikorps.* Die Uniform entsprach völlig derjenigen der Linien-Infanterie. Die Farbe des Rockes, der Schoßumschläge, Weste und Beinkleider war grün; Aufschläge und Rabatten rot, Knöpfe weiß. Weiße Hutborte, schwarze Gamaschen und weißes Lederzeug. Ebenso uniformiert waren die *Volontairs von Böck;* nur hatten Kragen und Aufschläge eine gelblichweiße Färbung. Eine ganze Reihe von Freikorps finden wir während der Koalitionskriege gegen die Französische Revolution. Verschiedene französische Emigrantenkorps, z.B. das Regiment *Royal-Allemand-Dragoner,* trugen ihre alte französische Uniform in kaiserlichen Diensten weiter, nur legten sie schwarz-gelben Stutz und Kokarden an. Die *Legion Erzherzog Karl* hatte *1749* hellgraue Röcke und Beinkleider, weiße Westen, rote Kragen, Aufschläge, Rabatten und Schöße, niedrige schwarze Gamaschen, Helm mit schwarzer Raupe und Stutz sowie weißem Beschlag. Die *Wiener*

Freiwilligen: grüne Uniformen, graublaue Beinkleider und korsischen Hut. Außer den erwähnten erschien noch eine ganze Reihe anderer Freikorps. In verschiedenen dieser Truppenteile haben wir die Anfänge der Landwehr-Formationen zu suchen, die damals allerdings etwas wesentlich anderes war, als heute unter diesem Begriff verstanden wird. Im Anfang des 19. Jahrhunderts war die *österreichische Landwehr* mit einem grauen einreihigen Rock bekleidet; die Knöpfe waren weiß, ebenso die Beinkleider. Lederzeug und Gamaschen schwarz; der links aufgeklappte Hut zeigte vorn die Kokarde und ein gelbmetallenes Schild. Die *steirische Landwehr* trug *1809* einen vorn rund ausgeschnittenen grünen Rock mit weißen Kragen, Achselklappen, Aufschlägen, Knöpfen, Hosen und Lederzeug. Als Kopfbedeckung eine Art Zylinderhut, links mit einer Kokarde geschmückt. Später unterschied sich die Uniform der *deutschen Landwehr* nicht wesentlich von derjenigen der Linie. Die *ungarische* war ganz blau montiert mit weißer Beschnürung, kurzen Stiefeln, naturledernem Riemenwerk und Tschako mit einer Kokarde ohne sonstigen Beschlag. *1880* trug die *deutsche Landwehr* dunkelblaue Blusen mit roten Kragenpatten und Achselklappen. Auf letzteren weiße Regimentsnummern. Graue Feldmützen und ebensolche Beinkleider mit roten Vorstößen. *1892* hechtgraue Bluse mit grünen Kragenpatten, dunkelgraue, später hechtgraue Beinkleider und Mütze. Die *Honved-Infanterie (ungarische Landwehr)* dunkelblauen Waffenrock mit ebensolchen Kragen und Aufschlägen, weichselrote Husarenverschnürung, Einfassungen, Achselschnüre und Achselwülste (Offiziere goldene Schnüre). Dazu bis etwa 1885 krapprote ungarische Beinkleider, die solchen von hellblauer Farbe wichen. Darauf ebenfalls weichselrote Verschnürung. An Stelle des Waffenrockes trat für solche Fälle, wo die übrigen Truppen die Bluse anlegen, ein ähnlicher Rock, wie oben beschrieben, nur fehlte die Husarenbeschnürung und die Einfassung vorn herunter und um die unteren Ränder des Rockes. Die Feldmütze war hellblau, daneben zur Parade ein roter Tschako. Felduniform 1909 wie ungarische Infanterie, nur Hosenbesatz dunkelblau. Die *Bosnisch-Herzegowinische Infanterie* trug lichtblaue Waffenröcke und Blusen. Die Abzeichen,

1716. 1722. 1760. 1780. 1798. 1813. 1840. 1850. 1860.

a   b   c   d   e   f   g   h   i

Abb. 52. Österreich-Ungarn. Kürassiere
a, b, c, d, e, f, g, i Kürassiere – h Kürassier-Offizier

wie bei der übrigen Infanterie geformt, alizarinrot (Jäger grün), die Knöpfe gelb. Als Kopfbedeckung ein Fez, krapp-rot mit dunkelblauer Quaste. Die Felduniform 1909 ersetzt auch hier das bisher lichtblaue Grundtuch durch hechtgrau unter Beibehaltung der Abzeichenfarbe. Die weitere Entwicklung folgt der Infanterie.

IV. Jäger und Schützen

Schon im Siebenjährigen Kriege gab es ein *Feldjägerkorps* (Abb. 51,g), welches indessen nicht lange bestand. Die Grundfarbe des Rockes, der Weste und der Beinkleider war grau. Die Aufschläge, liegenden Kragen und Schoßum-schläge grün, die Knöpfe gelb, Lederzeug schwarz, Kniestiefel. Als Kopfbedeckung ein Kaskett, wie es 1767 die gesamte Infanterie erhielt. Das Vorderschild hatte keinen Metallbe-schlag, dagegen war es grün eingefaßt. Um *1800* bestanden verschiedene Jägerkorps, aber als Freitruppen. Die ältesten stehenden Jägerbataillone wurden *1808* errichtet, das *Tiroler Jäger-Regiment 1816*. Die Uniform machte im allgemei-nen im Schnitte die Wandelungen durch wie bei der Infante-rie. Die Farbe war stets hechtgrau sowohl für Röcke wie für Beinkleider. Kragen, Aufschläge und Vorstöße grasgrün, Knöpfe gelb. Lederzeug schwarz. Der mit einem grünen Hahnenfederbusch geschmückte Hut hat seine Form im

Laufe der Zeit mehrfach geändert (Abb. 51,i,k,l). Die *Landesschützen* waren wie die deutsche Landwehr gekleidet. Of-fiziere trugen den Jägerhut, *berittene Landesschützen* hatten bei gleicher Uniform Kavallerieausrüstung. Die Landes-schützenregimenter und das Landwehr-Inf.-Rgt. Nr. 4 tru-gen auf den Kragenpatten ein Edelweißabzeichen aus Alu-minium. Diese Gebirgstruppen hatten an der linken Kap-penseite einen Schmuck aus schwarzen und weißen Spiel-hahnfedern. Die Bluse hatte bereits vor dem Kriege Umle-gekragen, ferner grüne silberbesetzte Achselklappen mit Namenszug.
Die Felduniformen im gleichen Schnitt wie bei der Infante-rie, Abzeichenfarbe grasgrün.

V. Kürassiere

1720 war für den Kürassier vorgeschrieben: »Ein von gutem Tuch gemachter und mit Boy wohlgefütterter Mantel, ein Paar von guter Zackel- oder Hirschhaut gemachte Hosen, ein Paar juchtene mit Pfundsohlen gemachte Stiefel, ein dauerhafter guter Hut, ein Paar Hemden und Halstücher oder ein guter Flor dafür; eine Patronentasche mit zugehöri-gen Riemen, ein guter Degen mit ledernem Wehrgehänge, ein guter Karabiner und ein Paar Pistolen; ein guter, von trockenem Leder gemachter und mit Roßhaaren wohlgestopfter Sattel mit zugehörigen Pistolenhalftern, gutes Hinter- und Vorderzeug samt Gurten und Hauptgestell, Stangen, Steigbügel, Sporen, Kaskett und Küraß; ein gutes Paar lederne Handschuhe.« Jedenfalls aber kam das Kaskett, die Eisenhaube, bald nachher in Fortfall. Das Kaskett war ein eisernes Hutkreuz. Es wurde bis 1781 im Hut eingenäht getragen. Die Grundfarbe der Uniform war ein lichtes Grau, später weiß. Der Küraß hatte Brust- und Rückenstück. Auf dem Brustteil des blanken Kürasses waren vergoldete Keile als Rangabzeichen angebracht: Subalternoffiziere bis zur Mitte der Brust, Rittmeister bis zum unteren Rande, Stabsoffiziere außerdem beiderseits Goldtauschierungen. 1754 wurden diese Abzeichen vereinfacht. Bei den einzelnen Regimentern wurden *Carabiniers-Kompanien* errichtet, welche Bajonettkarabiner trugen.

Bis zum Jahre *1767* hatten alle Regimenter rote Abzeichen mit Ausnahme des *Regiments Modena,* welches solche von blauer Farbe trug. Die Unterkleider waren teils weiß, teils rot. Die Regimenter unterschieden sich ferner durch die Farbe und Anzahl der Knöpfe (Abb. 52, c). Nach dem Siebenjährigen Kriege wurde ein schwarz-gelber Federstutz eingeführt. *1767* fand, wie wir schon in den vorhergehenden Abschnitten gesehen haben, eine Neuuniformierung der Armee statt. Die weißen Kolletts der Kürassiere waren nunmehr mit einer Knopfreihe versehen und oben durch einen kleinen Tuchriegel geschlossen (Abb. 52, d). Dieser bildete im Verein mit den Aufschlägen, Schoßumschlägen und Vorstößen das Abzeichen des Regiments, indem er, wie man in Österreich sagt, die Egalisierungsfarbe zeigte. Der Brustharnisch war geschwärzt, der Rückenpanzer fiel fort, die Schabracken rot mit gelben Borten und Namenszügen. *1798* wird der Hut von einem Helm verdrängt. (Abb. 52, e), welcher schon ziemlich die Form hatte, wie ihn noch 1914 die österreichischen Dragoner trugen, nur war der Bügel mit einer schwarz-gelben Raupe geschmückt. *1805* fällt der Zopf weg. Der kleine Tuchriegel nahm die Form von Kragenpatten an, so daß also der weiße Kragen jetzt mit Patten in der Regimentsfarbe versehen war (Abb. 52, f). Die rote Schabracke, wie früher verziert, war mit einer weißen Schaffellüberdecke belegt. Abzeichen 1812 siehe unten.

1840 (Abb. 52, g) erhielten die Kürassiere hellblaue Beinkleider an Stelle der weißen. *1850* wurde der Waffenrock eingeführt, die Raupe auf dem Helmbügel abgeschafft. Die Abzeichen blieben dieselben. Die Schaffellüberdecken waren nunmehr schwarz. *1860* kam der Küraß in Fortfall (Abb. 52, i). Die Uniform unterschied sich nunmehr kaum von derjenigen der Dragoner. *1868* ging die Waffe der Kürassiere gänzlich ein.

VI. Dragoner und Chevaulegers

Um das Jahr *1700* war der Dragoner ähnlich gekleidet wie der Kürassier; nur trug er an Stelle der Eisenhaube den Hut und statt des Kürasses ein ledernes Koller, aber unter dem Rock. Die Grundfarbe der Uniform war bis nach dem Siebenjährigen Kriege sehr verschieden. Die *reitenden Grenadiere* zeichneten sich durch Bärenmützen aus. Die *spanischen Dragoner* im kaiserlichen Heere trugen um *1716* dieselbe Kopfbedeckung wie die spanischen Dragoner, d. h. eine Art Kaskett mit hohem Vorderschild. Während des Siebenjährigen Krieges waren die Abzeichen wie in der Tabelle auf der folgenden Seite oben beschrieben.

Erst nach dem Siebenjährigen Kriege werden die Dragoner von den Chevaulegers unterschieden, erstere erhielten weiße Uniformen mit verschiedenfarbigen Abzeichen und Hüte, letztere grüne oder weiße Montur und Kasketts wie die Infanterie (Abb. 53, d). Beide Truppengattungen hatten helle Unterkleider und hohe Stiefel. Im allgemeinen folgte die Uniformierung der Dragoner und Chevaulegers von jetzt ab derjenigen der Kürassiere in bezug auf Kopfbedeckung sowie im Schnitte der gesamten Uniform. Die Kragen waren nicht weiß mit Patte, sondern vollfarbig. Vorübergehend wurden sämtliche Dragoner- und Chevaulegers-Regimenter in leichte Dragoner umgewandelt. Diese Formation hatte nur von 1798 bis 1801 Bestand. Die leichten Dragoner hatten grüne, einreihige Kolletts mit verschiedenfarbigen Abzeichen, dazu Bügelhelme mit schwarz-gelber Raupe, weiße Beinkleider in hohen Stiefeln (Abb. 53, f). Abzeichen 1835 siehe Seite 124 Mitte.

1812 waren die Abzeichen folgende:

Name des Regiments	Kollett, Kragen, Beinkleider	Kragenpatten, Aufschläge, Vorstöße	Knöpfe
Kaiser (Franz)	weiß	dunkelrot	weiß
Erzherzog Franz Joseph d'Este	weiß	schwarz	weiß
Herzog Albert zu Sachsen-Teschen	weiß	pompadourrot	gelb
Kronprinz (Ferdinand)......................	weiß	grasgrün	weiß
Sammariva..................................	weiß	lichtblau	weiß
Liechtenstein	weiß	schwarz	gelb
Lothringen..................................	weiß	dunkelblau	weiß
Hohenzollern-Hechingen	weiß	scharlachrot	gelb

Abzeichen im Siebenjährigen Krieg

Name des Regiments	Rock	Schöße, Aufschläge, Rabatten	Weste		Knöpfe	Hosen	Bemerkungen
			Farbe	Anzahl der Knopfreihen			
Bathyany	dunkelblau	rot	dunkelblau	2	gelb	dunkelblau	
Savoyen, Eugen Prinz v.	rot	schwarz	rot	2	gelb	rot	
Liechtenstein	dunkelblau	rot	rot	2	gelb	rot	
Kolowrat	dunkelblau	rot	rot	2	weiß	rot	
Württemberg	rot	schwarz	weißgelb	1	gelb	weißgelb	
Erzherzog Josef	hellgrün	rot	hellgrün	1	gelb	weißgelb	
Zweibrücken	dunkelblau	rot	dunkelblau	2	gelb	weißgelb	
Modena	rot	hellblau	hellblau	2	weiß	hellblau	
Sachsen-Gotha	rot	hellblau	hellblau	1	gelb	weißgelb	keine Rabatten, Weste ohne Knöpfe, durch Haken geschlossen
Saint Ignon	grün	rot	rot	2	gelb	weißgelb	
Althann	weiß	rot	weiß	2	gelb	weiß	
Hessen-Darmstadt	rot	grün	weißgelb	—	gelb	weißgelb	
Löwenstein	grün	rot	rot	2	weiß	rot	

Abzeichen 1835

Name des Regiments	Grundfarbe des Kolletts	Kragen, Aufschläge, Schoßbesatz	Knöpfe
Dragoner:			
1. Erzherzog Johann	weiß	schwarz	weiß
2. König von Bayern	weiß	dunkelblau	weiß
3. Minutillo	weiß	dunkelrot	weiß
4. Windisch-Graetz	weiß	hellrot	weiß
5. Savoyen, Eugen Prinz v.	weiß	dunkelgrün	weiß
6. Ficquelmont	weiß	lichtblau	weiß
Chevaulegers:			
1. Kaiser Ferdinand	dunkelgrün	hellrot	gelb
2. Hohenzollern	dunkelgrün	hellrot	weiß
3. Alberti de Poya	weiß	hellrot	gelb
4. Windisch-Graetz	dunkelgrün	dunkelrot	gelb
5. Schneller	weiß	lichtblau	gelb
6. Fitzgerald	weiß	dunkelrot	gelb
7. Nostiz-Rinek	weiß	karmesinrot	weiß

Dragoner 1868 – 1914:

Abzeichenfarbe	Knöpfe		Abzeichenfarbe	Knöpfe	
	gelbe	weiße		gelbe	weiße
schwarz	6	2	grasgrün	9	4
weiß	15	—	dunkelrot	3	1
kaisergelb	12	5	krapprot	14	13
schwefelgelb	10	7	scharlachrot	8	11

Abb. 53. Österreich-Ungarn. Dragoner und Chevaulegers
a, b, c, e, g, i, k Dragoner – d, h Chevaulegers – f Leichter Dragoner

Im Jahre *1840* wurden statt der weißen in hohen Stiefeln getragenen Beinkleider farbige lange Hosen eingeführt, und zwar erhielten die Dragoner und weiß uniformierten Chevaulegers hellblaue Hosen, die dunkelgrünen Chevaulegers dunkelgrüne. *1850* wurde der Waffenrock eingeführt (Abb. 53, i). Die Helmraupe fiel fort. *1852* wird die Truppengattung der Chevaulegers aufgehoben und in Dragoner und Ulanen umgewandelt. Gänzlich geändert wurde die Dragoneruniform im Jahre *1868*. Die Grundfarbe der Uniform wurde hellblau, die der Hosen rot. Abzeichenfarben siehe links unten. Im allgemeinen blieb die Uniform bis 1914 maßgebend, wenn auch im einzelnen viele Änderungen vor sich gingen. Der Helm behielt seine Form, die Beschläge waren gelb. Statt der zunächst gebräuchlichen dunkelblauen Bluse trug der Dragoner seit den 90er Jahren des vorigen Jahrhunderts einen lichtblauen einreihigen Waffenrock mit abzeichenfarbigem Kragen, runden Aufschlägen und Vorstößen. Über die linke Schulter hing ein zweireihiger lichtblauer Rock mit Pelzkragen und farbigen runden Aufschlägen und Vorstößen. Die Hosen waren rot, ebenso die schirmlose Feldmütze.

Die Felduniform für die Kavallerie kam erst während des Weltkrieges zur Einführung. Zunächst erhielt die Kavallerie hechtgraue Überzüge über die Kopfbedeckungen, sowie Ausgang 1914 durchgängig eisengraue Hosen. Weiter wird der Feldrock im Infanterieschnitt eingeführt, auch im weiteren Verlauf des Krieges der Pelzrock für alle Waffengattungen gleichmäßig, zweireihig, feldgrau, ohne farbige Vorstöße oder Aufschläge.

VII. Husaren

Die ungarischen Husaren sind die eigentliche Nationaltruppe ihrer Heimat. Um *1700* war von eigentlichen Uniformen noch keine Rede. Der Husar trug als Hauptbekleidungsstück im allgemeinen einen kurzen Rock, welcher die Eigentümlichkeit hatte, daß er keine Knopflöcher zeigte, sondern mittels Schnüren geschlossen wurde (Abb. 54, a). Aus diesem Bekleidungsstück hat sich der Dolman entwickelt. Als Kopfbedeckung diente entweder eine Beutelmütze mit Pelzverbrämung oder die sogenannte Heiduckenmütze aus Filz, aus welcher die sogenannte Flügelmütze entstand. Die Beinkleider waren anliegend, die niedrigen Stiefel häufig von farbigem Leder. 1734 trugen:

Regiment	Mützenbeutel	Dolman u. Pelz	Schabracke
Karoly	rot	hellblau	hellblau
Czungenberg	rot	grün	grün
Dezsöffy, Steph.	dunkelblau	dunkelblau	rot

Alle rote Scharawaden und rote Schnüre. Bis 1748 kommen
naturlederfarbene Schafpelze vor
Im Siebenjährigen Kriege war die Husarenwaffe vollständig
uniformiert.

1762:

Name des Regiments	Dolman		Pelz	Schnüre	Knöpfe	Bein-kleider	Mützen-beutel
	Grund	Auf-schläge					
Nadasdy	rot	rot	dunkelblau	gelb	gelb	dunkelblau	rot
Baranyay...........	grün	grün	grün	rot	gelb	hellblau	rot
Sceczeny	dunkelblau	rot	dunkelblau	rot	gelb	dunkelblau	dunkelblau
Palffy	hellblau	rosa	hellblau	rosa	gelb	hellblau	rosa
Dessöfy, Jos.	hellblau	rot	hellblau	rot	weiß	rot	rot
Spleny	grün	rot	grün	weißrot	weiß	rot	grün
Hadik	dunkelblau	rot	dunkelblau	gelb	gelb	rot	rot
Bethlen	hellblau	rosa	hellblau	rosa	gelb	hellblau	rosa
Esterhazy	hellblau	gelb	hellblau	gelb	gelb	rot	rot
Kalnoky...........	hellblau	hellblau	hellblau	gelb	gelb	rot	rot
Kaiser (Franz)	dunkelblau	gelb	dunkelblau	gelb	gelb	dunkelblau	dunkelblau
Palatinal	hellblau	karmesin	hellblau	weiß	weiß	rot	karmesinrot
Carlstädter	dunkelblau	rot	dunkelblau	gelb	gelb	dunkelblau	rot
Kukez.............	rot	rot	rot	weiß	weiß	rot	rot
Esclavonier	grün	grün	grün	gelbweiß	gelb	rot	rot

Bei der Neuuniformierung von *1757* wurde allgemein die
Filzmütze eingeführt. Nur Offiziere, Wachtmeister und
Standartenträger (beide letzteren bis 1771) behielten die
Pelzmütze bei. Der Kolpakbeutel hatte die Farbe der Flügel-
mützen. Die Trompeter waren in der Regel nicht husarisch,
sondern deutsch uniformiert. Die Flügelmütze erhielt vorn
Nationale und Kokarde sowie schwarzgelben Stutz und
Fangschnüre. Später bildete sie sich durch Hinzufügen ei-
nes Augenschirms zum Tschako aus. Die Grundfarbe der
Kopfbedeckung war nach den Regimentern verschieden.
Gegen Anfang des 19. Jhd. wurden auch graue Überknöpf-
hosen eingeführt. 1770 alle Schnüre schwarz-gelb.

1812 waren die Farben der Regimenter folgende:

Name des Regiments	Tschako	Pelz und Dolman	Beinkleider	Knöpfe
1. Kaiser Franz	schwarz	dunkelblau	dunkelblau	gelb
2. Erzherzog Josef Anton	krapprot	lichtblau	lichtblau	gelb
3. Erzh. Ferdinand Carl d'Este	aschgrau	dunkelblau	dunkelblau	gelb
4. Hessen-Homburg	hellblau	paperlgrün	hellrot	weiß
5. Radetzky	krapprot	dunkelgrün	karminrot	weiß
6. Blankenstein	schwarz	kornblumenblau	kornblumenblau	gelb
7. Liechtenstein	grasgrün	lichtblau	lichtblau	weiß
8. Kienmayer	schwarz	paperlgrün	hellrot	gelb
9. Frimont	schwarz	dunkelgrün	karminrot	gelb
10. Stipsicz..........................	grasgrün	lichtblau	lichtblau	gelb
11. Szekler	schwarz	dunkelblau	dunkelblau	weiß
12. Palatinal	schwarz	kornblumenblau	kornblumenblau	weiß

a   b   c   d   e   f   g   h   i   k   l   m

Abb. 54. Österreich-Ungarn. Husaren und Ulanen
a, b, c, d, e, f, g Husaren – h, i, k, l, m Ulanen

Zu bemerken ist dabei, daß die Beschnürung auf Dolman, Pelz und Beinkleidern durchgängig gelb mit schwarz gemischt war. Die Schärpe war gelb mit schwarzen Knoten, die Säbeltasche rot mit gelbem Namenszuge und gelb-weiß-schwarzer Borteneinfassung. Die gleiche Einfassung zeigte auch die Schabracke, welche von roter Grundfarbe war und zum größten Teil von einer Pelzdecke verhüllt wurde. Diese Schabracken waren für die gesamte Reiterei vorschriftsmä-ßig. Im Jahre *1850* verdrängte die Attila den Dolman. Derselbe hatte nunmehr an Stelle der reichen Verschnürung gleich dem Pelz fünf Schnurreihen. Der Tschako erhielt eine modernere, niedrigere Form. Die Abzeichen wurden vereinfacht, nämlich Attila und Beinkleider erhielten dunkelblaue oder lichtblaue Farbe. Neben dieser bildete jeweils die Färbung des Tschakos und der Knöpfe das Regimentsabzeichen.

1854:

Name des Regiments	Tschako	Attila und Beinkleider	Knöpfe
1. Kaiser Franz Josef	grasgrün	dunkelblau	gelb
2. Großfürst Nikolaus	weiß	lichtblau	gelb
3. Prinz Carl von Bayern	weiß	dunkelblau	gelb
4. Schlick	scharlachrot	lichtblau	weiß
5. Radetzky	scharlachrot	dunkelblau	weiß
6. König Wilhelm von Württemberg	scharlachrot	lichtblau	gelb
7. Fürst Reuß	grasgrün	lichtblau	weiß
8. Kurfürst von Hessen	scharlachrot	dunkelblau	gelb
9. Liechtenstein	weiß	dunkelblau	weiß
10. Friedrich Wilhelm III. v. Preußen	grasgrün	lichtblau	gelb
11. Prinz Alexander zu Württemberg	grasgrün	dunkelblau	weiß
12. Haller	weiß	lichtblau	weiß

Als der Krieg von *1866* ausbrach, war die Husarentruppe in einer Uniformänderung begriffen, die bald nach dem Kriege vollständig durchgeführt wurde. Die Attila blieb dunkel- oder lichtblau, dagegen wurden die Hosen krapprot. Als Kopfbedeckung diente eine Pelzmütze mit farbigem Beutel, Kutsma genannt (Abb. 54, f).

Danach gestalteten sich 1868 die Abzeichen:

Name des Regiments	Beutel der Kutsma	Attila	Hosen	Oliven (Knebelknöpfe)
1. Kaiser Franz Josef	dunkelblau	dunkelblau	krapprot	gelb
2. Großfürst Nikolaus	weiß	lichtblau	krapprot	gelb
3. Crenneville	weiß	dunkelblau	krapprot	gelb
4. Edelsheim	krapprot	lichtblau	krapprot	weiß
5. Radetzky	krapprot	lichtblau	krapprot	weiß
6. König Karl von Württemberg	aschgrau	lichtblau	krapprot	gelb
7. Prinz Friedrich Carl v. Preußen	lichtblau	lichtblau	krapprot	weiß
8. Kurfürst von Hessen	krapprot	dunkelblau	krapprot	gelb
9. Liechtenstein	weiß	dunkelblau	krapprot	weiß
10. Friedrich Wilhelm III. von Preußen.......	lichtblau	lichtblau	krapprot	gelb
11. Prinz Alexander zu Württemberg	aschgrau	dunkelblau	krapprot	weiß
12. Haller	weiß	lichtblau	krapprot	weiß
13. Iazygier und Kumanier..................	dunkelblau	dunkelblau	krapprot	weiß
14. Husaren-Regiment	krapprot	dunkelblau	krapprot	gelb

Als gewöhnliches Kleidungsstück wurde statt der Attila die dunkelblaue Bluse getragen, die aber wieder abgeschafft wurde. Ebenso ist die Pelzmütze wieder durch den farbigen Tschako ersetzt worden.

1914 unterschieden sich die Regimenter durch folgende Abzeichen:

Regiments-Nummer	Tschako	Attila und Pelz	Hosen	Oliven
1	dunkelblau	dunkelblau	krapprot	gelb
2	weiß	lichtblau	krapprot	gelb
3	weiß	dunkelblau	krapprot	gelb
4	krapprot	lichtblau	krapprot	weiß
5	krapprot	dunkelblau	krapprot	weiß
6	aschgrau	lichtblau	krapprot	gelb
7	lichtblau	lichtblau	krapprot	weiß
8	krapprot	dunkelblau	krapprot	gelb
9	weiß	dunkelblau	krapprot	weiß
10	lichtblau	lichtblau	krapprot	gelb
11	aschgrau	dunkelblau	krapprot	weiß
12	weiß	lichtblau	krapprot	weiß
13	dunkelblau	dunkelblau	krapprot	weiß
14	krapprot	lichtblau	krapprot	gelb
15	aschgrau	dunkelblau	krapprot	gelb
16	aschgrau	lichtblau	krapprot	weiß

Pelzvorstoß überall schwarz, Schnüre gelb und schwarz gedreht. Der Tschako hatte einen schwarzen Stutz und schwarzgelbe Behänge (Abb. 54, g). Die Dienstmütze war wie bei der gesamten Kavallerie rot. Die Offiziere tragen schwarze Mütze wie bei sämtlichen anderen Truppenteilen und schwarzgraue Interimsbeinkleider mit roten Vorstößen.

Ungarische Landwehr (Honved) trug die Uniform der Husaren, die Mannschaften jedoch rote Schnüre, Mäntel mit weißem Pelzbesatz. Wegen Felduniform siehe Dragoner. Die Kragenpatten der Husaren waren dunkel- bzw. hellblau nach der alten Attilafarbe.

VIII. Ulanen

Das erste Ulanenkorps wurde im Jahre *1784* errichtet. Später in Divisionen den Chevaulegers-Regimentern zugeteilt, wurde *1791* die Truppe wieder als Ulanen-Regiment Nr. 1 selbständig. Zu gleicher Zeit entstand als Nr. 2 ein aus einem galizischen Freikorps hervorgegangenes Ulanen-Regiment. Die erste Uniform bestand aus einer lichtblauen Kurtka (Abb. 54, h) mit gelbem Kragen, Aufschlägen, Rabatten und Schoßumschlägen. Die Knöpfe waren gelb, Weste und Hosen lichtblau. Als Kopfbedeckung diente eine polnische viereckige Mütze mit Pelzrand. Die Farbe des Tuchbezuges war gelb. Die Lanzenflagge gelb und schwarz geviertet. Schon im nächsten Jahre wurde die Uniform insoweit geändert, als die Grundfarbe der Kurtka weiß wurde, die der Abzeichen dunkelrot. Unterkleider und Kopfbedeckung wie vorher. *1786* blieb die Grundfarbe weiß, dagegen wurden die Abzeichen lichtblau, die Unterkleider weiß. *1792* grüne Kurtka mit roten Abzeichen und gelben Knöpfen, grüne Weste und weiße Hosen. Die Mütze blieb gelb. Die grüne Grundfarbe blieb die für die Waffengattung charakteristische bis zur Neuuniformierung von *1867*. Nach und nach versteifte sich die polnische Mütze zur Form der Tschapka. Die Kurtka wurde gerade herunter geschlossen und erhielt gelbe Wollepauletten, die Beinkleider wurden grün mit roten Streifen. Um den Leib ein schwarz-gelber Paßgürtel. So erscheint die Uniform um *1809* (Abb. 54, i). Die Lanzenflagge war oben schwarz, unten gelb. Die Tschapka, deren Oberteil nach den Regimentern verschiedenfarbig war, zierte ein schwarz-gelber Stutz.

1812:

Name des Regiments	Tschapka	Grundfarbe	Abzeichen	Knöpfe
1. Merveldt	kaisergelb	grasgrün	scharlachrot	gelb
2. Schwarzenberg	grasgrün	grasgrün	scharlachrot	gelb
3. Erzherzog Karl	scharlachrot	dunkelgrün	scharlachrot	gelb

Das 1813 errichtete 4. Regiment bekam die Uniform des 3. mit weißer Tschapka.

Die Tschapka hatte inzwischen ihre Form verändert. An die Stelle des schwarz-gelben Stutzes war links ein hängender schwarzer Roßhaarbusch getreten. Auf der linken Seite wurde kein Epaulette, sondern nur eine gelbe Achselklappe getragen (Abb. 54, k). Anfangs der fünfziger Jahre erhielten die Ulanen statt der Kurtka eine dunkelgrüne Ulanka, ebenfalls mit roten Abzeichen. Epauletten wurden jetzt auf beiden Achseln getragen.

1854:

Name des Regiments	Tschapka	Knöpfe
1. Civalart	kaisergelb	gelb
2. Schwarzenberg	dunkelgrün	gelb
3. Erzherzog Carl-Ludwig	scharlachrot	gelb
4. Kaiser Franz Josef	weiß	gelb
5. Wallmoden-Gimborn	lichtblau	gelb
6. Kaiser Josef II.	kaisergelb	weiß
7. Erzherzog Carl-Ludwig	dunkelgrün	weiß
8. Erzherzog Maximilian	scharlachrot	weiß
9. Liechtenstein	weiß	weiß
10. Clam-Gallas	lichtblau	weiß
11. Großfürst Alexander	karminrot	weiß
12. König von Sicilien	karminrot	gelb

Ulanen, Regimentsfarben 1867

Name des Regiments	Tatarka	Ulanka	Aufschläge und Hosen	Knöpfe
1. Grünne	kaisergelb	lichtblau	krapprot	gelb
2. Schwarzenberg....................	dunkelgrün	lichtblau	krapprot	gelb
3. Erzherzog Carl	krapprot	lichtblau	krapprot	gelb
4. Kaiser Franz Josef	weiß	lichtblau	krapprot	gelb
5. Wallmoden-Gimborn	lichtblau	lichtblau	krapprot	gelb
6. Kaiser Josef II.	kaisergelb	lichtblau	krapprot	weiß
7. Erzherzog Carl Ludwig	dunkelgrün	lichtblau	krapprot	weiß
8. Kaiser von Mexiko	krapprot	lichtblau	krapprot	weiß
9. aufgelöst	—	—	—	—
10. Clam-Gallas......................	lichtblau	lichtblau	krapprot	weiß
11. Kaiser von Rußland	dunkelblau	lichtblau	krapprot	weiß
12. König von Sicilien	dunkelblau	lichtblau	krapprot	gelb

1860 wurde ein *Freiwilligen-Ulanenregiment* errichtet, welches eine abweichende Uniformierung erhielt, nämlich eine krapprote polnische Mütze (Tatarka) mit Adlerfeder, lichtblaue Ulanka und Hose, hohe Stiefel und braunen Mantel. Nach dem Vorbilde dieses Regiments begann man *1865/66* auch die übrigen Ulanenregimenter zu uniformieren. Lanzenflaggen wurden 1866 nicht mehr getragen. Völlig durchgeführt wurde diese Neumontierung *1867* (Abb. 54, l). Regimentsfarben siehe Tabelle oben.

Die Ulanka hatte nur eine Knopfreihe und war auf jeder Brustseite sowie auf jedem Vorderschoß mit je einer Tasche versehen. Später wurde die Tschapka wieder eingeführt. Das Oberteil ist verschiedenfarbig, links herabhängender schwarzer Roßhaarbusch und gelber Beschlag. Für gewöhnlich wurde eine dunkelblaue Bluse getragen. Sie hatte krapprote Kragenpatten. Die Ulanka durchgängig lichtblau. Später wurde die Bluse abgeschafft. Ihre Stelle vertrat eine lichtblaue einreihige Ulanka. Über die Schulter hing eine zweireihige mit Pelzkragen besetzte Ulanka, ebenfalls von lichtblauer Farbe (Abb. 54, m). Bei kaltem Wetter wurde sie angezogen. Hosen durchgängig krapprot.

1914 waren die Abzeichen folgende:

Tschapka-Überzug	Knöpfe	
	gelbe	weiße
weiß	4	—
lichtblau	5	—
dunkelblau	12	13
dunkelgrün	2	7
kaisergelb	1	6
krapprot	3	8
kirschrot	—	11

Regimenter 9 und 10 waren aufgelöst. Die Landwehr-Ulanen waren uniformiert wie Regiment Nr. 8, auf den Knöpfen befand sich die Regimentsnummer (Abb. 56, b). Wegen Felduniform siehe Dragoner.

IX. Artillerie. Genietruppen. Train. — Generalität usw. — Rangabzeichen

Bei der *Artillerie* ist erst ziemlich spät von einer eigentlichen Uniformierung die Rede. Der Grund liegt darin, daß diese Waffe mehr eine Zunft als eine Waffengattung war. Um 1734 (Abb. 55, b) erscheinen auf Abbildungen Artilleristen in grauen Röcken mit gelben Knöpfen und roten Ärmelaufschlägen, grauen Kamisölern, weißen Gamaschen, Hüten mit Goldborte. Die Abzeichen blieben in der Folgezeit stets rot, während die Grundfarbe allmählich durch Rehbraun und Wolfsgrau in Dunkelbraun überging. 1760 sind Rock, Weste und Beinkleider von rehbrauner Farbe, 1798 von wolfsgrauer. Außer den Aufschlägen zeigen jetzt auch Kragen und Schoßumschläge sowie die Westen der Offiziere rote Farbe. Die Kopfbedeckung blieb immer der Hut, dessen Form manchen Wandlungen unterworfen war. 1840 (Abb. 55, f) ist die Uniform dunkelbraun, die Beinkleider hellblau (vorher waren letztere weiß). Der Rock glich im Schnitt demjenigen der Infanterie. Bis 1850 frackartig ausgeschnitten, wurde er in diesem Jahre durch den zweireihigen Waffenrock ersetzt, 1860 durch einen einreihigen mit liegendem Kragen. Seit 1851 Tschakos. Seit 1868 bis zur Einführung der Felduniform trug die Feldartillerie dunkelbraune einreihige Waffenröcke mit roten Abzeichen, bei den Offizieren mit ebensolchen Vorstößen und gelben Knöpfen. Dunkelbraune Bluse mit roten Kragenpatten, hellblaue Beinkleider, Tschako mit schwarzem Roßhaarbusch. Die Mütze der Mannschaft war hellblau, die steife Offiziersmütze wie überall schwarz. Die Festungsartillerie trug zusätzlich breite rote Streifen an den Beinkleidern. Bei der Felduniform, die im Schnitt und Ausstattung im übrigen der Infanterie folgt, wird die dunkelbraune Grundfarbe des Rockes und die hellblaue Farbe der Hose durch hechtgrau ersetzt. Die Hosenbesatzstreifen der Festungsartillerie kommen in Fortfall. Für die *Genietruppe, Pioniere, Mineure* und *Pontoniere* gab es in der österreichischen Armee vielfach verschiedene Uniformen. Die *Pioniertruppe* trug 1760 ein schwarzes Kaskett, grauen Rock und Weste mit gelben (später weißen) Knöp-

Abb. 55. Österreich-Ungarn. Artillerie, Pioniere, Generale
a, b, c, d, e, f, g Artillerie – h, k Pioniere – i Sappeur – l, m Generale in großer deutscher und ungarischer Uniform

fen, grünen Kragen, Aufschlägen und Schoßumschlägen. Weiße Beinkleider und ebensolches Lederzeug. Schwarze Gamaschen. Im übrigen folgte die Uniform ganz und gar den Veränderungen, wie wir solche bei der Infanterie kennengelernt haben. Um 1830 diente als Kopfbedeckung ein links aufgeschlagener Hut, vorn mit Kokarde, Agraffe und schwarzgelbem Stutz (Abb. 55, h). 1840 tritt an Stelle des Hutes ein Tschako, mit schwarzem Busch verziert. Die Beinkleider erhalten nunmehr die Grundfarbe des frackartigen Rockes, der 1850 durch den Waffenrock ersetzt wird und seitdem alle Veränderungen im Schnitt durchgemacht hat wie bei der Infanterie. Rock, Beinkleider, Bluse und Mütze der Mannschaften sind grau, die Abzeichen grün, die Knöpfe weiß, das Lederzeug seit 1840 schwarz (Abb. 55, k). Auch die Felduniformen folgen unter Beibehalt der Abzeichen- und Knopffarbe im übrigen der Infanterie. Die *Pontoniere* waren dunkelblau gekleidet mit roten Abzeichen und weißen Knöpfen. Schnitt der Uniform wie bei den Pionieren. Die *Mineure* grau mit dunkelrot und gelben Knöpfen. Die *Sappeure* dunkelblau mit dunkelrot und gelben Knöpfen (Abb. 55, i). Die *Genietruppe* trug von 1868 bis 1914 lichtblauen Waffenrock sowie Bluse mit kirschroten Abzeichen und blaugraue Beinkleider. Felduniform war hechtgrau mit kirschroten Abzeichen. Die Mannschaften des *Fuhrwesens* trugen 1778 ganz weiße Uniformen mit gelben Kragen und schwarzgelber Binde um den linken Oberarm. Dazu das bekannte Kaskett. Später wurden die Uniformen

grau mit gelben Abzeichen und weißen Knöpfen, weiße Beinkleider und Hut mit schwarzgelbem Stutz. 1815 ist die Uniform wieder ganz weiß mit gelben Abzeichen. Dazu Tschako und schwarzes Lederzeug. Die Offiziere hatten braune Uniformen mit gelben Abzeichen und Hüte. Weiße Beinkleider in hohen Stiefeln. 1840 werden die Abzeichen hellblau, ebenso die Beinkleider. Seitdem blieb die Uniform immer ähnlich derjenigen der Artillerie, nur waren die Beinkleider krapprot, ebenso die Mützen der Mannschaften. Neben dem braunen Waffenrock mit hellblauen Abzeichen dunkelblaue Blusen. Zur hechtgrauen Felduniform wurden hellblaue Abzeichen getragen.

Von einer *Generaluniform* kann man erst seit den Zeiten der Kaiserin Maria Theresia sprechen. Der Rock war weiß; Abzeichen, Weste und Hosen rot, Besatz golden. Diese Farbenzusammenstellung hat sich bei stets nach der Mode wechselndem Schnitt für die Galauniform erhalten. Die kleine Uniform bestand zuletzt aus einem hellgrauen Waffenrock mit roten Abzeichen und goldenen Besätzen und dunkelgrauen Beinkleidern mit roten Streifen. Zur Parade goldbortierter Hut mit hellgrünem Federbusch (Abb. 55, l). Für die *ungarische Generalität* wurde unter Maria Theresia ein reiches Husarenkostüm bestimmt. Diese Uniform war zeitweise und für die Generale der Kavallerie vorschriftsmäßig; später für ungarische Generale. Da sich die Uniform wenig änderte, beschreiben wir die Uniform von 1890 (Abb. 55, m). Attila und Beinkleider rot mit ebensolchen Abzeichen und reicher Goldverschnürung, weißer Pelz mit Besatz wie auf dem Attila. Pelzmütze mit rotem Beutel und weißem Stutz. Als kleine Uniform grauer Attila mit roten Abzeichen und goldenem Schnurwerk und Besatz. Pelz ebenso mit schwarzem Vorstoß. Dunkelgraue Beinkleider mit roten Streifen. Als Kopfbedeckung Husarentschako und die allgemein übliche schwarze Offiziersmütze. Die Uniform der *General- und Flügeladjutanten* glich derjenigen der Generale, nur war die Grundfarbe dunkelgrün. Galabeinkleider dunkelgrau mit rotem Vorstoß und breiten Goldstreifen. Die Uniformen des Generalstabes folgen im Schnitt und Form der der Generale. Rock dunkelgrün mit schwarzem, rot vorgestoßenen Samtkragen und Aufschlägen, dunkelgraue Hose mit roten Lampassen. Als Galakopfbedeckung Hut mit grünem Geierbusch.

Die Felduniformen der Generale zeichnen sich durch lange rote Kragenpatten aus. Der Rangtressenbesatz läuft nicht ganz bis zum Ende der Kragenpatte. Bei der Felduniform der Generalstabsoffiziere ist die Kragenpatte schwarz Samt mit rotem Vorstoß und breitem roten Streifen am hinteren Ende.

Als *Rangabzeichen* dienten Besätze um Kragen und Aufschläge sowie Sterne in den Kragenecken. Der Feldmarschall trug breite gebogene Goldtresse mit Blattverzierung. Bei den folgenden Chargen glatte gemusterte Goldtresse. Silberne Rangsterne.

Feldzeugmeister und General der Kavallerie Borte und drei Sterne.

Feldmarschalleutnant zwei Sterne.

Generalmajor einen Stern.

Bei den regimentierten Offizieren richtet sich die Borte um Kragen und Aufschläge nach der Farbe der Knöpfe. Die Rangsterne auf goldenen Borten in Silber und umgekehrt.

Oberst: Tresse und drei Sterne.

Oberstleutnant: Tresse und zwei Sterne.

Major: Tresse und einen Stern.

Hauptmann: drei Sterne.

Oberleutnant: zwei Sterne.

Leutnant: einen Stern.

Fähnrich: schmale Goldtresse und einen Stern.

Kadettfeldwebel: schmale Gold- und darüber gelbe Tresse, drei weiße Sterne.

Feldwebel: gelbe Seidentresse und drei weiße Sterne.

Zugführer: drei weiße Sterne.

Korporal: zwei weiße Sterne.

Gefreiter: einen weißen Stern.

Die Offiziersschärpe war aus gelber und schwarzer Seide. Bei Generalen von Gold und schwarzer Seide. Adjutanten trugen die Schärpe über die linke Schulter. Die Schützenabzeichen bestanden für Infanterie aus roten, für Jäger aus grünen wollenen Schützenschnüren, welche an der linken Brustseite angelegt werden. Kavallerie- und Artillerieoffiziere trugen eine silberne Kartusche, deren Deckel mit dem goldenen Doppeladler geschmückt ist, an schmalem goldenen Bandeliere.

Die Rangabzeichen blieben auch an den Felduniformen dieselben, jedoch werden die Tressen nur in Winkelform an den Kragenenden in Länge der Aufschlagpatte getragen.

Die Offiziers-Rangabzeichen im Österreichisch-Ungarischen Heer ab 1849

Rangabzeichen ab 1849.

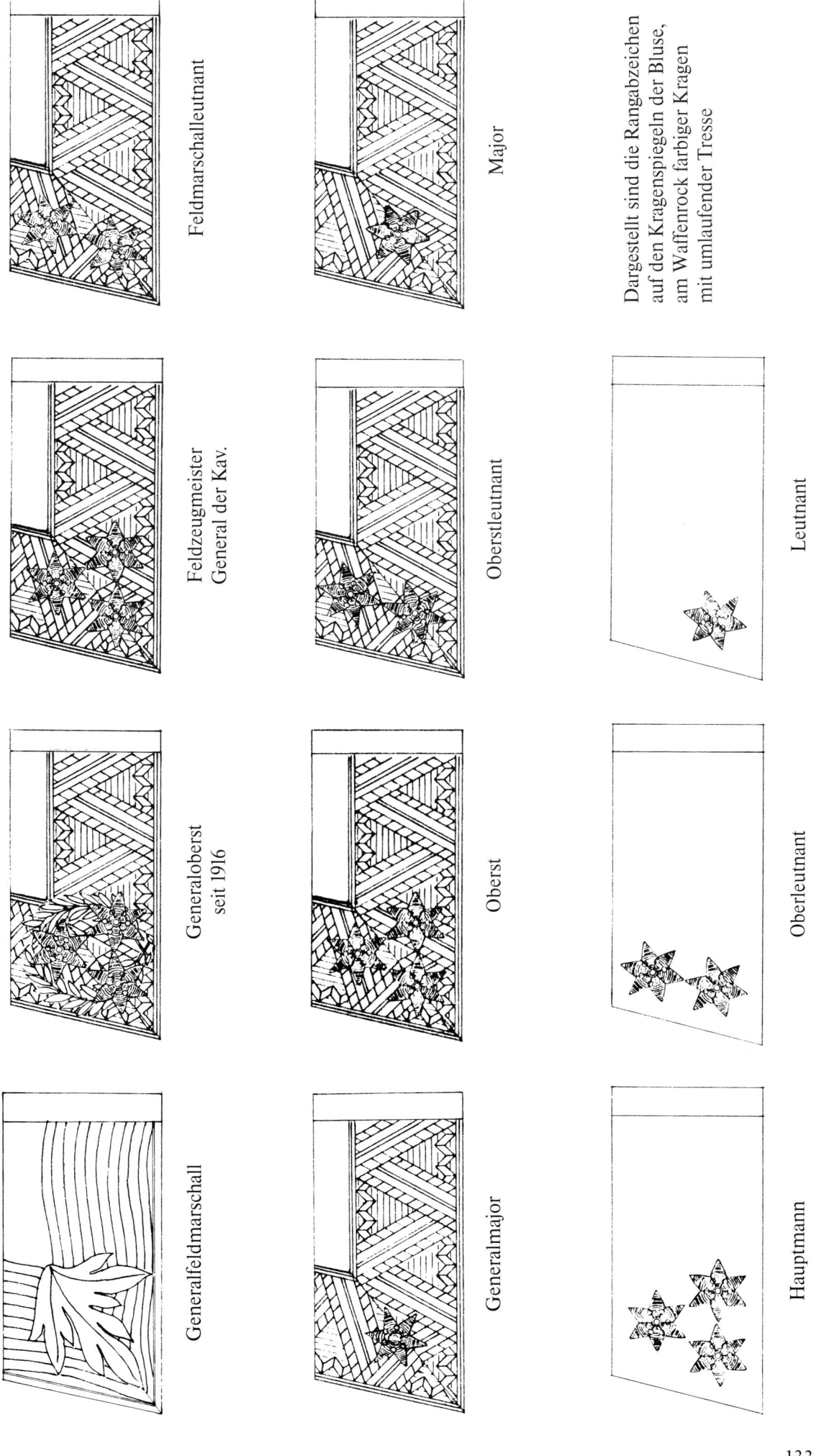

Generalfeldmarschall

Generaloberst seit 1916

Feldzeugmeister General der Kav.

Feldmarschalleutnant

Generalmajor

Oberst

Oberstleutnant

Major

Hauptmann

Oberleutnant

Leutnant

Dargestellt sind die Rangabzeichen auf den Kragenspiegeln der Bluse, am Waffenrock farbiger Kragen mit umlaufender Tresse

133

Abb. 56. Österreich-Ungarn (a – f). Freistaat Österreich (g – n) 1914 – 1936
a Infanterie-Offizier – d, f, k, n Infanteristen – b Ulan – c Bosnische Infanterie – e Husar – g Zugführer der Volkswehr –
h Stabsoffizier – i Kavallerist – l General – m Garde

Freistaat Österreich
(Kokarde rot-weiß-rot.)

Nach dem 1. Weltkrieg wurde zunächst eine nur aus Infanterie bestehende Volkswehr gebildet, von der die Restbestände der feldgrauen Kriegskleidung getragen wurden. Gemeinschaftliches Kennzeichen der Volkswehr war ein gelbes rundes Ansteckschild auf der linken Brustseite mit der Aufschrift »Volkswehr«. An Kragen und linker Kappenseite wurde ein breites rotes Band getragen (Abb. 56, g). Rangabzeichen: Unteroffiziere dunkelblaue Winkeltressen am linken Oberarm, Offizier waagerechte gleichfarbige Streifen am linken Unterarm. Bei Bildung des Bundesheeres 1920/1921 trat eine starke Angleichung an die Uniform der deutschen Reichswehr ein. Gemeinschaftliches Wehrmachtsabzeichen des Bundesheeres wurde die feldgraue/silberne doppelte Kapellitze am Blusenkragen mit waffenfarbigem Spiegel (Abb. 56, k). Neben dem Stahlhelm deutschen Modells trat die Schirmmütze in Reichswehrform mit etwas kleinerem Deckel, waffenfarbigen Vorstößen am Band- und Deckelrande, sowie einer rot-weiß-roten Kokarde und darunter ein aus Messing gestanztes Bundes- oder Landeswappen (Abb. 56, h). Die Waffenfarben waren dieselben wie bei der deutschen Reichswehr mit der Abweichung, daß die In-

fanterie grasgrün, die Jäger gelbgrün erhielten. Die Rangabzeichen der Offiziere wurden zunächst in Form von kurzen waagerechten silbernen Rangstreifen auf beiden Unterarmen getragen, die oberste mit waffenfarbig gefüllter Schleife. Subalternoffiziere 1 – 3 schmale, Stabsoffiziere mittelbreite und 1 – 3 schmale Tressen, General eine breite mit einer schmalen darüber; Stabsoffiziere trugen hierzu flache silberne Achselstücke. Der Mantel behielt zunächst speerspitzenförmige Kragenpatten in Waffenfarbe, für Offiziere und Unteroffiziere mit kleinem Knopf.
1923 findet bezüglich der Rangabzeichen eine völlige Angleichung an die deutsche Reichswehr statt, auch wird Blusen- und Mantelkragen, sowie die Besatzstreifen der Mütze nunmehr aus dunklerfarbigem Besatztuch hergestellt (Abb. 56, k). In Abweichung vom Reichsheer ist die goldene Generalstickerei rot vorgestoßen auf besatztuchfarbener Patte. Unteroffiziere haben keine Kragentresse, der Tressenbesatz der Achselklappe läuft ringsum, die Rangsterne sind gold. Offizierstellvertreter und Fähnriche haben vollwaffenfarbige Achselklappen und zusätzlich eine Mitteltresse. Schon seit 1923 ist im österreichischen Heer für Ausgangszwecke

ein Waffenrock mit einer Reihe von sechs silbernen Knöpfen eingeführt, der waffenfarbige Vorstöße auch am unteren Kragenrand und rings um die Schöße trägt. Die Aufschläge sind rund ohne Litze. Der Mantel verliert die farbige Kragenpatte. Zum Felddienst wird eine schirmlose Feldmütze alten Modells getragen. Die Kavallerie behält auch den über die Achseln getragenen zweireihigen Pelzrock mit Pelzkragen ohne waffenfarbige Abzeichen, aber mit Achselklappen bzw. Achselstücken (Abb. 56, i). Das Offizierssportepee ist offen und gold.

Ende 1933 findet eine völlige Neuuniformierung des österreichischen Bundesheeres statt, und zwar erhält jeder Truppenteil sowohl die feldgraue wie die farbige Uniform seines Stammtruppenteils von 1914 unter Ersetzung der alten schwarz-gelben Kokarde durch rot-weiß-rote, so daß sich eine nähere Beschreibung erübrigt (Abb. 56, n). Infanterieregimenter 1–3, Alpenjägerregimenter 8 und 9 wie die frühere deutsche Landwehr, Infanterieregiment Nr. 4 = alt Nr. 4, Nr. 5 = 84, Nr. 6 = 49, Nr. 7 = alt Nr. 7, Alpenjägerregiment Nr. 10 = 27, 11 = 47, 12 = 59, 13 = 30, 14 = 14, 15 = 99, Tiroler Landesschützenregiment und Kraftfahrjäger wie Jäger. Panzertruppe Abzeichenfarbe schwarz mit gelbem Knopf, Friedenswaffenrock hechtgrau, ebenso Kraftfahrtruppe. Von den Kavallerieschwadronen führt die Schwadron 6 die Tradition der berittenen Landesschützen weiter, Abzeichenfarbe grasgrün, Friedenswaffenrock hechtgrau, die anderen Schwadronen die Tradition der Dragonerregimenter, Friedenswaffenrock hellblau, Abzeichenfarbe wie 1914 Dragonerregiment 3, 4, 5, 11 und 15. Die Kavallerie trägt zum farbigen Waffenrock die alten roten Hosen und roten schirmlosen Kappen weiter. Die Gebirgstruppen tragen auf der Kragenpatte und an der linken Kappenseite ein weißes Edelweißabzeichen, Kraftfahrtruppe ein Flügelrad. Panzertruppe über der rechten Brusttasche auf dreieckiger schwarzer Unterlage gepanzerten Ritter in gold, silber oder dunkelgrau gestickt. Die Rangabzeichen sind völlig die des alten österreichischen Heeres, ebenso die schwarz-gelbe Offiziersschärpe und die sonstigen Ausstattungsstücke (Abb. 56, l). Wachtmeister jetzt stets gelbe Borte, Stabswachtmeister mittelbreite mit schmaler darüber in Silber, Offizierstellvertreter dieselben Borten, aber mit einem Messingstern, Vizeleutnant mittelbreite goldene mit einem Silberstern, ebenso Fähnrich, aber dazu großer Knopf am Pattenende.

Weiter ist 1933 ein Gardebataillon neu geschaffen, das am Stahlhelm vorn ein zisiliertes Staatswappen und eine doppelte weiße, für Offiziere goldene Fangschnur an der linken Schulter trägt. Abzeichenfarbe rot mit weißem Vorstoß, Knöpfe weiß, Friedenswaffenrock dunkelgrün (Abb. 56, m).

Schweiz

(Kokarde rot und weiß.)

I. Infanterie

Die Uniformierung war im 18. Jahrhundert, durch die eigentümlichen politischen Verhältnisse bedingt, eine sehr mannigfaltige. Sehr interessant für die Geschichte der älteren Schweizeruniformen sind die Kupferstichblätter, die als »Neujahrsgeschenk der Züricher Konstabler-Gesellschaft« und der »Militärischen Gesellschaft zu Zürich« von etwa 1689 durch ein ganzes Jahrhundert erschienen. Diesen Blättern, die leider im Original nicht farbig sind, haben wir einige Abbildungen entnommen (Abb. 57, a – d). Auf dem Neujahrsblatt von 1763 ist bei der Darstellung der »Finalexercitii« von 1760 in dem kurzen Begleittext die Rede von roten und blauen Grenadieren. Die Uniform der Helvetischen Legion wird im Revolutionsalmanach von 1800 (Göttingen, bey J. Ch. Dieterich) wie folgt beschrieben: Die Uniform ist dunkelgrüne Kolletts, schwarze Kragen und Aufschläge, eine Reihe gelber Knöpfe, lange grüne Hosen, kurze Stiefel, runde Hüte auf der linken Seite aufgeschlagen à la Heinrich IV., mit einer scharlachroten Kokarde und einer gleichfarbigen Binde um den linken Oberarm. Grenadiere haben zur Unterscheidung zitronengelbe Epauletten, Offiziere goldene (Abb. 57, e).

Erst nach dem Wiener Kongreß, 1814/15, begann man, an eine gleichförmige Bekleidung des Milizheeres zu denken. Es wurden aber nur die Uniformfarben für die einzelnen Waffengattungen bestimmt, für Linien-Infanterie blau mit rot, Scharfschützen grün mit schwarz. Daher erhielten sich bis etwa 1860 in den einzelnen Kantonen sehr viele Verschiedenheiten in bezug auf Bekleidung und Ausrüstung. Auch war der Frack in verschiedenen Schnitten, teils mit einer, teils mit zwei Knopfreihen, neben dem Waffenrock im Gebrauch. 1862 erhielt die Infanterie langschößige zweireihige Waffenröcke mit Stehkragen und Vorstößen an den Rockvorderteilen, den runden Aufschlägen und den dreiknöpfigen Schoßtaschen, Füsiliere dunkelblau-rot, weiße Knöpfe; Schützen dunkelgrün-schwarz, gelbe Knöpfe; dazu graublaue Hosen mit Vorstoß, weiße Gamaschen, schwarzes Schuh- und Lederzeug. Mannschaften waffen-, Offiziere knopffarbene Epauletten. Füsiliere niedriger Ledertschako mit rotem Pompon, Schützen an den Seiten aufgeschlagener schwarzer Lederhut mit grünem Hahnenfederbusch links. Graublauer zweireihiger Mantel mit waffenfarbigen doppelt geschweiften Kragenpatten. 1869 werden die Hosen schwarzgrau mit Vorstoß, schwarzer tuchüberzogener Tschako mit Vor- und Nackenschirm, vorn Waffenabzeichen und Regimentsnummer darunter, oben Kantonskokarde und Pompon in Kompaniefarbe (1 grün, 3 orange, 5 rot, 2, 4, 6 ebenso mit weißem Mittelstreif). Der Rockkragen wird vorübergehend liegend. Offiziere hohes weiches Käppi aus Rocktuch mit waffenfarbigen Band-, Deckel- und Seiten-Vorstößen, schwarzem Lederschirm und breitem Kinn-

riemen. Seit 1897 sind die Rockschöße sehr kurz und auch unten herum vorgestoßen. Gerade zweiknöpfige Schoßtaschenleisten, auf den Achselklappen farbige Patten mit Abteilungsnummer. Die Radfahrtruppen erhalten einreihigen dunkelblauen Waffenrock (5 gelbe Knöpfe) mit karmin Vorstößen, Stehumlegekragen mit karmin Patten, Lagermütze. Zum Felddienst wird seit den 70er Jahren eine auch bei den Schützen dunkelblaue Bluse mit versenkten Brust- und Seitentaschen getragen. Offiziere haben waffenfarbige Kragenpatten.

Die Maschinengewehrabteilungen tragen die Uniform der Stammwaffe mit senkrechten an der Außenseite zweimal geschweiften, mit drei Knöpfen besetzten waffenfarbigen Aufschlagpatten, Offiziere auch auf der Bluse. 1910 ist das Lederzeug naturfarben. Die Festungsinfanterie trägt seit den 70er Jahren Infanterieuniform, jedoch mit gelben Knöpfen und Rangabzeichen.

II. Kavallerie, Artillerie, Train

Nach dem Wiener Kongreß wurde bestimmt, daß die Reiterei grüne Uniformen mit roten Abzeichen tragen sollte. Die Verschiedenheit der Uniformierung in den einzelnen Kantonen war hier womöglich noch größer als bei der Infanterie. Neben Uniformen mit Brustklappen erscheinen einreihige Kolletts, neben hohen zylindrischen Tschakos niedrige, oben breitausladende, neben hohen aufrechtstehenden schwarzen Stutzen weiße hängende Büsche usw. In den 50er Jahren war die Uniform ziemlich einheitlich grün, und zwar Kollett, Hosen, Schabracke und Mantelsack. Abzeichen rot. Helm (Abb. 57, k) mit gelbem Beschlag und schwarzer Raupe für Dragoner, gelber für Guiden. Auf den Achseln weiße Metallschuppen. Schwarze Handschuhe ohne Stulpen. Anfang der 60er Jahre wurde ein niedriger Ledertschako französischen Modells mit waagerechtem Schirm eingeführt, der 1869 dem auch für die Infanterie eingeführten Tschakomodell (Abb. 57, o) wich. Dieser Tschako hatte für Dragoner schwarzen, für Guiden weißen hängenden, nach vorn fallenden Haarbusch, sowie für Dragoner schwarze, für Guiden karminfarbene Fangschnüre. 1880 erfolgt eine neue Formänderung (Abb. 58, b). Der Tschako hatte seitdem bis 1918 schwarzledernen Stirn- und Nackenschirm, Rumpf mit dunkelgrünem Tuch überzogen, der obere Rand und die Seitenvorstöße mit Nickelbändern belegt. Über dem Vorderschirm weißer achtstrahliger Stern mit aufgelegtem Schweizer Kreuz von Nickel und schwarzer Schwadronsnummer, sowie für Dragoner schwarzer, für Guiden und Maschinengewehrschwadron weißer Haarstutz, weiße Kinnkette. Der dunkelgrüne Rock mit zwei Rei-

Abb. 57. Schweiz 1693–1869
a Züricher Artillerist – b, c, d Züricher Infanteristen – e Infanterist der Helvetischen Republik – g Waadtländischer Infanterist –
h Baseler Infanterist – i, l, n Infanteristen – f, k, o Kavalleristen – m Artillerie-Offizier – p Artillerist

hen weißer Knöpfe folgt im Schnitt der Entwicklung des In-
fanterierockes. 1869 dunkelgrüne, karmin vorgestoßene
Achselklappen und Stehumlegekragen, letztere mit karmin
Kragenpatten, Offiziere Briden. 1880 karmin Stehkragen
und weiße Schuppenepauletten. Die schwarzgraue Hose
hat roten Vorstoß. Seit den 80er Jahren zum Dienst dunkelgrüne Bluse mit karmin Kragenpatten, die auch der blaugraue Mantel aufweist. Offiziersmäntel haben außerdem
noch Vorstöße um Kragen, Aufschläge, Taschenklappen
und Rückenriegel. Das Lederzeug wird auch hier 1910 naturfarben, Patronentaschen in Bandelierform.

Die Uniform der Artillerie entsprach sowohl in Schnitt wie
Form fast genau der französischen, blau mit roten Abzeichen und gelben Knöpfen, rote Fransenepauletten, blaugraue Hose mit rotem Vorstoß. Anfang der 70er Jahre wird
ein dunkelblauer Waffenrock mit zwei Reihen gelber Knöpfe und roten Vorstößen eingeführt. Auf dem dunkelblauen
Kragen eine gleichfarbige, hinten spitze Patte mit rotem
Vorstoß. Der Tschakobelag ist gelb, Waffenabzeichen zwei
gekreuzte Kanonen, Hose schwarzgrau mit rotem Vorstoß.
Seit 1897 wird der Rockkragen vollfarbig rot mit einer dunkelblauen für Offiziere goldenen schräggestellten platzen-
den Granate in den Kragenecken. Das Tschakopompon ist
rot. Die dunkelblaue Bluse hat rote Kragenpatten ohne Granate, ebenfalls der Mantel.

Die Genietruppe trägt bis Ende der 60er Jahre einen langen
dunkelblauen zweireihigen Waffenrock mit gelben Knöpfen, karmin Kragen und Vorstößen. Dazu einen runden
schwarzen Lederhut mit dem eidgenössischen Wappen

vorn und schwarzen Haarbusch links, blaugraue Hose. Danach dunkelblauen Waffenrock mit zwei Reihen gelber
Knöpfe, grundfarbene Kragen, alles rot vorgestoßen. Tschakoabzeichen 2 gekreuzte Äxte. 1897 erhält der Kragen an
Rock, Bluse und Mantel schwarze, an der Rückseite zweimal geschweifte Kragenpatten. Die Hose ist dunkelgrau mit
rotem Vorstoß.

Train hat seit der gleichen Zeit dunkelblauen zweireihigen
Waffenrock mit roten Vorstößen ringsum und am Aufschlag, dunkelblauen Kragen ohne Vorstoß mit kurzer waa-
gerechter gelber, für Offiziere goldener rot vorgestoßener
Litze.

III. Heereseinheitskommandanten,
Generalstab – Rangabzeichen

Die Rangstufen des Generals gibt und gab es in der Schweiz
nur in kriegerischen Zeiten, in denen das Volksheer mobil
gemacht wurde. Es wird dann ein Oberstkommandierender
mit dem Rang eines Generals besonders eingesetzt. Infolgedessen gab es auch keine eigenen Uniformen für die Generalität, die vielmehr die Uniform des Generalstabes mit den
Rangabzeichen eines Obersten und zusätzlich auf dem Hut
einen weißen Federbusch trugen. 1869 erhielten die Heereseinheitskommandanten eine besondere Uniform, dunkelblaue zweireihige Waffenröcke mit schwarzem Samtkragen, roten Vorstößen und gelben Knöpfen mit den Rangabzeichen eines Obersten, der General zusätzlich am oberen

137

Abb. 58. Schweiz 1904 – 1936
a, c, d, e Infanteristen (c Feldwebel – d Leutnant – b Dragoner)

Käppirand eine Goldtresse; General und Oberstkorpskommandant weißer Federbusch, Oberstdivisionär und Oberstbrigadier grünen Federbusch am Käppi. 1897 wird der Kragen vollfarbig rot, die schwarze Hose erhält einfache breite rote Streifen, der Waffenrock wird auch unten herum vorgestoßen, Federbüsche fallen fort. An ihre Stelle tritt ein goldener Pompon. Ein weiteres Abzeichen des Generals und des Oberstkorpskommandanten ist die silberne, rot durchzogene Schärpe mit Schleifen und Quaste links. Die Bluse der Heereseinheitskommandanten ist schwarzblau mit roten Kragenpatten. Der Oberstbrigadier trägt jetzt Infanterieuniform, jedoch mit breiten roten Streifen an der Hose.
Die Uniformen des Generalstabes waren ursprünglich bis 1869 grün mit karmin Kragen und Vorstößen, gelbe Knöpfe, seitdem bis 1897 dunkelblau mit schwarzem Samtkragen und roten Vorstößen. Seit 1897 dunkelblaue Röcke mit gelben Knöpfen und karmin Kragen und Vorstößen, karmin Besatzstreifen an den Hosen. Bluse dunkelblau mit karmin Kragenpatten. Heereseinheitskommandanten, Generalstab und die keiner Truppeneinheit angehörenden Offiziere trugen am unteren Käppirand das eidgenössische Kreuz, oben die eidgenössische Kokarde.
Rangabzeichen: Bis 1869 waren die Rangabzeichen der Offiziere und Unteroffiziere ganz nach französischem Muster. Seit 1869 tragen die Kavallerieoffiziere 1 – 3 silberne Rangsterne auf den Epauletten, die für Subalternoffiziere glatten, für Stabsoffiziere gemustert ausgeprägten Halbmond aufweisen. Das Feld ist bei Subalternoffizieren karmin, bei Stabsoffizieren schwarz. Die Offiziere aller übrigen Waffengattungen tragen auf Rock und Bluse auf den Schultern »Briden«, querlaufende schwarze, rot vorgestoßene Samt-

streifen, die für Subalternoffiziere mit einfacher, Stabsoffiziere mit breiter Metalltresse in Knopffarbe eingefaßt sind und zusätzlich im Feld 1 – 3 Sterne tragen. Am unteren Rand des Tschakos und am oberen Bandrand des Käppis Rangtressen in Knopffarbe, Subalternoffiziere 1 – 3 schmale, Stabsoffiziere 1 – 3 mittelbreite. 1897 traten an Stelle der bisherigen Achselstücke (Briden) längs den Schultern laufende Achselstücke aus Gold- oder Silbertresse mit abzeichenfarbigem Vorstoß, die bei Stabsoffizieren noch einen geprägten Rand aufweisen. Auf der Tresse 1 – 3 übereinander stehende Sterne in entgegengesetzter Knopffarbe, sowie die Abteilungsnummern. Diese Achselstücke werden auch von den Kavallerieoffizieren zur Bluse getragen. Sonst bleiben die Rangabzeichen unverändert.
Die Rangabzeichen des Gefreiten und Obergefreiten sind waffenfarbig vorgestoßene wollene Schrägtressen in Knopffarbe über dem Aufschlag, bei den Unteroffizieren 1 – 2 waffenfarbig vorgestoßene Winkeltressen in knopffarbigem Metall mit der Spitze nach oben, beim Furier und den Adjutant-Unteroffizieren zusätzlich am Oberarm eine knopffarbige Schrägtresse. Auch diese Abzeichen bleiben bis zur Einführung der feldgrauen Uniform unverändert.

IV. Die feldgraue Uniform, ihre Waffen- und Rangabzeichen

Schon seit 1914 in Erprobung, wird 1917 eine feldgraue Uniform eingeführt. Das Grundtuch ist grünlich-grau, der Schnitt für alle Waffengattungen und Ränge gleich. Der

Feldrock hat eine Reihe von 6 feldgrauen Knöpfen, aufgesetzte Brust- und Seitentaschen und marengofarbene (dunkelmausgraue) Vorstöße um die spitzen Aufschläge und die abgerundeten Achselklappen. Waffenbezeichnung erfolgt durch farbige Patten; sie sind am Stehkragen an der Rückseite zweimal geschweift, auf den spitzen Aufschlägen von der Spitze des Aufschlages in 4 cm Breite gerade bis zum unteren Aufschlagende heruntergehend und auf den Achselklappen quer über das untere Ende. Waffenfarben sind: Heereseinheitskommandanten und Generalstab schwarz, Infanterie dunkelgrün, bei den Schützenbataillonen sind die ganzen Aufschläge dunkelgrün mit feldgrauer Patte, Kavallerie zitronengelb, Artillerie ziegelrot, Genie marengo, Train braun, Kraftfahrtruppe weinrot. Die Genietruppen tragen abweichend von den übrigen Waffen den ganzen Kragen waffenfarbig, Maschinengewehrabteilungen haben die äußere Seite der Aufschlagpatte zweimal geschweift, Gebirgstruppen am unteren Ende der Aufschlagpatte ein schwarzes, Offiziere goldgesticktes Dreieck. Die metallenen Rangabzeichen sind durchgängig gold, bei der Kavallerie silber. Es befinden sich am Rock für Offiziere auf den Kragenpatten 1–3 fünfstrahlige Sterne, bei Stabsoffizieren ist zusätzlich die Kragenpatte am vorderen und oberen Rande mit einer 1 cm breiten Metallstickerei eingefaßt. Der Oberst-Divisionär trägt eine mattgoldene Lorbeerstickerei auf der vorn und oben mit Goldschnur eingefaßten Kragenpatte, der Oberst-Korpskommandant und General darauf 1 und 2 Silbersterne. Dem Offizier ist gestattet, zum Ausgang einen Waffenrock ohne aufgesetzte Taschen und mit goldenen oder silbernen Knöpfen zu tragen. Subalternoffiziere und Mannschaften tragen auf den Achselklappen ihre Abteilungsnummer. Die Hose aus Grundstoff trägt marengofarbigen Vorstoß. Der Mantel hat zwei Reihen von je 5 Knöpfen, zwei seitliche Taschen mit Klappen und Rückenriegel. Er hat keinerlei farbige Vorstöße oder Verzierungen. Der Stahlhelm hatte bis 1935 deutsche Form, seitdem neues Modell (Abb. 58, e). Schirmlose Feldmütze mit aufgeklapptem Nacken- und Ohrenschutz und Vorstoß aus Marengotuch. Die höheren Unteroffiziere und Offiziere haben ein Käppi mit schwarzem Lederschirm und sehr breitem gleichfarbigen Kinnriemen. Band-, Deckel- und Seiten-Vorstöße marengofarbig. Am oberen Bandrand Rangtressen wie am farbigen Käppi. Die Käppis der Heereseinheitskommandanten und Generalstabsoffiziere haben ein Kopfband aus schwarzem Besatztuch. Dieses ist beim Oberst-Divisionär mit einfacher Lorbeerstickerei bedeckt, beim Oberst-Korpskommandanten dazu am oberen Käppirand eine goldgestickte Tresse, der General zwei Reihen schmaler Lorbeerstickerei. Die Heereseinheitskommandanten haben an den Beinkleidern je zwei schwarze Streifen, Generalstabsoffiziere einen. Die Abzeichen der Gefreiten und Unteroffiziere befinden sich an den Unterarmen in Form von Winkeltressen aus feldgrauer Borte mit weißem, Kavallerie gelbem Muster. Der Gefreite trägt eine kurze Winkeltresse, der Obergefreite eine lange, der Wachtmeister zusätzlich über dem Aufschlag ein feldgraues Wappenschild mit zwei Lorbeerzweigen. Der Feldwebel hat zwei Winkeltressen und Wappenschild, der Adjutant-Unteroffizier dazu am Oberarm noch eine weitere Winkeltresse. Auch ist der Kragen sämtlicher Unteroffiziere am oberen Rand mit einer schwarzeingefaßten Gold- oder Silberborte besetzt.

Das geschlossene silberne Portepee wird am silbernen, rot durchzogenen Band getragen, der General und die Armeekorpskommandanten tragen als Dienstabzeichen eine silberne, rot durchzogene Schärpe mit Quaste links, die höheren Adjutanten doppelte silberne Fangschnüre an der rechten Schulter.

Bis zum 1. Weltkrieg trugen bei größeren Zusammenziehungen alle Truppen am linken Oberarm die rote Armbinde mit dem eidgenössischen weißen Kreuz.

Die Kriegsmarinen

Die Entwicklungsgeschichte der Uniformen bietet bei der Kriegsmarine erheblich größere Schwierigkeiten als beim Heer. Das vorliegende Material ist äußerst beschränkt und schwer zu beschaffen, da bei der hauptsächlichen Einstellung der größten Wehrmächte auf Landkriegsführung die Darstellung der Marineuniformen sehr in den Hintergrund getreten ist. Zum anderen war auch die Bekleidung der Kriegsmarinen lange Zeit nicht so streng reglementiert, wie wir es schon seit Mitte des 18. Jahrhunderts bei Landheeren gewohnt sind. Andererseits vereinfacht sich die Aufgabe, da seit etwa 1860 die Marineuniformen sämtlicher seeführenden Länder außerordentlich einheitlich werden und in großen Zügen in allen Kriegsmarinen dieselben Bekleidungsstücke in fast demselben Schnitt verwandt werden. Maßgebend für diese Uniformentwicklung ist das englische Vorbild. Großbritanniens Flotte, die im vergangenen Jahrhundert die Meere beherrschte, hatte und hat auch jetzt noch auf die Gestaltung der Kriegsmarineuniformen einen alles beherrschenden Einfluß. Gerade die Entwicklungsgeschichte im 20. Jahrhundert zeigt, wie sich die Marineuniformen bis in die letzte Zeit hinein mehr und mehr der englischen bezüglich des Schnittes einzelner Kleidungsstücke und der Art der Rangbezeichnung angleichen. Es genügt daher und dient gleichzeitig zur Einführung für den Leser, wenn zunächst eine Darstellung der allgemein gebräuchlichen Marinebekleidungsstücke gegeben wird die bei der konservativen Einstellung der Marine zu Bekleidungsfragen für die Gesamtzeit von 1860 bis in die neueste Zeit Gültigkeit hat. Soweit erforderlich, wird die Uniformgeschichte der früheren Zeit und abweichende Einzelheiten bei den entsprechenden Ländern gesondert behandelt. Vorauszuschicken ist, daß die Grundfarbe aller Marinebekleidungsstücke grundsätzlich ein dunkles, oft bis an blau-schwarz grenzendes Blau ist. Im Sommer und in den Tropen treten an seine Stelle Weiß (Leinen). Knöpfe, Rangabzeichen, Tressen und ähnliches sind ebenso grundsätzlich bei der Marine gold. Silber als Abzeichen- und Knopffarbe findet sich hauptsächlich beim Verwaltungspersonal. Die wesentlichsten, in allen Marinen fast unverändert wiederkehrenden Bekleidungsstücke sind folgende:

Hut: Schwarzer zweiseitig aufgeklappter Seidenfilzhut, mit den Spitzen nach vorn und hinten getragen. Die englische Form hat hohe runde Aufschläge, die französische niedrige viereckige; goldene Agraffe, die bei der englischen Form von der Mitte des Hutaufschlages senkrecht nach unten, bei der französischen Form von rechts vorn zur Mitte geht. In den beiden Spitzen befinden sich goldene Quasten. Admirale tragen in den meisten Marinen die Hutaußenränder mit breiter Goldtresse eingefaßt, auch vielfach schwarze oder weiße Straußenfederfüllung.

Galarock: Zweireihig hochgeschlossen mit Stehkragen als Rock oder als Frack geschnitten mit reicher Kragenstickerei oder Tresseneinfassung, auf den Aufschlägen die Rangtressen oder Stickerei.

Galahose: Dunkelblaue lange Hose mit je nach Rang verschieden breiten Goldtressen an den Außennähten.

Säbel: Leicht gekrümmt mit goldenem Korb, weißem Elfenbeingriff, schwarzer Lederscheide mit Goldbeschlag, wird an einem schwarzen, zur Gala oft goldbestickten Leder- oder Seidenkoppel übergeschnallt getragen.

Epauletten: Die Epauletten der Marinen sind stets ganz aus Gold mit gewirktem Mond und auch für die Subalternoffiziere starken oder mittelstarken Fransen. Auf dem Feld häufig ein unklarer Anker, d. h. Anker mit Ankertau.

Offiziersmütze: Dunkelblaue Tellermütze mit schwarzem Lacklederschirm und Kinnriemen, schwarzem Seiden- oder Mohairbesatzband, über der Stirn ein Anker oder die Landeskokarde im Eichenlaubkranz mit der Krone oder einem sonstigen Hoheitszeichen darüber, ohne den Eichenlaubkranz vielfach auch für Deckoffiziere gebräuchlich. Der Teller ist je nach Mode kleiner oder größer. Englischem Vorbild folgend hat es sich eingebürgert, die Stabsoffiziere und Admirale durch einfache bzw. doppelte goldene Eichenlaubstickerei längs des Schirmaußenrandes zu kennzeichnen. In den romanischen Ländern traten vielfach an Stelle des Eichenlaubs Lorbeerblätter.

Rock: Mit langen Schößen und zwei Reihen von 3 – 6 Knöpfen, die meist Ankerprägung tragen. Der Rock wurde in vielen Marinen noch bis zum Ausgang des vorigen Jahrhunderts hochgeschlossen getragen, in der englischen Marine und deren Beispiel folgend in allen jetzigen Marinen über der Brust offen, der Mode des bürgerlichen Gehrocks im Schnitt folgend. In den letzten Jahrzehnten geht die Mode nach möglichst wenig Knöpfen und sehr tiefen Reversen. Auf der Rückseite zwei- oder dreiknöpfige Schoßtaschenleisten, auf den Ärmeln befinden sich die goldenen Ranglitzen (siehe Schema). Auf den Schultern werden in vielen Marinen goldene Passanten getragen, jedoch nicht bei der englischen und den ihrem Vorbild folgenden Ländern.

Bordjackett: Ist zweireihig, hat denselben Schnitt wie der Rock, jedoch nur mittellange bis kurze Schöße. Keine Knöpfe im Rücken, hierzu nur Ärmelrangtressen gebräuchlich. Findet vielfach auch als Bekleidungsstück der Deckoffiziere und höheren Unteroffiziere Verwendung.

Matrosenmütze: Dunkelblaue, im Sommer weiße Tellermütze mit niedrigem Besatzband. Dieses wird von einem schwarzen Seidenband bedeckt, das über der Stirn in goldener oder gelber Beschriftung den Namen des Stammtruppenteils oder Schiffes trägt. Die Enden des Seidenbandes hängen hinten herunter oder bilden an der linken oder rechten Seite eine kleine Schleife. Der Teller ist nach deutschem Muster vorn, nach englischem an allen Seiten versteift.

Hemd: Aus dunkelblauem Wollstoff, im Sommer aus weißem Leinen mit hinten herabfallenden breiten Kragen, an der Brust einen tiefen Ausschnitt bildend, wird meist blusig in die Hose gesteckt getragen, in einigen Marinen auch lang überfallend. Hierzu gehört ein hell- bis mittelblauer weit hinten überfallender Hemdkragen, dessen Außenkanten stets mit drei schmalen weißen Borten besetzt sind. Das Unterhemd, welches in dem Brustausschnitt sichtbar wird, ist weiß, meist mit blauer Bandeinfassung oder auch weiß-blau waagerecht gestreift. Unter dem Hemdkragen wird ein schwarzes Seidentuch, über der Brust einen Knoten bildend, getragen. Bei der deutschen Marine hat es einen mittelblauen Diagonalstreifen, der schräg über den Mittelteil des Knotens laufend sichtbar wird. Der Knoten wird vielfach durch eine weiße Schleife am Hemdkragen festgehalten.

Pyjackett: Kurzer zweireihiger Mantel bis zu den Hüften reichend mit flachem liegenden Kragen, über der Brust offen, mit breiten Reversen. Zu diesem Jackett wird der Hemdkragen unter dem Mantel getragen.

Hose: Dunkelblau, vorn mit Klappenverschluß. Die Hosenbeine sind nach jahrhundertealter Seemannstradition unten trompetenförmig sehr weit geschnitten und bedecken fast das ganze Schuhzeug.

Matrosenjacke: Kurze zweireihige schoßlose Jacke, wird offen getragen und über der Brust durch einen Doppelknopf gehalten, so daß das Hemd sichtbar bleibt. Dient in verschiedenen Marinen als Ausgangs- und Paradeanzug der Mannschaften. Der hellblaue Hemdkragen befindet sich hierbei über der Jacke.

Messejackett: Kurze schoßlose Jacke mit zwei Reihen von je drei Knöpfen, wird offen in Smokingform getragen, mit tief ausgeschnittener dunkelblauer oder weißer Weste, weißem steifen Hemd und Kragen, schwarzem Seidenquerbinder. Ärmelrangabzeichen: In einigen wenigen Staaten hierzu auch Achselschnüre oder Epauletten bei großen festlichen Anlässen. Dient als Gesellschaftsanzug der Offiziere, wird je nach dem Grad der Feierlichkeiten mit langer blauer oder mit Galahose getragen.

Umhang: Langer dunkelblauer glockenförmiger Umhang mit liegendem Kragen, hellgrauem oder schwarzem Seidenfutter, über der Brust durch eine kleine an zwei Löwenköpfen befestigte Kette geschlossen, fast in allen Staaten ohne Rangabzeichen getragen, hat in der deutschen Marine die Bezeichnung Spanier.

Weißes Zeug: Im Sommer und in den Tropen können fast sämtliche Kleidungsstücke durch gleichartige aus weißem Leinen ausgetauscht werden. Bei Offizieren tritt an Stelle des Rockes oder des Jacketts ein durchgängig einreihiges oder blusenförmig geschnittenes Jackett, seit dem 1. Weltkrieg fast überall mit aufgesetzten Brust- und Seitentaschen mit kleinem Knopf und Quetschfalte. Hierzu weiße Wäsche und schwarzer Binder, meist Stehkragen, jedoch kommt auch Stehumlegekragen und Zivilschnitt vor, zu diesem Anzug stets Achselstücke bei Offizieren.

Deutschland

Von den deutschen Staaten unterhielt nur Preußen seit Beginn des 19. Jahrhunderts eine nennenswerte Kriegsmarine. 1849/52 wurde der Versuch zur Schaffung einer deutschen Reichsflotte unternommen. 1867 ging die preußische Kriegsmarine in die des Norddeutschen Bundes auf und wurde 1871 nach Gründung des Deutschen Reiches die Kaiserlich Deutsche Kriegsmarine. Die Kokarden waren dementsprechend bis 1874 schwarz-weiß, seitdem schwarz-weiß-rot. Die Reichsmarine 1849/52 trug schwarz-rot-goldene Kokarden.

Die Uniformierung der Kriegsmarine in der Zeit bis etwa 1840 hält sich stark an das Heeresvorbild. Die Offiziere hatten zunächst einreihige, später zweireihige Fräcke mit roten brandenburgischen Aufschlägen und blauer dreiknöpfiger Patte, dunkelblaue rot vorgestoßene Kragen mit goldgesticktem unklaren waagerechten Anker in den Ecken, dunkelblaue Hose mit roten Lampassen. Schärpe und Hut nach Heeresmuster, gelbe Knöpfe. Die Matrosen hatten kurze dunkelblaue Jacke mit drei Reihen gelber Knöpfe, in dem ersten Drittel des 19. Jahrhunderts rote Kragen und Aufschläge, schwarzen runden Lederhut mit breiter flacher, später rundum aufwärts gebogener Krempe. Die an Bord eingeschifften Infanteristen und Artilleristen trugen blaue Fracks mit drei Reihen Knöpfe, rote Kragen und brandenburgische Aufschläge, rote Schoßumschläge, Tschako, schwarzes Lederzeug. Zur Bedienung der königlichen Fahrzeuge auf dem Potsdamer Havelsee wurde eine kleine Truppe Gardemariniers unterhalten. Diese trugen zur Parade dunkelblaues zweireihiges Kollett, dunkelblaue Kragen mit zwei gelben Gardelitzen, brandenburgische rote Aufschläge mit blauer Patte, rote Achselklappen und Schoßumschläge, schwarzes Lederzeug, Gardetschako mit Behang, im Dienst eine kurze blaue schoßlose Jacke mit einer Reihe von Knöpfen, sonst wie der Frack, dunkelblaue Tellermütze mit dunkelblauem Band und roten Vorstößen. Um 1844 werden der Kragen, die jetzt schwedischen Aufschläge und das Schoßfutter der Offiziere weiß. Bei den Stabsoffizieren tritt eine goldene Stickereieinfassung an Kragen und Aufschlagaußenrändern hinzu. Goldene Epauletten. Außerdienstlich wird von den Offizieren bereits derzeit eine dunkelblaue Schirmmütze mit breitem Goldtressenbesatz um das Band, sowie schwarzledernem Kinnriemen und ein kurzer Hirschfänger am schwarzen Leibkoppel getragen. Die Mannschaftsuniform wird ganz dunkelblau (Abb. 59, a). Die Uniformen der Reichsmarine 1849/52 folgen mit den entsprechenden Kokarden den Uniformen der preußischen Marine. Um 1860 ist die Uniformierung der preußischen Kriegsmarine folgende:

Die Paradekopfbedeckung des Offiziers ist der schwarze, an beiden Seiten hochgeklappte Seidenfilzhut mit Kokarde und goldener Agraffe an der rechten Seite. Die Form der hochgeklappten Seitenteile und des Kopfes ist ziemlich niedrig. Bei Admiralen sind die Aufschlagaußenränder mit breiter Goldtresse eingefaßt. Zur Gala wird ein zweireihiger dunkelblauer Frack getragen. Der Kragen und die runden mit drei goldenen Knöpfen besetzten Aufschläge sind bei Admiralen mit der Eichenlaubstickerei der preußischen Generalsuniform bedeckt. Die oberen Rockvorderteile werden aufgeknöpft getragen. Sie sind weiß gefüttert und mit je nach Rang verschieden breiter Goldtresse an den Außenrändern eingefaßt. Die Admirale haben goldene Achselbänder, die übrigen Offiziere goldene Epauletten mit silbernem unklarem Anker und Fransen bis zum Leutnant einschließlich. Der Kragen der Stabs- und Subalternoffiziere ist an dem Außenrand mit breiter Goldtresse eingefaßt, auf den Aufschlägen unter den 3 Knöpfen 1 - 4 mittelbreite Tressen, waagerecht laufend. Die dunkelblauen Hosen sind mit breiten Goldstreifen besetzt. Der Marinesäbel hat goldenen Korb, schwarze Lederscheide und goldene Beschläge. Der Löwenkopfgriff hat ein grünes und ein rotes Auge. Portepee wie beim Heer. Als großer Dienst- und Gesellschaftsanzug wird ein offener Frack mit Epauletten und Ärmelrangstreifen, auch für Admirale, benutzt. Als Dienstanzug finden ein dunkelblauer zweireihiger, offen getragener Rock oder ein gleiches kurzes Jackett mit dunkelblauer oder weißer Weste, weißer Wäsche, schwarzem Querbinder, dunkelblauer Hose und dunkelblauer Tellermütze mit goldenem Besatzstreifen Verwendung. Zum Dienstrock werden keine Ärmelstreifen, dafür Achselstücke nach preußischem Husarenmuster angelegt (Abb. 59, c). Seekadetten und Fähnriche haben schon derzeit einen kleinen Dolch mit weißem Griff und Messingscheide, letztere an den beiden Kragenenden von Jacke und Frack eine kurze schwarz-silberne Litze mit einem Knopf am Ende. Die Deckoffiziere haben die Offiziersuniform ohne Rangstreifen und Achselstücke, an den Kragenenden einen goldenen unklaren gekrönten Anker, Mütze mit etwas schmälerem goldenen Besatzstreifen. Von den Unteroffizieren und Mannschaften wird blaues oder weißes Hemd mit schwarzem Binder, mittelblauer Hemdkragen mit drei weißen Streifen an den Außenrändern, dunkelblaue zweireihige offen getragene Jacke, dunkelblaue Hose sowie ein dunkelblauer mit zwei Reihen Hornknöpfen geschlossener kurzer Paletot getragen. Die Kopfbedeckung ist die dunkelblaue Matrosenmütze mit damals noch kleinem und weichem Deckel, schwarzem Seidenband, vorn mit den Worten »Königliche Marine« in Gold und hinten herabfallenden Bändern, sowie zur Parade ein schwarzer runder Lacklederhut mit ringsum hochstehendem Rand. Die Rangabzeichen der Unteroffiziere bestanden schon der-

zeit aus goldenem Anker mit Fachabzeichen, Obermaate mit Krone darüber auf dem linken Oberarm.

In der Zeit von 1874 – 1888 ist die Uniform gegen die vorherige Zeit nur wenig geändert. An Stelle der preußischen Mützenkokarde tritt die schwarz-weiß-rote Bundes-, später Reichskokarde. Der Galafrack kommt für Stabs- und Subalternoffiziere in Fortfall. Der zweireihige dunkelblaue Offiziersrock, der dem Waffenrock des Heeres entspricht, wird jetzt hochgeschlossen getragen und hat dunkelblauen liegenden Kragen, zwei Reihen von je 6 goldenen Knöpfen mit gekröntem Anker und trägt auf den Schultern die silbernen schwarz und rot durchzogenen Passanten und zum großen Dienstanzug die Epauletten des Dienstranges. Auf den runden Ärmelaufschlägen befinden sich je drei später fortfallende Knöpfe nebeneinander und darüber die Ärmelrangstreifen, und zwar hat der Unterleutnant zur See einen schmalen, der Leutnant zur See einen, der Kapitänleutnant 2, der Korvettenkapitän 3, der Kapitän zur See 4 mittelbreite Goldstreifen, der Konteradmiral eine breite, der Vizeadmiral 1, der Admiral 2 mittelbreite Rangtressen (Abb. 59, c) darüber. Über den Rangabzeichen befindet sich später das Korpsabzeichen, für das Seeoffizierskorps ein sechsstrahliger Stern, für den Marinestab eine sechsblättrige Rosette und für den Admiralstab die Kaiserkrone. Die Marineingenieure tragen keine Korpsabzeichen, dafür aber die Rangabzeichen mit schwarzem Samt unterlegt, auch ist der Rockkragen aus schwarzem Samt. Zum Rock gehört eine silberne schwarz und rot durchzogene Husarenschärpe, deren 2 Quasten an langen Schnüren an der rechten Seite im Bogen nach vorn verlaufen und dort durchgesteckt werden. Die lange dunkelblaue Hose hat zur Gala breiten Goldtressenbesatz. Hut und Mütze bleiben bis auf die jetzt schwarz-weiß-rote Kokarde unverändert. Im kleinen Dienst und außerdienstlich wird der Überrock getragen, ein zweireihiger dunkelblauer Rock im Zivilschnitt mit dunkelblauer einreihiger Weste. Auf den Ärmeln befinden sich keine Rangstreifen, sondern nur das Korpsabzeichen. Die Rangbezeichnung erfolgt durch die silbernen schwarz und rot durchzogenen Achselstücke. Hierzu stets die Mütze. An Bord wird daneben noch ein zweireihiges dunkelblaues Jackett getragen, das ebenfalls Achselstücke und keine Ärmelrangtressen aufweist. Die Epauletten sind ganz Gold, für Admirale und Stabsoffiziere mit dicken Fransen, für Kapitänleutnant und Leutnant zur See mit dünnen, Unterleutnant zur See ohne Fransen. In dem Feld befindet sich der silberne unklare Anker und die Rangsterne nach Armeemuster, bei Admiralen dazu silberner Adler mit Krone darüber auf dem Schieber. Um den Schieber zieht sich die silberne schwarz-rot durchzogene Besatztresse. Die Epauletts der Ingenieure haben schwarzen Samtschieber und -feld und das goldene Waffenabzeichen, klarer Anker mit aufgelegtem Zahnrad, das sich auch auf den Achselstücken befindet. Die Deckoffiziere haben keinen Frack, sondern nur den Rock ohne Ärmeltresse und Achselstücke. Die Rangabzeichen befinden sich in den vorderen Kragenecken in Gestalt der Waffenabzeichen, für die Oberdeckoffiziere mit Krone darüber. Bei-

Abb. 59. Deutsche Marine und Schutztruppe 1848–1936
a Matrose der deutschen Marine – b Seesoldat (Preußen) – c Seeoffizier (Norddeutscher Bund) – d Kontre-Admiral – e Schutztruppe für Deutschsüdwest – f Askari. Ostafrika – g Marine-Infanterie – h Seeoffizier. Matrosen-Regt. – i Feldwebel – k Matrose

spiele: Bootsmann unklarer Anker, Feuerwerker klarer Anker mit zwei gekreuzten Kanonenrohren, Maschinist klarer
Anker mit Zahnrad, Meister klarer Anker. Die Kadetten
und Seekadetten, die den jetzigen Dienstgraden Seekadett
und Fähnrich zur See entsprechen, haben eine kurze offen
getragene Jacke mit zwei Reihen von je 7 Knöpfen, runde
Aufschläge mit drei großen Ankerknöpfen, die Fähnriche
zur See auf den Kragenenden noch eine silberne schwarz
und rot durchzogene schmale Litze mit einem kleinen
Knopf am oberen Ende. Die Seekadetten tragen die Offiziersmütze, die Kadetten eine dunkelblaue Schirmmütze
mit Kokarde über dem Schirm und schmaler goldener
Schnur auf dem oberen Rand des dunkelblauen Besatzban-
des. Die Mannschaftsuniform war praktisch dieselbe, wie
sie auch heute noch ist. Die kurzen zweireihigen Mäntel der
Unteroffiziere und Mannschaften hatten ziemlich breiten
liegenden Kragen und auf den Kragenenden mittelblaue
rechteckige Kragenpatten, über deren obere Enden bei Unteroffizieren eine, bei Feldwebel und Obermaaten zwei
schmale silberne schwarz-rot durchzogene Tressen liefen.
Das technische Personal hatte silberne Knöpfe und
Ärmelrangabzeichen. Das Abzeichen der Spielleute bestand aus zwei gelben Winkeltressen am Unterarm von Jak-
ke und Hemd, bei den Hornisten waren die Tressen aus
Gold. Die obere bildete eine Schleife. Obermatrosen, dem
Range des Heeresgefreiten entsprechend, tragen auf dem

linken Oberarm einen gelben, auf dem weißen Hemd
blauen, nach oben offenen Tuchwinkel.
Die nächste größere Uniformänderung trat bei Beginn der
Regierungszeit Kaiser Wilhelm II. 1889/90 ein. Der Galafrack der Admirale und der Frack der übrigen Offiziere werden abgeschafft, an ihre Stelle tritt ein langer dunkelblauer
zweireihiger Rock mit gleichfarbigem Stehkragen, der bei
Admiralen mit goldener Eichenlaubstickerei bedeckt ist,
während die übrigen Seeoffiziere eine breite goldene Tresse
am Kragenaußenrand haben. Die Brustteile sind weiß gefüt-
ter, mit je nach Rang verschieden breiter Goldtresse eingefaßt, und werden aufgeschlagen getragen. Auf dem Arm befindet sich eine weiße dreiknöpfige geschweifte hohe Aufschlagpatte mit Goldtressenaußeneinfassung, unter der die
Rangtressen hindurchlaufen. Die Admirale haben bis 1900
einen runden, mit dichter Eichenlaubstickerei bedeckten
Aufschlag, dann den Aufschlag der übrigen Seeoffiziere mit
den entsprechenden Rangtressen. Alle Seeoffiziere erhalten
als Korpsabzeichen die Kaiserkrone in Goldstickerei über
den Rangtressen. Die Husarenschärpe wird ersetzt durch
ein mit silberner, schwarz und rot durchzogener Tresse be-
decktes Leibkoppel mit goldenem Koppelschloß, auf dem
später in einem Eichenlaubkranz der gekrönte kaiserliche
Namenszug auf dem klaren Anker sich befindet. Zu dieser
Schärpe wird die Waffe untergeschnallt getragen. Hut und
Hose bleiben unverändert, ebenso die Epauletten. Der

Rock wird nicht mehr hochgeschlossen, sondern im Zivilschnitt getragen (Abb. 59, d). Zum Tagesanzug treten an Stelle der Epauletten die Achselstücke. Der zwischenzeitlich geschaffene Rang des Fregattenkapitäns, der dem des Oberstleutnants in der Armee entspricht, trägt vier mittelbreite Ärmeltressen und einen Stern auf Epaulett und Achselstück. Beim Jackett werden die Rangabzeichen von jetzt an nur noch durch die Ärmeltressen gekennzeichnet, Achselstücke fallen fort. Die Mütze erhält einen Besatzstreifen aus schwarzem Mohairband. Über dem Schirm wird die Reichskokarde in einem goldenen gekrönten Eichenlaubkranz befestigt. Die Ausstattung ist für alle Rangstufen bis zum Fähnrich zur See herab die gleiche. Der dunkelblaue zweireihige Mantel mit gleichfarbigen Rollumschlägen und sechsknöpfigen geschweiften Schoßtaschenleisten und kleinem Riegel hat keine Achselstücke oder Rangbezeichnung, für Admirale aber kornblumenblaues Brustfutter. Die Deckoffiziere erhalten die Offiziersmütze, aber vorn nur die schwarz-weiß-rote Kokarde mit der Kaiserkrone mit fliegenden Bändern darüber. Die Kragenrangbezeichnung am Rock kommt in Fortfall. An ihre Stelle treten dunkelblaue spitze Achselklappen mit goldenem Waffenabzeichen, der Oberdeckoffizier mit Krone darüber. Die Ärmelaufschläge sind rund mit je drei Knöpfen besetzt. Jackett wie die Offiziere mit entsprechenden Achselklappen, die auch auf dem Mantel angebracht sind. Die Seeoffiziere erhalten 1901 nach russischem Muster einen kurzen am schwarzen Seidenkoppel und zwei Standern getragenen Dolch in Messingscheide mit Elfenbeingriff und Kaiserkrone als Griffabschluß. Das Portepee war seit 1874 Silber mit schwarz und roten Seidenfäden durchzogen. An der Mannschaftsuniform tritt nur insofern eine Änderung ein, als bei den Torpedobootsdivisionen die blauen Mantelkragenpatten und der Deckel der Mannschaftsmütze rot vorgestoßen sind. Die Mannschaften der Kaiserlichen Jacht Hohenzollern haben die Kragenpatten weiß. Als Gesellschaftsuniform wird von den Offizieren ein kurzes Messejackett in Smokingschnitt nach englischem Muster getragen mit Ärmelrangabzeichen. Die Mütze der jetzt als Seekadetten bezeichneten Offiziersanwärter trägt über dem Schirm nur die schwarz-weiß-rote Kokarde, die Kragenranglitze der Fähnriche befindet sich auf beiden Schultern und wird auch zum kurzen Überzieher getragen.

Eine besondere Uniform hatten die Feldwebel, die obersten Unteroffiziersgrade des Landmarinepersonals, sowie die Wachtmeister. Sie trugen die Mütze der Deckoffiziere, zur Parade die Jacke der Obermaaten mit den entsprechenden Rangabzeichen am linken Oberarm und der zusätzlichen Feldwebeltresse an den Unterärmeln. Dazu weiße Wäsche und schwarze Querbinder, Säbel mit Portepee untergeschnallt, lange blaue Hose. Beim Dienstanzug wird die Jacke durch das zweireihige Jackett mit dem Rangabzeichen am linken Oberarm ersetzt.

Während des 1. Weltkrieges änderte sich die Uniform der Kriegsmarine fast gar nicht, jedoch wurde es für die Offiziere üblich, auch zum Ausgangsanzug das zweireihige Jackett mit untergeschnalltem Dolch, weiches Hemd mit schwarzem Langbinder zu tragen. Die auf den U-Booten und Luftschiffen eingeschifften Offiziere und Mannschaften erhielten schwarze zweireihige hochgeschlossene Lederjacken mit liegenden marineblau bezogenen Kragen. Als Rangabzeichen wurden von Offizieren und Deckoffizieren Achselstücke, von den Unteroffizieren goldene Anker mit Fachbezeichnung auf dem linken Oberarm getragen. Dazu gehören kurze schwarze Lederhosen, sowie Mützen, deren Deckel ebenfalls mit schwarzem Leder bezogen war. Das Lederzeug der Kriegsmarine war stets schwarz. 1916 wird auch für die Kriegsmarine angeordnet, daß auf dem Mantel der Offiziere Achselstücke anzubringen sind. Die während des 1. Weltkrieges aufgestellten Matrosenregimenter trugen zunächst feldgrau gefärbtes Matrosenzeug, Offiziere Blusen und feldgraue Deckelmütze mit schwarzem Besatzband (Abb. 59, h). Später erhielten auch die Matrosenregimenter die im Heer übliche Bluse M 15, behielten jedoch, falls nicht der Stahlhelm getragen wurde, stets die Marinekopfbedeckungen, allerdings mit feldgrauem Deckel. Bei den Offizieren wurden die Rangbezeichnungen teilweise nur durch Achselstücke oder durch Ärmelstreifen, zum Teil auch durch beide zusammen ausgedrückt. Die Unteroffiziere trugen im allgemeinen ihre Ärmelrangabzeichen weiter, zur Bluse M 15 auch kurze Winkeltressen an den Kragenenden. Nach dem 1. Weltkriege kamen bei der Kriegsmarine zunächst alle kaiserlichen Abzeichen in Fortfall, jedoch durften Achselstücke, Passanten, Schärpe und Portepee in bisheriger Form aufgetragen werden. Nach und nach wurden dann die vorschriftsmäßigen Abzeichen ganz in Silber angelegt. Die Schärpe bestand aus gerippter Silbertresse mit zwei schwarzmelierten Seidenstreifen, das Koppelschloß aus einem Anker im Lorbeerkranz. An Stelle der Kaiserkrone auf den Ärmelrangabzeichen der Seeoffiziere, bei denen im übrigen der Galarock und fürs Inland auch die Verwendung der Epauletten in Fortfall kamen, trat ein fünfstrahliger goldener Stern. Die anderen Fachoffizierkorps erhielten ihrer Waffe entsprechende Abzeichen, Ingenieure ein Zahnrad. Die Epauletten der Admirale erhalten glatten silbernen Schieber und Feld, darauf goldenen unklaren Anker und Rangsterne. Die Ärmelrangtressen der Offiziere werden insofern verändert, als der Leutnant 1 mittelbreite, Oberleutnant 2 mittelbreite, der Kapitänleutnant 2 mittelbreite mit 1 schmalen dazwischen erhält. Die Achselstückabzeichen blieben dieselben. Auf der Mütze kommt die Krone in Fortfall. An Stelle der schwarz-weiß-roten Kokarde tritt bis 1933 die ovale gelbe Kokarde mit dem schwarzen Adler. Das Eichenlaub wird in der Form höher und oben geschlossen. Die Rangstufen der Deckoffiziere kommen nach und nach in Fortfall. Dafür erhalten die neu geschaffenen Feldwebelgrade, Feldwebel und Oberfeldwebel, die Offiziersmütze sowie zum Offiziersjackett und -mantel spitze grundfarbene Achselklappen mit goldener Tresseneinfassung ringsum, im Feld einen goldenen Anker mit Fachabzeichen und 1 oder 2 silberne Sterne dazu. Alle Offiziere und Portepee-Unteroffiziere erhalten zum Landanzug den Dolch mit Portepee, an Stelle der Kaiserkrone mit einer runden Verzierung und zunächst mit schwarzem Griff. An der Mannschaftsuniform

ändert sich lediglich die Kokarde, auch fällt beim Torpedo-
personal der rote Vorstoß fort, das technische Personal erhält gelbe Knöpfe und Abzeichen. Bei den Obermaaten tritt
an Stelle der Kaiserkrone unter dem Fachabzeichen am linken Oberarm ein nach oben offener kurzer goldener Winkel.
Die Mannschaftsgrade haben 1–4 goldene Tressenwinkel,
Spitze nach unten, darüber das von allen Mannschaften getragene Waffenabzeichen, seemännisches Personal fünf-
strahligen Stern, technisches Zahnrad in gelb.
Die Küstenwehrabteilungen, jetzt Marineartillerieabteilun-
gen, tragen auch feldgraue Uniformen im Heeresschnitt mit
gelben Knöpfen und Rangabzeichen, graue, gelb bespiegelte Kragenlitzen. Die Schirmmütze hat Besatzstreifen und
Deckelvorstoß aus Besatztuch. Offiziersrangbezeichnung
erfolgt nur durch Achselstücke. Die Mannschaftsachselklappen tragen 2 gekreuzte klare Anker in gelber Stickerei.
1933 wird bei der gesamten Kriegsmarine die schwarz-weiß-
rote Kokarde wieder eingeführt. 1934 tritt an der Mütze über
der Kokarde und an der rechten Brustseite das Hoheitsabzeichen neu hinzu. 1936 wird für die Offiziere eine goldene
Schirmrandbestickung eingeführt, die für Subalternoffiziere aus einer schmalen innen gewellten Tresse, für Stabsoffiziere aus einer einfachen, für Admirale aus einer zweifachen
Eichenlaubstickerei besteht. Der neu geschaffene Rang des
Generaladmirals erhält zur Kennzeichnung über der breiten Ärmeltresse 4 mittelbreite und auf den Achselstücken
und Epauletten 3 Rangsterne in Dreieckform.
1850 war in der preußischen Marine ein Marinierkorps in
Stärke von 2 Kompanien geschaffen, das 1854 die Benennung Seebataillon erhielt. Dies waren an Bord eingeschiffte
Infanterie und Artillerie, welche Art der Verwendung sich
bis in die 90er Jahre hinein erhielt. In späterer Zeit wurde
ein II. Seebataillon geschaffen und Ende des 19. Jahrhunderts noch ein drittes, welches seinen Standort in Tsingtau
erhielt. Die Seebataillone, zusammengefaßt als Marineinfanterie bezeichnet, waren seit 1867 Bundes-, seit 1871
Reichstruppen und trugen infolgedessen Kokarde, Achselstücke, Schärpe und Portepee in Reichsfarben. Die Uniform
bestand seit der Gründung aus einem dunkelblauen Waffenrock mit gleichfarbigem Kragen und brandenburgischen
Aufschlägen. Der Kragen, die Rockvorderteile und die dreiknöpfigen geschweiften Schoßtaschenleisten waren weiß
vorgestoßen. Die Offiziere trugen am Kragen eine goldene
Gardelitze und die Aufschlagpatten weiß vorgestoßen. Die
weißen Achselklappen und die Offizierspauletts mit weißem Feld und Schieber trugen einen unklaren Anker. Lederzeug schwarz, Hose dunkelblau mit weißem Vorstoß,
Kopfbedeckung bis 1862 der Helm der Linienartillerie mit
gelbem Beschlag, von da an bis 1883 ein blaubezogener
Filztschako mit schwarzem Lederschirm vorn. Als Beschlag
ein bronzener Anker mit der Inschrift: »Mit Gott für König
und Vaterland.« 1875 wurde der Beschlag geändert, indem
auf den Anker der fliegende Reichsadler gelegt wird. Auch
erhielt der Tschako gelbe Schuppenketten. 1883 bekam der
Tschako ledernen Vor- und Hinterschirm, für Offiziere
schwarzen Tuchbezug, der Mannschaftstschako wird ganz
aus Lackleder. Auch wird zur Parade ein schwarzer, für

Spielleute roter Busch getragen. Zunächst dunkelblaue Tellermütze mit weißem Vorstoß am oberen Besatzstreifen-
rand, über dem Schirm die Buchstaben K. M., seit 1854 die
Nationalkokarde, die Offiziersmütze hatte schwarzen Lederschirm und Kinnriemen. Ab 1875 ist der Besatzstreifen
und der Deckelvorstoß der dunkelblauen Tellermütze weiß.
Am Waffenrock traten im Laufe der Zeit folgende Veränderungen ein:
1875 wird Kragen und Aufschlag weiß. Seit 1888 haben
Mannschaften und Offiziere auf dem Kragen je 2 und auf der
Aufschlagpatte 3 gelbe bzw. goldene Gardelitzen. Auf den
Achselklappen und Epaulettfeldern werden seit 1878 2 gekreuzte Anker mit darüberstehender Kaiserkrone, später
zusätzlich mit der römischen Bataillonsnummer darunter
getragen. Die Offiziere tragen auf den Achselstücken nur die
goldene Kaiserkrone.
Die Entwicklung des Mantels erfolgt parallel dem Heer. Seit
1906 ist das Mantelbrustfutter der Seebataillonsoffiziere
weiß. Das III. Seebataillon in Kiautschou trug im dortigen
Dienst kakifarbige Uniform mit Stehumlegekragen und den
Waffenrockachselklappen, braunes Lederzeug, kakifarbenen Tropenhelm mit dem gelben Adler über der Stirn. Von
1857–67 bestand eine besondere Seeartillerieabteilung.
Diese trug die Uniform des Seebataillons, jedoch mit
schwarzem Kragen und Aufschlag. Auf dem Achselklap-
penanker befanden sich zwei gekreuzte Kanonenrohre. Zur
Felduniform M 10 erhielt das Seebataillon weiße Kragen-
Aufschlag-Achselklappen- und Rockvorderteil-Vorstöße,
gelbe Gardelitzen auf dem Stehumlegekragen und den Aufschlagpatten, gelbe Achselklappenbeschriftung. Offiziere
weiße Kragenpatten mit silberner Doppellitze und silbernen Aufschlagpattenlitzen. Zur Uniform M 15 hatte die
Mannschaftsbluse gelbe Kragenlitzen mit weißem Spiegel.
Bei der Wiedererrichtung der Wehrmacht 1919 wurde die
Marineinfanterie nicht mehr aufgestellt.

Ärmelrangtressen der Seeoffiziere nach dem Stand von 1914 bzw. 1934

In dem folgenden Schema sind mit s = schmal bezeichnet
Tressen von 0,7 cm (1914) bzw. 0,9 cm (1934); mb = mittel-
breit solche von 1,3 cm (1914) bzw. 1,6 cm (1934); b = breit
solche von 5,2 cm (1914) bzw. 5,3 cm (1934) Breite. Die
Rangtressen sind golden und zählen stets von unten nach
oben.

	Subalternoffiz.: Lt. z. See Oblt. z. See Kapitänlt.	Stabsoffiz.: Korv.-Kapt. Freg.-Kapt. Kapit. z. See	Admirale: Konteradm. Vizeadm. Admiral (Großadm.)	Bemerkungen
1913	1 s 1 mb 2 mb	3 mb 4 mb 4 mb	1 b + 1–4 mb	Über der obersten Rangtresse Korpsabzeichen: Kaiserkrone, Ing. schwarze Samtunterlage
1934	1 mb 2 mb 1 mb + 1 s + 1 mb	3 mb 4 mb 4 mb	1 b + 1–4 mb	Über der obersten Rangtresse Dienstzweigabzeichen: Seeoffiz. 5str. Stern, Ingenieure Zahnrad.

Schutztruppen

Ostafrika. 1889/91 bestand die Truppe des Reichskommissars. Die europäischen Offiziere und Unteroffiziere trugen den weißen Tropenhelm mit schwarz-weiß-roter Kokarde vorn, zur Parade dunkelblauen, im Dienst weißen einreihigen Waffenrock mit liegendem Kragen, schwarz-weiß-rot durchzogene Achselstücke und 1–3 goldene Ärmelrangtressen, deren oberste eine Schleife bildete, gelbe Knöpfe, silberne schwarz und rot durchzogene Schärpe und gleichfarbiges Portepee für die Offiziere. Außerdem wurde ein kakifarbener Feldanzug gleichen Schnitts getragen. Die Rangabzeichen der Unteroffiziere bestanden aus 1–3 Winkeln am linken Oberarm. Die Eingeborenen-Truppe trug kakifarbene einreihige Röcke, Turban oder roten Fes mit blauer Kordel, blaue Wickelgamaschen, braunes Lederzeug. Nach Übernahme in den kaiserlichen Dienst trug die Schutztruppe von 1891–1896 folgende Uniformen:
Offiziere zur großen Uniform schwarzen Lederhelm mit gelbem Reichsadler, Spitze und Schuppenketten, dunkelblauen einreihigen Waffenrock mit gelben Knöpfen, der liegende Kragen, die Rockvorderteile, die brandenburgischen Aufschläge und die Schoßtaschenleisten weiß vorgestoßen, in den Kragenecken eine goldene Kaiserkrone. Achselstücke und Schärpe nach Seebataillonsmuster, dunkelblaue Hose mit weißem Vorstoß. Der Tagesanzug ist weiß, in gleicher Form mit Brust- und Seitentaschen, an Stelle der weißen Vorstöße dunkelblaue. Hierzu weißer Tropenhelm mit gelbem Beschlag und Spitze oder weiße Mütze mit dunkelblauem Besatzstreifen und Kokarde über dem Schirm. Der Feldanzug ist kakifarben im gleichen Schnitt wie der weiße Rock und trägt gelbe Vorstöße und ebenfalls die Kaiserkrone in den Kragenecken. Unteroffiziersrangabzeichen nach englischer Art, die Uniform der Eingeborenen-Askaris bleibt unverändert. Seit 1896 wird eine allgemeine Schutztruppenuniform eingeführt. Die Heimatuniform besteht aus hellgrauem Kord mit Stehumlegekragen, schwedischen Aufschlägen und Vorstößen in Kolonialfarbe, die für Deutsch-Ostafrika weiß ist, gleichfarbige Hose mit weißem Vorstoß, breitkrempiger grauer Hut mit Band und Randeinfassung in Kolonialfarbe. Der Hut ist rechtsseitig hochgeschlagen und trägt auf dem Aufschlag eine große schwarz-weiß-rote Kokarde. Rockkragen und Aufschlag haben weiße Gardelitzen mit rotem Spiegel, für Offiziere silberne. Achselstücke, Feldbinde und Portepee nach Armeeart in den Reichsfarben. Offiziere tragen zum Paradeanzug doppelte silberne Fangschnur an der linken Schulter, das Lederzeug ist braun. Generale rote Abzeichen mit goldener Stickerei nach preußischem Muster, goldene Knöpfe und Huteinfassung. Der Feldanzug der europäischen Kolonialtruppen ist kakifarben, Feldrock mit einer Reihe weißer Knöpfe, Umlegekragen, runde Aufschläge, alles mit blauem Vorstoß ohne Litzen, Hose ebenfalls, Kakitropenhelm mit Kokarde über der Stirn. Die Askaris tragen ebenfalls kakifarbene Röcke mit liegendem Kragen und weißen Knöpfen, einen kakifarbenen Fes mit Nackenschutz und silbernem Reichsadler über der Stirn, braunes Lederzeug, dunkelblaue Wickelgamaschen und braunes Schuhzeug (Abb. 59, f).

Deutsch-Südwestafrika. Die Truppen des Reichskommissars von 1889/93 hatten graue Kordröcke, Hose und Hüte des späteren Kolonialmusters ohne farbige Verzierung, braunes Lederzeug, 1893–1896 auch nach der Übernahme in den Reichsdienst hellblaue Kragen und polnische Aufschläge mit einer weißen rot bespiegelten Gardelitze, für Offiziere silber. Bis 1895 wird ein kleines Käppi getragen mit blauem Band und Deckelvorstoß, schwarzem viereckigen Lederschirm, schwarz-weiß-roter Kokarde darüber, seit 1896 die allgemeine Schutztruppenuniform mit hellblau als Abzeichenfarbe, im Felddienst auch hier braune Drellfeldröcke wie Deutsch-Ostafrika. Der Waffenrock im Schnitt der Heimatuniform ist aus grauem Kord.

Kamerun. Die Abzeichenfarbe der Schutztruppenuniform war rot, ebenso die winkelförmigen Rangabzeichen und Schwalbennester der Eingeborenen-Truppe. Die gleiche Uniform trug die Polizeitruppe in Togo.

Österreich-Ungarn

Nach dem Uniformreglement von 1815 war die Offiziersuniform ganz im Schnitt der derzeitigen Heeresuniform, jedoch aus dunkelblauem Tuch mit lichtblauen Abzeichen. In den Kragenecken befand sich ein liegender goldener unklarer Anker; Knöpfe gelb, Überrock dunkelblau mit lichtblauen Ärmelaufschlägen. Stabsoffiziere trugen Distinktionsbörtchen an den Ärmelaufschlägen wie beim Heer. Sämtliche Offiziere hatten den mit der Spitze nach vorn und hinten gesetzten Hut im Armeeschnitt in ziemlich hoher Form, alle übrigen Ausstattungsstücke einschließlich Schärpe wie beim Heer. Das Matrosenkorps trug einen runden ledernen Zylinderhut, vorn gekrönten Anker, links oben am Rand die schwarz-gelbe Rose, dunkelblaue zweireihige Jacke mit gelben Knöpfen, für Unteroffiziere mit kurzen Schößen hinten, dunkelblaue Hose. Die Marineinfanterie hatte Herresuniform aus lichtblauem Grundtuch mit lichtroten Abzeichen, gelbe Knöpfe, runden Hut. 1820 statt dessen Tschako, Artillerie Hut à la Corse. Seit 1817 ist den Marineoffizieren das Tragen goldener Epauletten gestattet, die auch von den Marineinfanterie- und Artillerieoffizieren angelegt werden. 1827 wird für die Seeoffiziere ein ganz dunkelblauer Überrock eingeführt. An Bord wird statt des Säbels ein Dolch in schwarzer Lederscheide mit Goldbeschlag getragen. Deckoffiziere haben dunkelblauen zweireihigen Rock mit Stehkragen ohne weitere Abzeichen. 1836 erhalten sämtliche Knöpfe Ankerprägung, die Matrosen-Artillerie Tschakos, Seeoffiziere goldene Passanten, Stabsoffiziere 2 Epauletten mit starken Fransen, Subalternoffiziere rechts Fransenepaulett, links Conterepaulett. 1849 macht auch die Marineuniform die Änderung im Schnitt der Heeresuniform mit. Der dunkelblaue Waffenrock hat zwei Reihen gelber Knöpfe, dunkelblauen Stehkragen und runden Aufschlag, gelbe Knöpfe, Rangabzeichen nach Heeresmuster, für Offiziere 2 Epauletten, Stabsoffiziere mit dicken, Subalternoffiziere mit dünnen Fransen. Der Rock wird an Bord oft offen getragen mit blauer oder weißer hochgeschlossener Weste; dunkelblaue Hose ohne Vorstoß, zur Parade mit Goldstreifen. Neben dem Hut, von jetzt ab ohne Federbusch, wird eine dunkelblaue Tellermütze mit goldenem Besatzstreifen und vorn am Rand über dem schwarzen Lederschirm mit schwarz-goldener Rose eingeführt. 1852 wird die Matrosenuniform der sonst allgemein üblichen angeglichen, dunkelblaues, im Sommer weißes Hemd mit lichtblauem, hinten abfallendem Hemdkragen mit je nach Rang 1 – 3 weißen Litzen und weißen Sternen in den Kragenecken, zweireihiges dunkelblaues Jackett, dunkelblaue Hose, Matrosenmütze mit schwarzem Seidenband und goldener Beschriftung vorn, die Bänder hinten herabfallend. Die Uniform der Marineinfanterie wird ganz dunkelblau mit roten Vorstößen im Heeresschnitt. 1859 wird für die Offiziere der zweireihige lange dunkelblaue Flottenrock im Zivilschnitt mit weißer Wäsche und schwarzem Querbinder eingeführt. Der Rock hat goldene Passanten, zum großen Dienstanzug goldene Epauletten wie bisher, auf den Ärmeln werden die Rangabzeichen durch Goldtressen gekennzeichnet, 1 und 2 schmale, 1 mittelbreite und 1 und 2 schmale, 1 ganz breite und 1 und 2 schmale für die Admiralsgrade. Auf den Epauletten befinden sich 1 – 3 silberne Rangsterne, Admirale mit goldener Krone darüber. 1866 erhält der Waffenrock liegenden Kragen. Er wird von jetzt ab nur zur Gala getragen. Die Offiziersepauletten verlieren die Rangsterne, gleichzeitig wird die Bordkappe eingeführt, die für die österreichische Marine bis in den Anfang des 20. Jahrhunderts charakteristisch war. Neben dem Flottenrock wird auch ein zweireihiges dunkelblaues Jackett getragen mit Ärmelrangabzeichen und goldenen Passanten. Um 1890 sind die Ärmelrangabzeichen an Rock und Jacke für Subalternoffiziere 1 – 3 schmale waagerechte Goldtressen, Stabsoffiziere 1 mittelbreite, Admirale eine ganz breite Tresse darunter. An der Kappe werden um das schwarze Besatzband umlaufend je nach Dienstklasse 1 – 3 schmale Goldbörtchen angebracht. Der Hut hat das englische Modell mit hohem Kopf behalten. Deckoffiziere tragen die Offiziersmütze ohne Börtchen, auf den Ärmeln des Flottenrocks 1 – 3 gelbe waagerechte Seidenschnüre. Die Unteroffiziere und Mannschaften erhalten auf dem Rand der Matrosenmütze eine goldene Kaiserkrone mit fliegenden Bändern. Zur weißen Offiziersuniform werden dunkelblaue Achselstücke mit den Ärmelrangtressen darauf eingeführt. Um 1900 haben die Admirale über der breiten Tresse statt der schmalen Tressen 1 – 3 sechsstrahlige große goldene Sterne, ebenso in Silber auf den Epauletten, auf denen für alle anderen Offiziere ein gekrönter goldener Anker im Feld angebracht ist. 1907 erhält die Offiziersmütze die englische Tellermützenform, Offiziere über dem Schirm den goldenen Namenszug F. J. I. auf goldenem Anker im gekrönten Lorbeerkranz auf schwarzem Grund, die Deckoffiziere den Namenszug im Kreis mit Kaiserkrone darüber auf schwarzem Grund. Bei den Seeoffizieren bildet die oberste Tresse jetzt eine Schleife, bei den Admiralen kommen die Sterne in Fortfall, statt dessen ebenfalls 1 – 3 schmale Tressen und über der Schleife der obersten Tresse eine große goldene Krone. Die Deckoffiziere erhalten 2 oder 3 11 cm lange mittelbreite Goldborten längs des Aufschlages mit kleinem Knopf am Vorderende. Unteroffiziere haben 1 – 3 Tuchsterne in den Hemdkragenecken. Von diesen und den Mannschaften werden am linken Oberarm Spezialitätenabzeichen in gelb, für Unteroffiziere mit Krone darüber getragen, z. B. unklarer Anker, Propeller, Anker mit gekreuzten Kanonenrohren usw.

Die Luftwaffe

Bis zum 1. Weltkrieg war die militärische Luftfahrt in ihrer Entwicklung noch nicht weit fortgeschritten. Zwar bestanden schon seit den 80er Jahren des vorigen Jahrhunderts in vielen, besonders größeren Armeen Fesselballontrupps, die jedoch keine selbständige Waffengattung bildeten, sondern zum Genie gehörten und dessen Uniform trugen. Auch bis zum Kriege verblieb der innere Zusammenhang zwischen Genie und Luftfahrtruppe uniformmäßig gesehen in allen Heeren der gleiche. Erst die unerwartete Entwicklung während und besonders nach dem 1. Weltkrieg machte die Fliegerwaffe zunächst zu einer selbständigen Truppengattung, und in der neuesten Zeit zu einem eigenen, dem Heer und der Flotte gleichgestellten Wehrmachtsteil. Mit dieser Entwicklung Hand in Hand geht auch die Entwicklung einer eigenen Uniform für die Luftwaffe. Nur wenige Länder sind dabei verblieben, der Luftwaffe die Genieuniform zu belassen und ihr lediglich Spezialabzeichen zuzuerkennen. Sie werden im folgenden nicht besonders erwähnt. Die Mehrzahl aller Länder schuf für die Luftwaffe eine Uniform, die in sehr erheblicher Weise von den bisher gebräuchlichen Heeresuniformen abweicht. Es tritt bei dieser jüngsten Waffe international eine weitgehende Ähnlichkeit im Schnitt zutage, ist doch die Uniform der Luftwaffe der durch Tradition ungehinderte Ausdruck einer nach jetztzeitigem Empfinden praktischen und gleichzeitig dem Auge gefälligen militärischen Bekleidung. Der internationale Uniformtyp der Luftwaffe, erkennbar englischen Ursprungs, ist danach das einreihige vierknöpfige Ziviljackett mit aufgesetzten Brust- und Seitentaschen möglichst großen Formats, farbige, außer Dienst weiße Wäsche, lange Hose, möglichst mit Umschlag, sowie eine Tellermütze mit Schirm und Sturmriemen.

Deutschland

Die 1887 gegründete Luftschifferabteilung, später Btl. 1 und 2, erhielt die Uniform der Gardepioniere mit einem gelben L auf der roten Achselklappe und seit 1895 den Jägertschako mit weißem Beschlag und schwarzem Busch. Nach der Zusammenfassung der Verkehrstruppen 1911 wird die Achselklappe hellgrau mit roter Beschriftung, wobei zu dem L die Bataillonsnummer 1–5 hinzutritt. Bei den Luftschifferbataillonen 3–5 fehlen Gardelitzen und Haarbusch. Die bis zum Weltkrieg errichteten preußischen 4 Fliegerbataillone erhielten dieselbe Uniform, jedoch nur eine Kragenlitze und geflügelten Propeller mit Bataillonsnummer auf der Achselklappe. Die bayerischen Formationen trugen zwei Gardelitzen. Zur Felduniform M. 1910 sind die Kragen- und Aufschlagvorstöße schwarz, Knöpfe weiß, Achselklappenvorstöße mausgrau, Beschriftung rot, Kragen- und Aufschlaglitzen weiß mit schwarzem Spiegel, die Offiziere hatten eine Kragenpatte von schwarzem Samt mit rotem Vorstoß und silbernen Litzen. Zur Felduniform M. 15 weiße Kragenlitzen mit schwarzer Füllung und weißem Spiegel, die Fliegerbataillone 1–4 eine Litze, die Achselklappen ganz hellgrau mit roter Beschriftung.

Die deutsche Luftwaffe

Nach dem 1. Weltkrieg war es Deutschland aufgrund der Bestimmungen des Versailler Vertrages verboten, Luftstreitkräfte zu unterhalten. Eine Neuaufstellung erfolgte erst im Jahr 1935 und nun als selbständiger Wehrmachtsteil. Für sämtliche Kleidungsstücke wurde die blaugraue Grundfarbe eingeführt. Im Schnitt wich die Uniform der Luftwaffe vollkommen von der des Heeres ab. Der Tuchrock hat den allgemein üblichen Jackettschnitt mit einer Reihe von 4 Knöpfen, rechteckige Kragenpatten, Vorstoß um Kragenaußenrand und die oben abgerundeten Achselklappen in Waffenfarbe; blaumelierte, außerdienstlich weiße Wäsche mit schwarzem Langbinder und Stehumlegekragen. Lederzeug für Offiziere dunkelbraun mit Schulterriemen, Mannschaften braun mit Schulterriemen, der 1936 in Fortfall kam. Schuhzeug schwarz. Hosen ohne waffenfarbige Vorstöße, nur die Generale trugen einen weißen Vorstoß mit weißen Lampassen. Tellermütze in Reichswehrform mit schwarzem Lederschirm und Kinnriemen, Besatzstreifen aus schwarzer Kunstseidentresse mit waffenfarbigen Vorstößen oben und unten, bei Offizieren in silberner Gespinstlitze, bei Generalen goldfarbig. Auf dem Besatzstreifen schwarz-weiß-rote Kokarde in kleinem Eichenlaubkranz zwischen zwei stilisierten Adlerschwingen. Darüber auf dem Rand Hoheitsabzeichen (fliegende Adler mit Hakenkreuz), das sich auch über der rechten Brusttasche gestickt befindet. Der Mützendeckel ist wie der Besatzstreifen vorgestoßen. Die Mützenstickerei allgemein aluminiumfarbig, bei Generalen golden. Für Offiziere, Portepee-Unteroffiziere und fliegendes Personal Dolch mit blauer Lederscheide und

a   b   c   d   e   f   g

Abb. 60. Luftwaffe 1936
Deutsches Reich: a Offizier, Dienst – b Mannschaft, Dienst – England: c Offizier, Parade – Frankreich: d Unteroffizier –
Italien: e Offizier – Polen: f Offizier – Schweden: g Unteroffizier

nach unten gebogener Parierstange, Stahlhelm in Heeresform. Im Dienst wird eine Fliegerbluse mit Kragen- und Achselklappenvorstößen und Kragenpatten wie am Rock getragen (Abb. 60, b). Hierzu bootsförmige Feldmütze, der Aufschlag bei Offizieren mit Aluminiumschnur, bei Generalen goldfarbener Schnur eingefaßt. Kokarde und Hoheitsabzeichen über dem Aufschlag auf dem Kopfteil. Der Mantel ist zweireihig mit waffenfarbigen Kragenpatten und Achselklappen wie am Rock, sonst ohne farbige Vorstöße, Generale weißes Brustklappenfutter, Riegel mit zwei Knöpfen. Die Rangabzeichen auf den Achselklappen und -stücken sind dieselben wie beim Heer, die Unteroffizierstresse befindet sich am Fliegerrock und der Fliegerbluse am Kragenaußenrand, am Mantel auf dem unteren und äußeren Kragenspiegelrand. Neben den üblichen Dienstgrad-Abzeichen wurden auf den Kragenspiegeln von den Mannschaften und Unteroffizieren 1–4 Doppelschwingen aus Weißmetall getragen. Bei den Offizieren waren am Rock und an der Fliegerbluse der Kragenaußenrand sowie die Kragenspiegel mit einer silberfarbenen Aluminiumschnur eingefaßt.
Auf den Kragenspiegeln trugen die Offiziere 1–3 silberne, Generale goldene gestickte Doppelschwingen, darunter die

Subalternoffiziere zwei Eichenzweige, Stabsoffiziere und Generale einen geschlossenen Eichenlaubkranz in der gleichen Farbe wie die Doppelschwingen.
Die Knöpfe, Stickereien und alle Metallteile sind bei den Generalen golden, sonst weiß.
Die Waffenfarben sind: Generale und Regiment Göring weiß, Fliegertruppen goldgelb, Luftabwehrartillerie rot, Luftnachrichtentruppe goldbraun, Luftfahrtministerium schwarz. Bei Offizieren sind sämtliche waffenfarbigen Vorstöße aus Aluminiumschnur, bei Generalen gold. Zur Parade wird von den Offizieren ein silberner, schwarz und rot durchzogener Leibgurt, eine silberne bzw. goldene doppelte Fangschnur von der rechten Schulter, sowie das Fliegerschwert mit langer Klinge in dunkelblauer Lederscheide angelegt. Im Sommer wird weißer Mützenüberzug, weiße Hose und von Offizieren auch ein weißer Rock im Jackettschnitt getragen.
Außerdem besteht noch eine Offiziers-Gesellschaftsuniform aus Grundtuch mit Achselstücken und silbernem bzw. goldenem Kragenvorstoß, in Smokingform, mit breiten silbernen bzw. goldenen Hosenstreifen zur langen blaugrauen Hose.

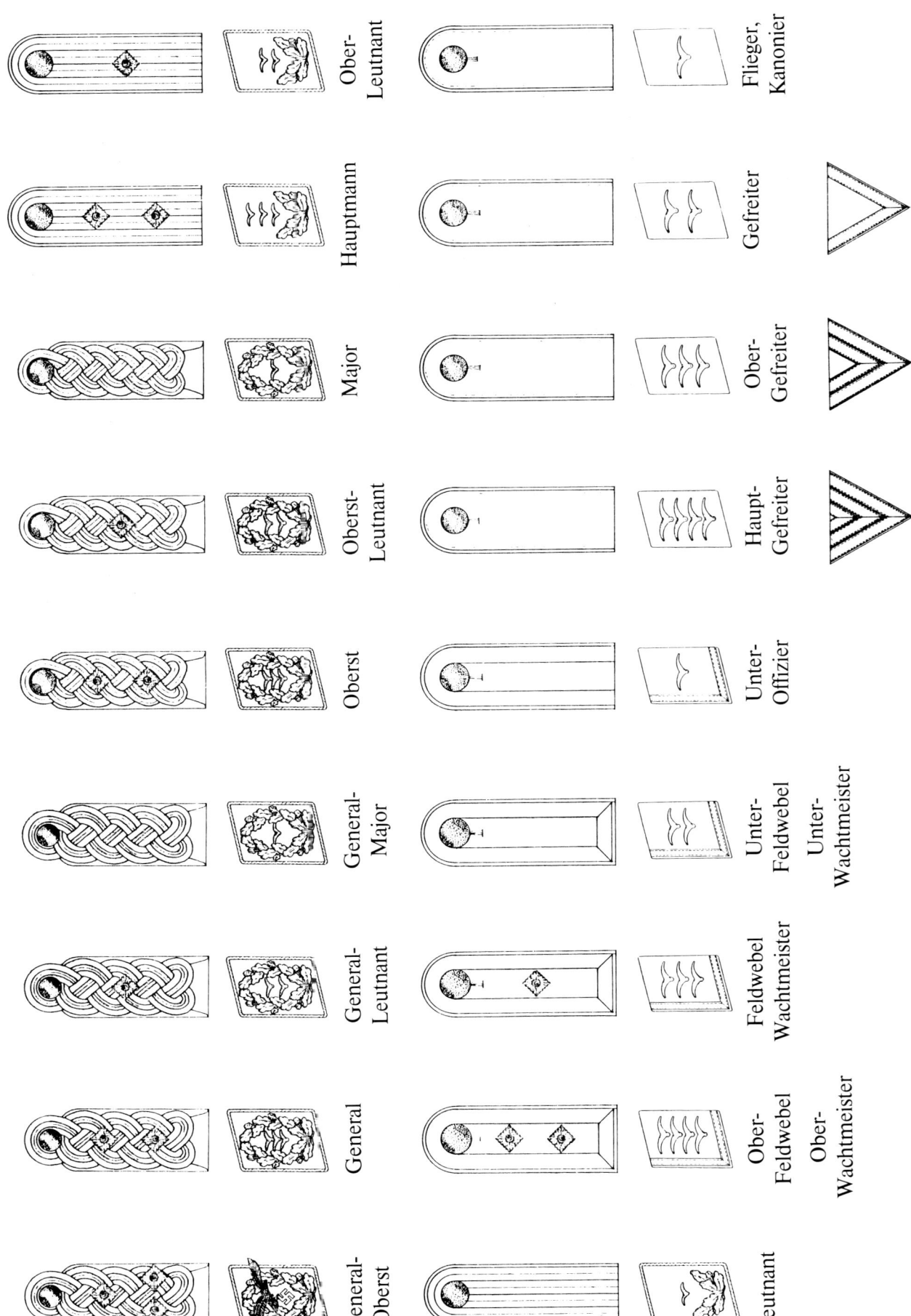

Ober-Leutnant

Hauptmann

Major

Oberst-Leutnant

Oberst

General-Major

General-Leutnant

General

General-Oberst

Flieger, Kanonier

Gefreiter

Ober-Gefreiter

Haupt-Gefreiter

Unter-Offizier

Unter-Feldwebel
Unter-Wachtmeister

Feldwebel
Wachtmeister

Ober-Feldwebel
Ober-Wachtmeister

Leutnant

Dienstgradabzeichen der Deutschen Luftwaffe 1935–1945

Österreich

Die Luftwaffe ist erst 1935 neu geschaffen worden und umfaßt die Flieger- und die Luftschutz-Truppe.

Die Uniformen weichen von dem traditionellen österreichischen Heeresschnitt völlig ab und folgen dem internationalen Vorbild. Die Dienstuniform besteht aus einem feldgrauen Jackett mir vier feldgrauen Knöpfen, aufgesetzten Taschen mit geschweiften Patten und Knopf. Das Waffenabzeichen wird über der rechten Brusttasche gestickt getragen; zwischen zwei stilisierten Adlerschwingen – Offiziere golden, Unteroffiziere silbern, Mannschaften dunkelblaue Seide – für die Fliegertruppe roter goldgeränderter Knopf mit weißem Dreieck, für die Luftschutztruppe rot-weiß-roter Knopf mit Pfeil und Bogen. Feldgraues oder weißes Hemd, schwarzer Binder, kurze und lange steingraue Hose ohne Vorstoß. Feldgrauer Mantel, zweireihig in Ulsterschnitt, Kragenpatten schwarz, Generale rotes Brustfutter. Die Rangabzeichen befinden sich an beiden Unterarmen von Jackett und Mantel in Gestalt von 8 cm langen waagerechten Tressen, deren oberste bei Offizieren eine Schleife bildet, Subalternoffiziere 1–3 Tressen je 1 cm breit, Stabsoffiziere darunter eine 4 cm breite, Generale eine 5,3 cm breite, alle Tressen golden. Unteroffiziere Silbertresse ohne Schleife, Wachtmeister eine schmale, höhere Grade darüber noch 1–3 ganz schmale, Mannschaftsgrade 1–3 Winkeltressen, Spitze oben, aus blauer Seide. Feldmütze wie Heer, sonst feldgraue Tellermütze mit schwarzem Schirm. Darüber fliegender Adler bzw. Pfeil und Bogen im Eichenlaubkranz in Farbe der Rangtressen und gleichfarbige Mützenkordel. Rings um das feldgraue Band der Mütze tragen Generale 3 schmale goldene Tressen, Stabsoffiziere die beiden unteren, Subalternoffiziere die unterste, Unteroffiziere diese eine in Silber, Mannschaftgrade in dunkelblauer Seide. Auf dem Randteil der Mütze rot-weiß-rote Kokarde. Alle Offiziere und das fliegende Personal tragen einen Dolch mit Elfenbeingriff untergeschnallt.

An Stelle des Heereswaffenrocks tritt eine ganz dunkelblaue Uniform mit weißer Wäsche, bei der das Jackett 2 Reihen von je 3 Knöpfen, versenkte Taschen sowie geflochtene Achselstücke in der Farbe der Ärmelrangabzeichen hat.

Schweiz

Vor und während des 1. Weltkrieges tragen die Ballontruppen die farbige Uniform des Genie, Tschakoabzeichen geflügelter gelber Anker, Fliegeroffiziere Uniform der Herkunftswaffe, dazu am linken Oberarm einen Adlerflügel, Beobachter mit viereckigem Stern darunter in Knopffarbe.

Zur feldgrauen Uniform im allgemeinen Heeresschnitt trägt die Luftwaffe gelbe Knöpfe, schwarze Kragen und Aufschlagpatten, auf letzteren tragen die Fliegerkompanien einen hellbraunen bzw. goldgestickten, geflügelten Propeller.

Details der Uniformierung und ihre Bezeichnung

Spitze

Kleeblatt

Helmkopf, Korpus, Helmglocke

Helmzierat

Helmband (Bandeau)

Schuppenkette

Augenschirm

Nackenschirm

Infanterie-Helm, Preußen, 1842

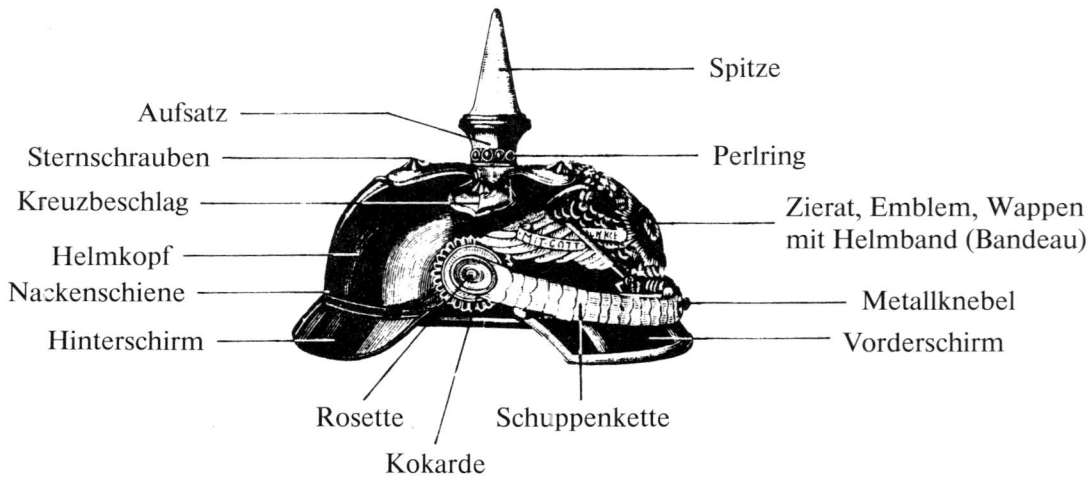

Aufsatz

Sternschrauben

Kreuzbeschlag

Helmkopf

Nackenschiene

Hinterschirm

Spitze

Perlring

Zierat, Emblem, Wappen mit Helmband (Bandeau)

Metallknebel

Vorderschirm

Rosette

Kokarde

Schuppenkette

(Garde) Infanterie-Helm, Preußen, 1867

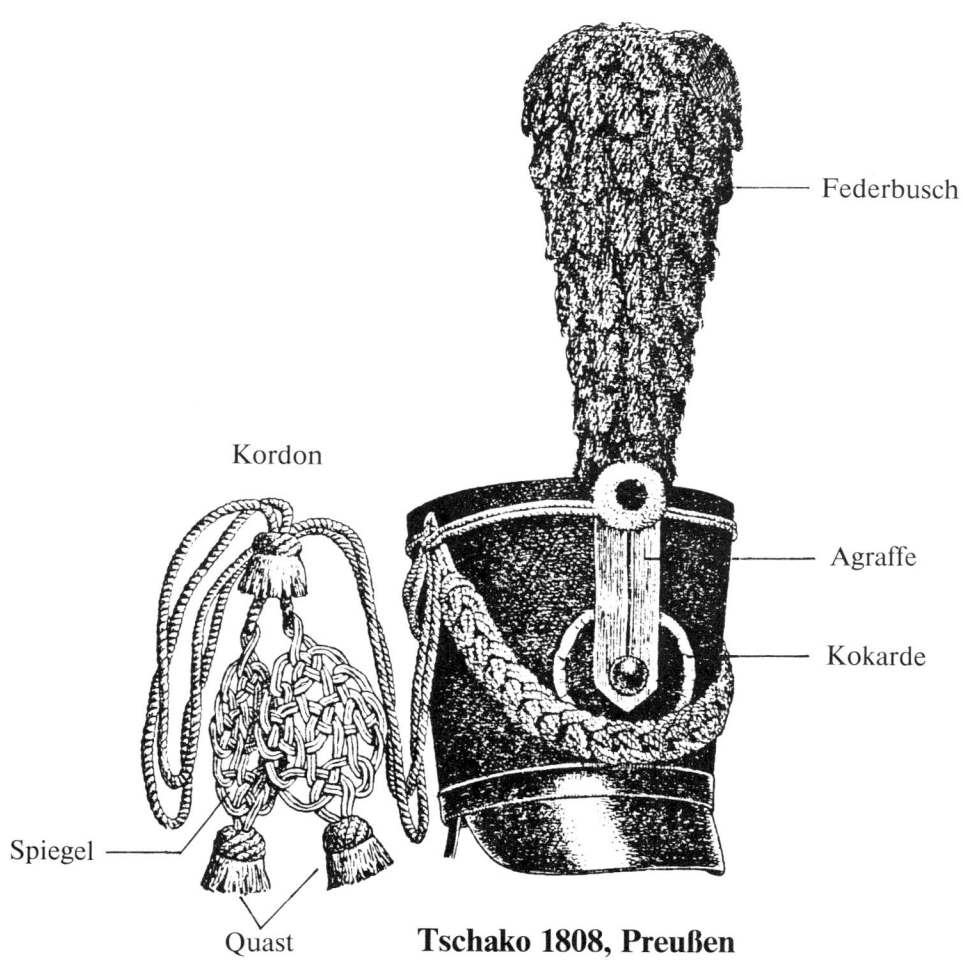

Kordon

Federbusch

Agraffe

Kokarde

Spiegel

Quast

Tschako 1808, Preußen

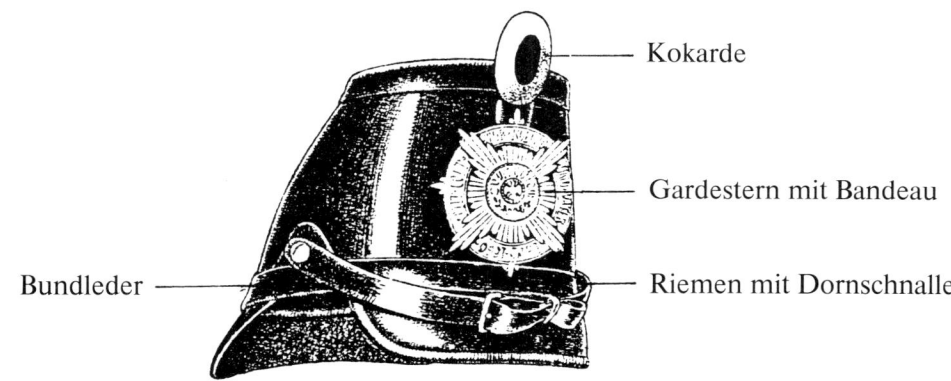

Kokarde

Gardestern mit Bandeau

Bundleder

Riemen mit Dornschnalle

Tschako 1860, Preußen

Epauletten

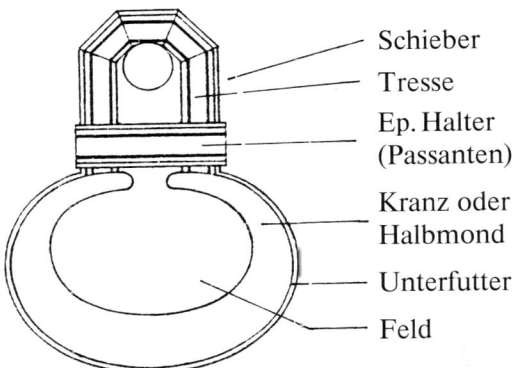

- Schieber
- Tresse
- Ep. Halter (Passanten)
- Kranz oder Halbmond
- Unterfutter
- Feld

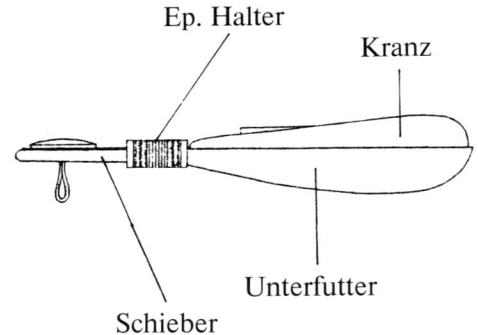

Ep. Halter
Kranz
Unterfutter
Schieber

mit Fransen für Stabsoffiziere

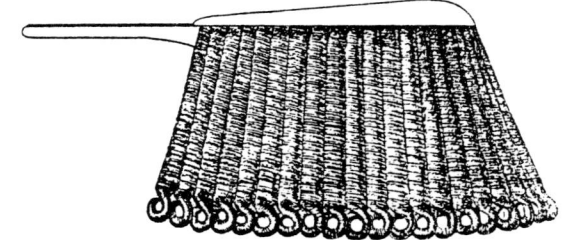

mit Bouillons für Generale

Achsel- bzw. Schulterklappen und Achsel- bzw. Schulterstücke

     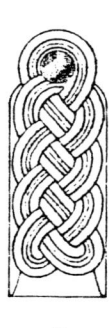

a   ɔ   c   d   e   f

a. Achselklappen der Mannschaften und Unteroffiziere bis 1918
b. Schulterklappen der Mannschaften im Reichsheer
c. Feldachselstücke der Subaltern-Offiziere 1866 bis 1888/89
d. Achsel- bzw. Schulterstücke der Subalternoffiziere ab 1888/89, Reichsheer
e. Achsel- bzw. Schulterstücke der Stabsoffiziere ab 1866, Reichsheer
f. Achsel- bzw. Schulterstücke der Generale ab 1866, Reichsheer

Abzeichen der Spielleute

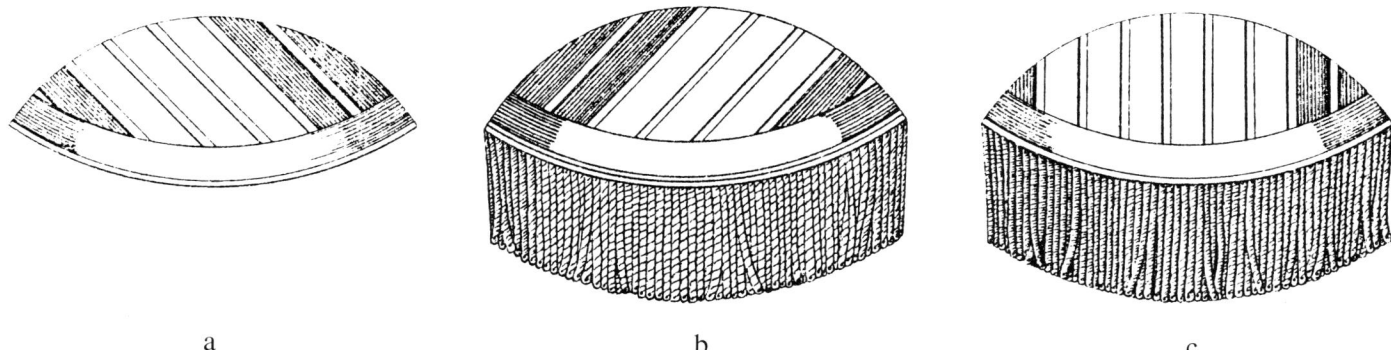

a   b   c

a. Schwalbennest rechts mit Tressenbesatz eines Trompeters der Kavallerie
b. Schwalbennest links eines Stabstrompeters der Kavallerie
c. Schwalbennest eines Stabshoboisten und Rgts.- oder Batl.-Tambours der Infanterie

Ärmel-Aufschläge

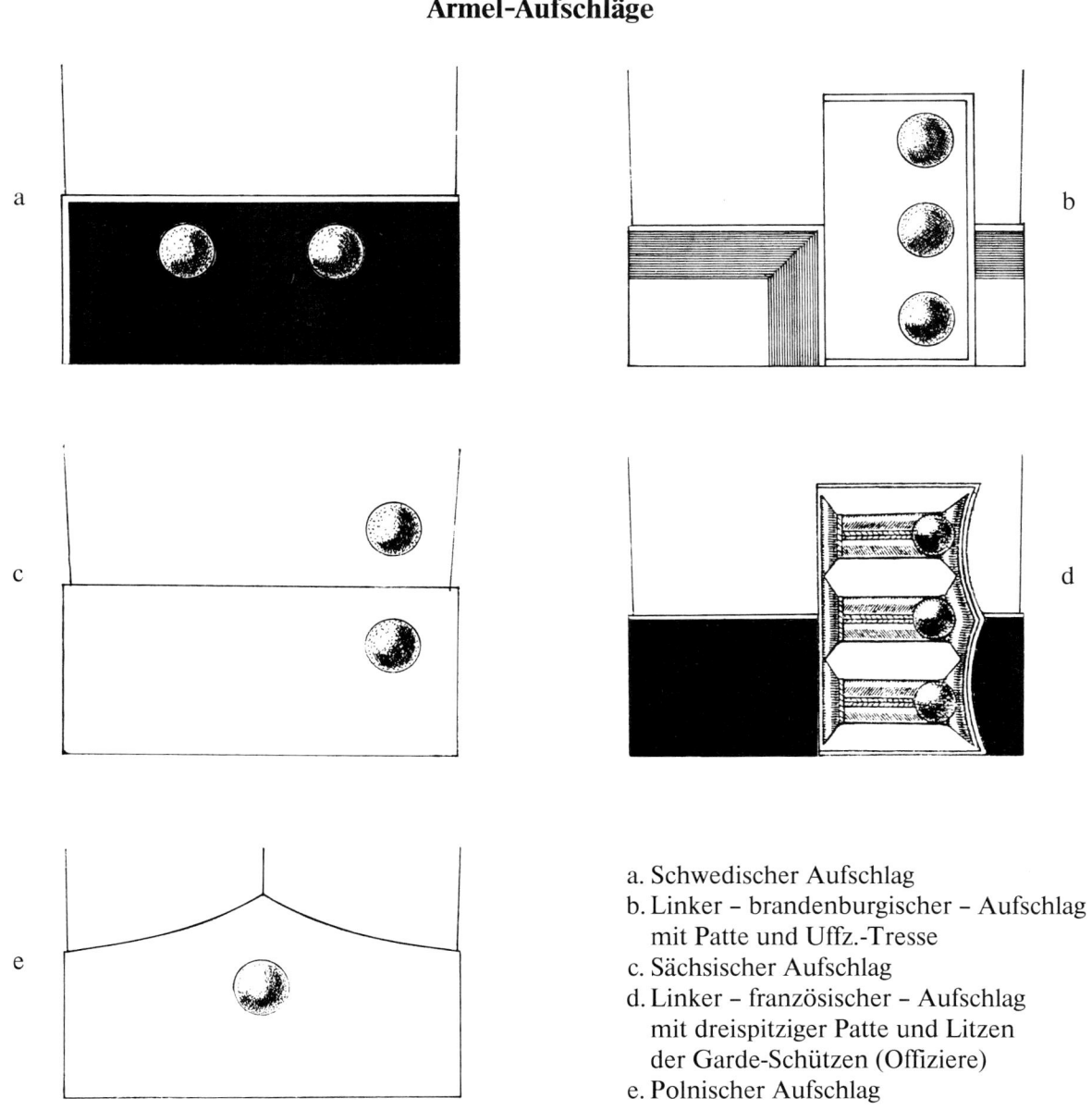

a. Schwedischer Aufschlag
b. Linker – brandenburgischer – Aufschlag
   mit Patte und Uffz.-Tresse
c. Sächsischer Aufschlag
d. Linker – französischer – Aufschlag
   mit dreispitziger Patte und Litzen
   der Garde-Schützen (Offiziere)
e. Polnischer Aufschlag

155

Kragen- bzw. Aufschlags-Litzen

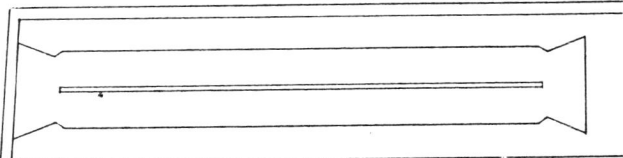

Einfache Kapellen-Litze

Gewebte Doppellitze
Reichswehr (Reichsheer)

altpreußische Litze

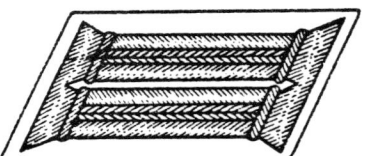

Gestickte Doppellitze
Reichswehr (Reichsheer)
Offiziere

Portepee, Troddel, Faustriemen

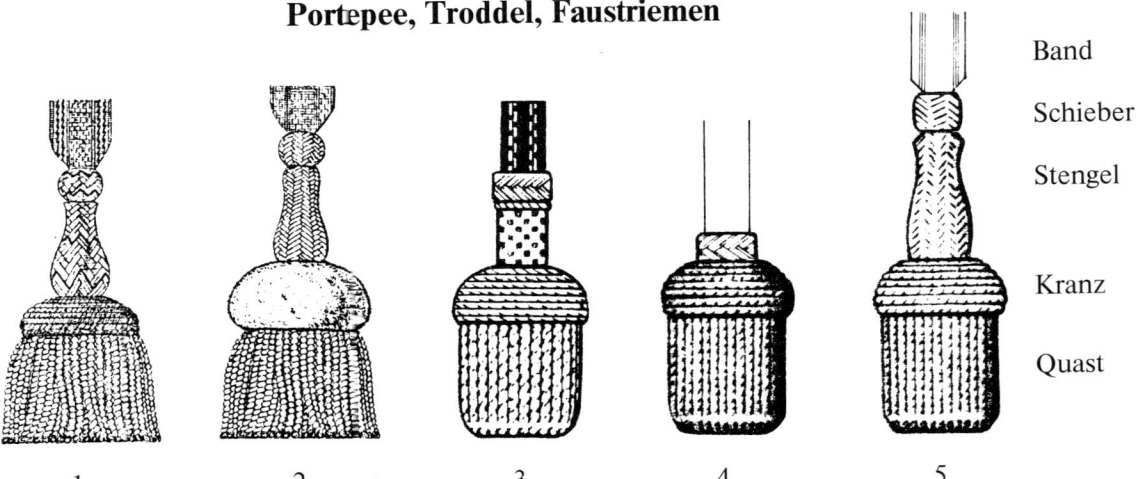

Band

Schieber

Stengel

Kranz

Quast

1   2   3   4   5

1. Offiziers-Portepee, offene Form
2. Mannschafts-Säbelquaste bzw. Troddel, offene Form
3. Offiziers-Portepee, geschlossene Form
4. Faustriemen (Reichsheer)
5. Mannschafts-Troddel, geschlossene Form (Wehrmacht)

Quellenangaben

In der 1. Auflage des »Handbuch der Uniformenkunde« Leipzig 1896 hat Prof. Richard Knötel die wichtigsten uniformkundlichen Werke aufgeführt. In den späteren Auflagen entfiel die Quellenangabe. Da es sich aber um grundsätzliche uniformkundliche Quellen handelt, hielten wir es für angebracht, für den vorliegenden Teilbereich diese wieder aufzuführen, erweitert um die nach 1896 herausgegebenen wichtigsten uniformkundlichen Werke und die heutigen unveränderten Nachdrucke bzw. Neuerscheinungen.

Deutscher Bund. *Friderici,* Friedr. v. Übersicht der deutschen Truppen hinsichtlich ihrer Einteilung, Formation, Uniform, Bewaffnung, ihrer Orden und Feldzeichen. Berlin, Mittler u. Sohn 1833.

Eckert, Monten, Weiß. Das deutsche Bundesheer in charakteristischen Gruppen. Würzburg, Weiß (etwa 1833 bis 1840).

Deutsches Reich. *Lange u. Krickel.* Das deutsche Reichsheer in seiner neuesten Bekleidung und Ausrüstung. Berlin, Toussaint & Co. 1888 – 1890. Nachtrag dazu 1892 bei Hochsprung erschienen.

(Mila.) Uniformierungsliste des deutschen Reichsheeres und der kaiserlichen Marine. Berlin, Mittler u. S. 1876 u. 1881.

Haber, v. Die Kavallerie des Deutschen Reiches. Rathenow, Babenzien 1886.

Die Uniformen und Fahnen der deutschen Armee. Leipzig, Moritz Ruhl.

Preußen. *Die gedruckten Stammlisten.*

Mülverstedt. Die brandenburgische Kriegsmacht unter dem Großen Kurfürsten. Magdeburg, 1888.

Eickstedt, C. v. Reglements und Instruktionen für die Churfürstl. Brandenburgischen Truppen. Berlin, 1837.

Lange u. Menzel. Heerschau Friedr. des Großen. Leipzig, 1856.

Lange u. Menzel. Die Soldaten Friedrichs des Großen. Leipzig, ohne Jahr.

Menzel, A. Die Armee Friedrichs des Großen in ihrer Uniformierung gezeichnet und erläutert. 3 Bände.

(Schmalen, v.) Accurate Vorstellung der sämmtlichen Königl. Preuß. Armee, Worinnen zur eigentlichen der Uniform von jedem Regiment ein Offizier und ein Gemeiner in völliger Montirung und ganzer Statur nach dem Leben abgebildet sind nebst beigefügter Nachricht. Herausgegeben und gezeichnet von J. C. H. v. S. Königl. Preuß. Lieutenant. Nürnberg, Raspe 1759. (Ausgaben desselben Werkes auch aus späteren Jahren.)

Preußische Armeeuniformen unter Friedrich Wilhelm II. Potsdam, Horvath 1788 – 89.

Ramm, Aug. Leop. Abbildungen von allen Uniformen der Königl. Preuß. Armee. Berlin, 1800.

Henschel, A. u. W. Kostüme der ganzen preuß. Armee 1806. Berlin, Schiavonetti.

Wolf u. Jügel. Abbildungen der neuen Königl. Preuß. Armeeuniformen. Berlin, 1813 – 15.

Krüger u. Lieder. Darstellung der Königl. Preuß. Kavallerie. Berlin, Wittich 1821.

Lieder u. Jügel. Darstellung der Königl. Preuß. Infanterie. Berlin, 1827.

Sachse. Das Kgl. Preuß. Heer. 72 Blatt. Berlin 1830 – 40.

Rechlin u. Schulz. Das Preuß. Heer unter Friedr. Wilhelm IV. Berlin, 1845.

Hammer u. A. v. Werner. Das Kgl. Preuß. Heer in seiner gegenwärtigen Uniformirung. Gr. qu. folg. 30 Bl. 1864.

Hiltl u. Schindler. Preußens Heer. Berlin, 1882.

(Thümen, v.) Die Uniformen der Preuß. Garden von ihrem Entstehen bis auf die neuste Zeit 1704 – 1836. Berlin, Gropius 1836.

Rabe u. Burger. Die brandenburgisch-preußische Armee in historischer Darstellung. Berlin, 1885.

Ciriacy, v. Chronologische Übersicht der Geschichte des Preuß. Heeres. Berlin, 1820.

Alt. Das Kgl. Preuß. stehende Heer. Berlin, 1869 – 70.

Die Reorganisation der Preuß. Armee nach dem Tilsiter Frieden. 2 Bände. Berlin, 1862 – 66.

(Mila.) Geschichte der Bekleidung und Ausrüstung der Preuß. Armee in den Jahren 1808 – 1878. Berlin, Mittler u. Sohn 1878.

Bayern. *Münnich.* Geschichte der Entwicklung der bayerischen Armee seit zwei Jahrhunderten. München, 1864.

Die Ranglisten.

Volz, J. Bayerische Armee. Volz del., Nilson sc. Augsburg bei Herzberg, 1816.

Militär-Almanach, Allgemeiner. 1. Jahrgang. Darmstadt, 1828.

L'armée bavaroise. Leipzig, Schrader 1859.

Behringer. Die bayerische Armee unter König Ludwig II.

Sachsen. *Pragmatische Geschichte* der sächsischen Truppen. Leipzig, 1792.

Hauthal. Geschichte der sächsischen Armee in Wort und Bild. fol. Leipzig, 1859.

Schuster u. Francke. Geschichte der sächsischen Armee von der Errichtung bis auf die neueste Zeit. 3 Bände. Leipzig, 1885.

Sauerweid, H. Kgl. Sächsische Armee nach der Organisation von 1810. Dresden.

Beck, A. Die Kgl. Sächsische Armee in ihrer neusten Uniformirung. Dresden, 1867.

Württemberg. *Stadlinger, v.* Geschichte des Württembergischen Kriegswesens. Stuttgart, 1856.

Baden. *Badischer Militär-Almanach.*
Völlinger, J. Großherzogl. Badisches Militär. Karlsruhe, 1824.
Schreiber, G. Bilder des deutschen Wehrstandes. Baden und der schwäbische Kreis. 1500–1800. Karlsruhe, 1851.

Hanseaten. *Roßmäßler jun.* Hamburgs Bürgerbewaffnung. Hamburg, 1816.
Gädechens, E. F. Hamburgs Bürgerbewaffnung. Hamburg, 1872.

Braunschweig. *Walter, P.* Braunschweig in den Jahren 1806–1815. Braunschweig, 1890 (Katalog der Ausstellung vaterländ. Erinnerungen. Enthält sehr schätzenswerte Angaben.)

Weimar, *Geschichtliche Uebersicht* der Schicksale und Veränderungen des Großherzogl. Sächs. Militärs. Weimar, 1825.

Hannover. *Geschichte,* kurz gefaßte, aller Chur-Braunschweig-Lüneburgischen Regimenter z. F. u. z. Pf., welche bis auf das Jahr 1760 fortgesetzt. Frankfurt u. Leipzig, 1760.
Accurate Vorstellung der sämmtl. Churfürstl. Hannöverschen Armee, zur eigentlichen Kenntniß der Uniform von jedem Regimente. Nebst beygefügter Geschichte etc. Nürnberg, Raspe 1770.
Ludlow Beamith. Geschichte der Kgl. Deutschen Legion. Hannover, 1832.
Leopold, F. Abbildungen der Kgl. Hannoverschen Armee. Hannover, J. G. Schrader (um 1830).
(Brandis, v.) Einige Nachrichten über Alt- und Neu-Hannoversche Truppen … nebst 16 kolorierten Abbildungen. Hannover, 1878.
Reitzenstein. Die Kgl. Hannoversche Cavallerie und ihre Stammkörper von 1631–1866. Baden-Baden, 1892.

Westfalen. *Sauerweid.* Abbildungen des Westfäl. Militärs (um 1810).
Recueil des planches représentant les troupes des différents armes et grades de l'armée Royale Westphalienne. Cassel chez Pintras, peintre (um 1810).

Österreich-Ungarn. *L'Allemand, F.* Die k. k. österreich. Armee im Laufe zweier Jahrhunderte. Wien, 1840.
Gerasch, F. Das österreich. Heer von Ferdinand II., Römisch-Deutscher Kaiser, bis Franz Joseph I., Kaiser von Oesterreich. Wien, (um 1855).
Anger. Illustrierte Geschichte der k. k. österreich. Armee. 3 Bände mit 62 Uniformtafeln und vielen Textbildern. Wien, 1886/87.
Accurate Vorstellung der sämmtl. Kayserl. Kgl. Armeen. Nürnberg, Raspe 1762.
Judex. Uniformen, Distinctions- und sonstige Abzeichen der gesammten k. k. österr. ung. Wehrmacht. Troppau, 1884.
Cahiers d'enseignement illustrés. Heft 41 bis 44. L'armée Autrichienne.

Geschichte der Bekleidung, Bewaffnung und Ausrüstung des königl. Preußischen Heeres.
I. Teil Die Infanterie-Regimenter im Jahre 1806
II. Teil Die Kürassier- und Dragoner-Regimenter seit Anfang des 18. Jahrhunderts bis zur Reorganisation der Armee 1808.
III. Teil Die leichte Infanterie oder Die Füsilier-Bataillone 1787–1809 und Die Jäger 1744–1809
C. Kling, Weimar 1902/12

Die Organisation, Bekleidung, Ausrüstung und Bewaffnung der Königl. Bayerischen Armee von 1806–1906.
K. Müller – L. Braun
A. Oehrleins Verlag, München 1906.

Die Armee Friedrichs des Großen in ihrer Uniformierung gezeichnet von Adolph Menzel
Eine Auswahl von 100 Tafeln in mehrfarbiger Faksimile-Reproduktion. Battenberg-Verlag, München 1978

Das altpreußische Heer
Erscheinungsbild und Wesen 1713–1807
insbesondere
Teil I Bd. 1 Entwicklung der altpreußischen Uniform
Bd. 2 Die Ökonomie-Reglements des altpreußischen Heeres 1713–1807
Teil III Bd. 1 Die Dessauer Spezifikation von 1729
Bd. 2 Die Dessauer Spezifikation von 1737
Bd. 3 Die Uniformen der Infanterie 1753–1786
Bd. 4 Die Uniformen der Kavallerie, Husaren und Lanzenreiter 1753–1786
Bd. 5 Die Uniformen der Technischen Truppen, Rückwärtigen Dienste und Kriegsformationen 1753–1786
H. Bleckwenn – F. G. Melzner
Biblio Verlag, Osnabrück 1970/84
Teil III Bd. 1–5 als Taschenbuchausgabe bei Harenberg, Dortmund 1983. Text von H. Bleckwenn, unwesentlich gekürzt.

Die Formations- u. Uniformierungs-Geschichte des preußischen Heeres 1808–1914
2. vermehrte Auflage. 2 Bände. P. Pietsch, Hamburg 1963/66.

Grenadiermützen der Armee Friedrichs des Grossen – Geschichte der Grenadiere Friedrichs des Großen.
1 Textband, 79 Farbtafeln.
A. Gay – S. Fiedler. München 1981. Schild Verlag
Bayerische Armee 1873–1918
I. Epauletts u. Feldachselstücke, Kragen und Ärmelaufschläge der Offiziere und Sanitätsoffiziere (89 Tafeln und Text)
II. Epauletts u. Feldachselstücke, Kragen und Ärmelaufschläge der Militärbeamten (83 Tafeln u. Text)
Hermann Selzer, Selbstverlag München 1975

Mittheilungen zur Geschichte der militärischen Tracht.
Als Beilage zu seiner »Uniformenkunde« herausgegeben von Richard Knötel, fortgesetzt von Herbert Knötel d. J., 2 Bände, unveränderter Nachdruck.
W. Spemann – Verlag, Stuttgart 1980

Das deutsche Bundesheer in characteristischen Gruppen
von Eckert, Monten, Weiß, Kommentar E. Graf v. Matuschka, Nachdruck Verlag Wolfgang Weidlich, Frankfurt a. M. o. J.
Taschenbuch-Ausgabe bei Harenberg, Dortmund 1981.
Bearbeitet v. G. Ortenburg.
Das Deutsche Heer, Friedensuniformen bei Ausbruch des Weltkrieges.
1 Text – 2 Tafel-Bände. H. Knötel – Collas.
2. überarbeitete und erweiterte Auflage.
W. Spemann – Verlag, Stuttgart 1982.
Uniformen der Deutschen Wehrmacht von E. Hettler mit Zeichnungen vor Herbert Knötel, Paul Pietsch, Egon Jantke.
Uniformen – Markt Verlag Otto Dietrich, Berlin 1939/40
Die Uniformen der k. k. österr. und k. u. k. österr.-ungar. Kriegsmarine 1797 – 1918
E. Steinböck – L. Baumgartner
H. Weishaupt Verlag, Graz 1984
Wort und Brauch im deutschen Heer » Transfeldt «
8. Auflage, bearbeitet von O. Quenstedt
W. Spemann – Verlag, Stuttgart 1983
Zeitschrift für Heereskunde
(1934 – 1960 Zeitschrift für Heeres- und Uniformkunde)

Jahrgänge 1929 ff
Selbstverlag Beckum
Organ der Deutschen Gesellschaft für Heereskunde e. V., gegr. 1898, Sitz Berlin (West)
Herausgegeben im Auftrag der Deutschen Gesellschaft für Heereskunde e. V.:
Das Königlich Preußische Heer 1861 – 1865
Zusammengestellt von F. W. Hammer
Gezeichnet von A. v. Werner u. R. Meinhardt 1862 – 1865
Text I. Prömper
Beckum 1980
Die Sächsische Armee von 1763 – 1862
von F. Kersten u. G. Ortenburg
Beckum 1982
Hessisches Militär zur Zeit des Deutschen Bundes
von F. Kersten u. G. Ortenburg
Beckum 1984
Die Chur-braunschweig.-lüneburgische Armee im Siebenjährigen Kriege.
J. Niemeyer – G. Ortenburg
B. Vogel Verlag, Beckum 1976
Die Hannoversche Armee 1780 – 1803
J. Niemeyer – G. Ortenburg
B. Vogel Verlag, Beckum 1981